진짜
예수

진짜 예수
도올의 잘못된 성경관 바로잡기(하)

- 초판 1쇄 발행 2021년 2월 10일
- 초판 2쇄 발행 2022년 9월 30일

- 지은이 박명룡
- 펴낸이 조유선
- 펴낸곳 누가출판사

- 등록번호 제315-2013-000030호
- 등록일자 2013. 5. 7.
- 주소 서울특별시 강서구 공항대로 59다길 276 (염창동)
- 전화 02-826-8802 팩스 02-6455-8805

- 정가 14,000원
- ISBN 979-11-85677-57-6 03230

∗파본은 교환해 드립니다.
∗이 출판물은 저작권법에 의해 보호를 받는 저작물이므로 무단 복제할 수 없습니다.
∗독자의 의견을 기다립니다.
∗sunvision1@hanmail.net

진짜 예수

박명룡 지음

도올의 잘못된 성경관 바로잡기 하

출판사 누가

추천사

> 본서는 오늘날에도 타당한
> 역사적 예수에 대한
> 정통신앙의 탁월한 변증서다

성결교 목회자 박명룡 목사의 도올 성경관 비판서가 나온 것을 환영하는 바이다. 저자는 서울신대를 졸업하고 미국의 복음주의 신학대학인 바이올라대학교 대학원에서 기독교 변증학으로 문학석사를 하고, 탈봇신학대학원에서 신학석사와 기독교 변증학으로 목회학 박사를 취득하고 청주서문교회에서 목회하는 현장 목회자로서 이 분야에 여러 저서를 내어 기독교 변증학에 열정을 바치는 것은 참으로 귀하다 생각된다.

도올이 그동안 국내 주요 공영방송TV를 통하여 시청자들에게 방영한 기독교 강의는 정통기독교 신앙에서 벗어난 이단적인 내용(인격적 하나님, 삼위일체, 예수의 신성, 예수의 동정녀 탄생, 예수 부활 부인)으로 교계와 사회에서 많은 물의(物議)가 있었다. 이에 대하여 변증학에 재능을 지닌 목회자인 저자가 이 책을 통하여 반박하는 것은 한국사회와 교회를 향하여 올바른 역사적 예수와 성경관을 변증하는 귀한 학문적 업적이다.

저자는 이 저서에서 '예수는 모범적인 인간이다. 믿지 말고 본받아라.'라는 도올의 그릇된 예수관과 이 주장이 근거하고 있는 도올의 왜곡된 성경관을 반박하고 있다. 오늘날 자유주의 신학이 팽배한 시대에 기독교 변증학을 연구한 학자요 목회자로서 저자가 본 저서에서 그릇된 사상의 잘못된 논리를 규명하고 사도적인 정통신앙을 밝혀내고자하는 기독교 변증의 노력은 착실한 학문적 노력과 규명에 근거하고 있다.

(상)1장에서 저자는 도올의 왜곡된 성경관, 말하자면, '신약성경은 역사적 기록이 아니며, 바울은 역사적 예수와 관련 없다. 정경 기준이 없었다. Q자료와 도마복음이 참 예수를 전한다'는 주장을 반박한다. 저자는 '예수는 범신론적 인간이다.'라는 도올의 관점에 대하여 풍부한 신학적 문헌을 제시하면서 반박하고 있다.

(상)2장에서 저자는 4복음서가 70년 이전에 쓰여진 복음주의자들의 견해를 설득력 있게 증거하고 있다. 일반종교의 경전 및 동·서양 고대문헌과 다른 신약성경의 저작의 특수성은 역사적 예수의 십자가 죽으심과 부활 사건 이후 18년에서 60년 사이에 쓰인 것이 이 문서의 역사적 신빙성을 보여준다고 본다. 역사적 신빙성의 근거로는 탁월한 구전전승 문화, 탁월한 구전전승 기간, 원본과 사본 사이의 시간 간격의 짧음과 많은 사본의 존재, 가장한 탁월한 원문 편집 등으로 설득력 있게 변증한다. "4복음서에 나타난 예수의 생애는 매우 신뢰할 만한 역사적 사실이다." "지금 복음서를 통해 만나는 예수가 실제 역사적 예수이다!"라고 지성적이고 인격적 신앙으로 결론지우고 있다.

(상)3장에서 저자는 일반 역사에 나타난 예수에 관한 역사기록을 유대인 역사가 요세푸스, 로마의 역사가 타키투스, 로마의 지방 총독 플리니, 헬라의 저술가 루시안, 그리고 탈무드 등의 저술에서 확인하고 있다. 그 세속 역사의 기록이 신약성경의 내용과 일치한다고 밝히고 있다. 그리하여 역사적 예수의 기록이 일반 역사 속에서도 타당성을 지닌다는 사실을 변증하고 있다.

(상)4장에서 저자는 도올이 복음서의 역사성이 결여되어 있다는 주장을 예증하

기 위해 제시하는 예수의 처녀 탄생, 예수의 족보 문제, 원적지 호구조사 문제, 그리고 베들레헴 유아살해사건 등에 대한 도올의 주장이 학문적 근거가 없다는 것을 설득력 있게 밝히고 있다.

(상)5장에서 저자는 4복음서의 역사적 예수 기록이 역사적 사건에 근거해있다는 사실을 학문적으로 잘 변증해주고 있다.

(하)1장에서 저자는 도올의 왜곡된 정경관, 말하자면 교회 권력자들이 정치적인 힘에 의한 정경의 결정되었다는 주장을 반박하면서 사도적 케리그마가 초대교회에 의하여 권위 있게 받아들여져 정경의 규범이 된 것을 증거한다. 저자는 교회 권력이 정경을 만들어낸 것이라는 도올의 주장을 반박하면서 사도적 서신과 복음서는 처음부터 신앙적 권위를 지녔다고 여러 문헌을 제시하면서 설득력 있게 증거한다. 저자는 정경의 기준으로서 사도성, 신앙규범의 일치성, 보편적 수납성을 제시하고 있다.

(하)2장에서 저자는 도올이 바울이 역사적 예수를 알지 못했다는 양자의 불연속성 주장을 반박한다. 저자는 바울은 역사적 예수에 관하여 거의 모든 것을 알고 있었다고 바울은 예수를 본받음의 대상으로 알았으며, 바울 복음과 예수 복음의 연속성에 관하여 상세하게 증거를 제시하고 있다.

(하)3장에서 저자는 도올은 Q복음서를 왜곡 해석하고 정경 복음서와는 전혀 다른 영지주의 복음서라는 도마복음서에 의존하고 있는 것을 밝히고 있다. 이 두 문서의 예수관을 반박하면서 예수는 역사적 인간이요 하나님의 아들이었다는 4복음서와 정통 기독교의 교리를 확증한다. 도마복음은 역사성이 결여된 가현적 범신론적 지혜자 예수를 그리는데 4복음서는 성육신한 하나님 아들 메시아 예수를 그리고 있다.

본서는 단지 도올의 그릇된 성경관을 비판하는데 그치지 않고 올바른 정경관을 오늘날 우리들에게 제시해준다. 오늘날 '예수 세미나'의 자유주의 신학자들에 의하여 왜곡된 예수상이 아니라 사도적인 정통 기독교의 예수의 모습을 제시해 준다. 저자는 자유주의 예수상을 비판함으로써 대조적으로 나사렛 예수가 가장 명료하게 역사적 인간이면서 메시야요 하나님 아들이며 대속자이시며 재림 주이신 역사적 예수를 학술적으로 변증해준다.

본서는 정통신앙의 입장에서 학술적으로 최신 자료들을 사용하여 성경의 정경성과 역사적 예수의 정통신앙을 변증한 너무나도 귀한 역사적 예수에 대한 현대적 변증서다. 그리고 신약정경이 어떻게 결정되었는지 그 과정을 여러 최근의 자료를 통하여 설득력 있게 증거하고 있다.

저자는 학자일 뿐만 아니라 현장 목회자로서 학술적 문헌들을 능란하게 해석하고 쉽게 서술하면서 이 저서의 내용들이 일반적 목회자들이 강단의 설교나 신앙 세미나에서도 사용될 수 있도록 간결명료하게 정리해주고 있다. 이 저서는 현장 목회자, 신학교수, 역사적 예수를 학문적으로 탐구하는 신학생들과 평신도들, 젊은 지성인들에게 지식적 자료와 신앙적 확신을 제공해준다.

본서는 역사적 예수와 신약 경전에 대한 너무나도 귀한 정통신앙의 변증서로서 한국교회의 정통신앙 확립을 위하여 견고한 역사적 예수에 대한 변증학적 초석을 놓고 있다. 앞으로 역사적 예수와 신약성경의 역사성과 신뢰성에 대한 고전古典이 될 것이다.

김영한 박사 (기독교학술원장, 숭실대 명예교수, 한국개혁신학회 초대회장)

혼란한 시대다. 가짜 예수를 파는 거짓 교사들이 교회 안에서도 홍행하고, 지식인이라면 성경의 권위를 무시해야 "쿨-"하게 여겨지는 세태가 두렵다.

박명룡 목사님의 책은 사막과 같은 현실 속에서 만난 "단비"다. 이 책은 신학적으로 탄탄한 기초를 세워 도올이 설파하는 가짜 예수를 바로잡아 크리스천들이 진짜 예수 그리스도가 누구신지 제대로 알 수 있도록 도와준다.

결국, 성경의 권위가 신학적으로 바르게 세워질 때, 참신앙도 가능하다는 본질의 문제를 쉬운 언어로 풀어낸 좋은 책이 때를 맞추어 출판되니 매우 기쁘다. 기독교 변증학 교수로서 저자는 도올의 "가짜 예수"론의 문제점을 알기 쉽게 정리해 주었을 뿐만 아니라, 성경의 권위를 무시할 때 필연적으로 사유와 신앙이 오염될 수밖에 없는 이유를 탁월하게 설명해 주었다. 선교를 위해서도 올바른 "기독론"의 정립은 꼭 필요한 것이라고 확신한다.

이정훈 교수 (울산대학교 법학과, 엘정책연구원장)

기독교에 대한 반대의견들은 2천 년 교회사에서 수도 없이 제기되어 왔으며, 기독교는 그에 대해 대답하려는 노력을 지속해 왔다. 이 책에서 박명룡 박사는 기독교에 대한 우리 시대의 대표적인 반론인 김용옥 박사의 주장에 대해 조목조목 사실에 근거하여 대답하고 있다. 이 책은 객관적이고 학문적인 사실성을 추구하는 점에서 독자들이 공감할 수 있고 또 배움을 얻게 된다. 명료하고 쉽게 써내려가는 저자의 글쓰기도 탁월하다. 도올의 책을 읽었다면 팩트체크를 위해 이 책을 꼭 읽어보기를 권한다.

김성원 교수 (서울신학대학교)

도올의 사명은 기독교 해체인 듯싶다. 그는 지금까지 시종일관 기독교를 공격하기 위해 온갖 패악 질을 감행했다. 창조주 하나님을 부정하고 삼위일체 교리를 힐난하였으며 예수님의 신성과 역사성을 부정했다. 예수님의 성육신과 부활 같은 이야기들은 소정의 종교적 목적을 달성하기 위해 고안된 기획물이라 주장했다. 그러나 이런 공격이 별무소득으로 드러나자 이번엔 공격의 포인트를 바울로 옮겼다. 도올은 우선 바울이 예수님과 관계가 없는 인물이라고 설정했다. 바울이 만든 기독교에는 원래의 예수 즉, '원조 예수'가 없다고 했다. 그러므로 기독교 또한 예수님과도 관계가 없는 종교가 되는 셈이다.

우리는 간혹 나 대신 누군가 못되고 악한 이를 혼내 주기를 원한다. 슈퍼맨을 통한 일종의 대리만족이다. 도올이라는 희대의 신학 이단아에 대해서도 많은 그리스도인들이 같은 심정을 가지고 있다. 바로 이때 우리 편 장수가 나타났다. 그가 박명룡 목사이다. 그는 기독교 변증가이자 신실한 주의 목자이다. 온유와 겸손의 모습만 보이던 그가 의분강개義憤慷慨하여 주님의 영광을 훼손하고 기독교를 폄훼하는 자에 대해 성령의 검, 말씀의 칼을 빼들었다. 그의 변증 논리와 체계는 너무나 명쾌하여 속이 후련하다. 주의 백성들이 모두 이 글을 읽고 하나님이 계시하신 진리의 위대함과 탁월성에 매료되기를 소망한다.

최더함 박사 (Th.D/역사신학. 개혁신학포럼 책임전문위원)

역사의 출발은 언제나 진리와 비진리의 논쟁으로 출발하였음을 봅니다. 예수 그리스도의 탄생과 사역은 지금까지 인류가 경험하지 못한 역사적, 문화적 충격이었습니다. 예수 그리스도의 출현은 지금까지 인류가 쌓아왔던 모든 이론들을 완전하게 바꾸어 놓을 수 있는 충분한 이유가 되었습니다. 초기교회시대부터 지금까지 교회는 신성과 인성사이에서 교회의 정통성을 구분해 왔습니다.

도올 김용옥의 기독교 역사관은 구원과 상관없는 하나의 학문으로는 이해할 수 있으나 복음과 구원이 없는 이론은 시간이 지나면 하나의 유행으로 취급되어질 수밖에 없습니다. 기독교에 대한 왜곡된 이론과 이단의 출현은 오히려 기독교를 건강하게 만들어 주는 힘이 되었습니다.

『진짜 예수』는 기독교적 가치관이 혼란한 이때에 명쾌하고 논리 정연한 이론으로, 기독교 변증에 대한 이론이 부족한 독자들에게 바른 기독교적 가치관을 소유할 수 있게 해 주었습니다.

이 땅의 많은 교회와 온전한 구원의 은혜를 갈망하는 많은 그리스도인들이 이 책을 읽고 진지하게 받아들인다면 혼탁한 세상도, 우리의 신앙도 분명히 달라질 것입니다.

최준연 목사 (활천 사장)

도올이 반 기독교적인 지식을 전할 때 공개 맞장 토론이라도 하고 싶었습니다. 성경에 관한 그의 지식이 초보인 것을 넘어 야만에 다름 아니기 때문이었습니다. 반론의 기회는 없었지만, 시간에 묻었던 용기가 의기로 남아있던 차에 반가운 소식을 듣습니다. 비교종교학자로 성경을 삶으로 증명하려 몸부림치는 사랑하고 존경하는 박명룡 목사가 「진짜 예수」를 통해 접어둔 변증 대결을 소환했습니다. 그 지성적 논쟁에 기대와 기쁨을 머금고 함께 하겠습니다. 도올의 저급한 유혹에 흔들린 선량한 분에게 이 책을 들려주겠습니다.

안성우 목사
(로고스교회 담임, 『패스파인더 리더십』, 『최고의 질문』, 『101가지 삶의 디테일』 저자)

도올의 세계관에 대한 비판이 왜 중요한가. 그가 설파하는 주장이 현대인이 갖고 있는 인본주의적 가치관, 세속적이고 동양적인 무신론적 관점이 깊숙이 들어있기 때문이다. 기독교변증콘퍼런스와 다수의 저술을 통해 기독교 신앙을 치밀하게 논증해 온 박명룡 목사님이 귀한 책을 냈다. 이제는 덮어놓고 믿는 시대가 지났다. 세상 이치와 논리, 언어로 우리가 지닌 신앙을 증명해내지 못한다면 그것은 우리만의 잔치에 그치고 말 것이다.

하나님은 교회뿐만 아니라 과학, 논리학, 철학의 영역에서도 존재하시는 절대자이시다. 이 책은 그 하나님을 만나는 데 길잡이 역할을 한다. 한국교회 성도들과 목회자는 이 책을 다독하며 줄을 쳐가며 읽고 숙지해 반기독교 사상의 공격에 적극 대응해야 할 것이다.

백상현 기자 (국민일보)

목차

추천사 4
들어가는 말 16

1장 역사적 예수와 신약 정경 형성

1. 신약 정경 형성에 대한 도올의 잘못된 주장들 … 23
2. 신약 정경 형성에 대한 올바른 이해 … 27
   1) 초기 교회들 안에는 신앙의 절대적 규범이 없었는가? 28
      (1) 예수 그리스도가 신앙의 절대 규범이었다 28
      (2) 사도들의 증언이 초기 기독교 공동체의 신앙 규범이 되었다 28
      (3) 사도적 구전 전통은 '신앙의 규범' 형태로 AD 3세기까지 온전히 전달되었다 31
      (4) 사도들의 저술과 목격자들의 증언은 교회의 규범이 되었다 35
   2) 어떻게 정경화가 이루어졌으며, 누가 정경을 결정하였는가? 43
      (1) 교회는 정경을 인위적으로 만들어 내지 않았다 43
      (2) 어떻게 정경이 형성되었는가? 50
   3) 정경 성립의 기준은 무엇이었는가? 65
      (1) 사도성 65
      (2) 신앙 규범의 일치성 66
      (3) 보편적 수납성 67

3. 결론 … 69

2장 바울과 역사적 예수의 관계

1. 바울과 예수의 관계에 대한 도올의 주장 ··· 76
2. 바울과 예수의 연속성을 부정하는 도올의 모순된 주장 ··· 79
3. 바울과 예수의 연속성을 밝히는 신약성경의 직접적인 증거들 ··· 87
    1) 바울과 예수의 연속성에 의문을 제기하는 질문들 87
        (1) 의문1 : 바울 서신에는 왜 예수의 말씀을 직접 인용한 것이 적은가? 88
        (2) 의문2 : 바울은 과연 역사적 예수에 대하여 아무런 관심이 없었는가? 92
    2) 바울과 예수의 연속성을 직접적으로 반영하는 본문들 99
        (1) 이혼에 대한 가르침의 유사성 99
        (2) 복음 전도자의 권리에 대한 유사성 101
        (3) 최후의 만찬 동일성 102
        (4) 종말에 대한 말씀의 유사성 103
        (5) 종말에 대한 비유와 자세의 일치성 104
        (6) 음식 정결에 대한 가르침의 일치성 106
        (7) 원수 사랑에 대한 원리적 일치성 107
        (8) 율법에 대한 시각이 동일하다 109
        (9) 세상 권세에 대한 의무에 대한 일치성 110
        (10) 하나님을 '아빠'라고 호칭함 110

4. 바울과 예수의 연속성을 간접적으로 반영하는 본문들 ··· 111
    1) 로마서 112 2) 고린도전서 112 3) 고린도후서 113 4) 갈라디아서 113 5) 에베소서 113
    6) 빌립보서 114 7) 골로새서 114 8) 데살로니가전서 114 9) 데살로니가후서 114

5. 바울과 예수의 신학적 연속성 ··· 115
    1) 바울과 예수의 신학적 연속성 : '하나님의 나라' 115
    2) 바울과 예수의 신학적 연속성 : '본받음의 대상으로서 예수' 120

6. 결론 : 바울은 역사적 예수의 거의 모든 것을 알고 있었다 ··· 122

3장 도올의 큐복음서와 도마복음서에서 진짜 예수를 만날 수 있나요?

1. 도올의 큐복음서와 그 문제점 … 129

   1) Q 복음서 **129**

   2) Q 자료의 특징 **131**

   3) Q 자료에 대한 잘못된 주장 **133**

      (1) 잘못된 주장1: Q 자료만이 예수의 진정한 말씀이요, 그의 참 모습이다? **133**

      (2) 잘못된 주장2: Q 자료는 순전히 '인간' 예수만 보여주고 있다? **139**

2. Q 자료와 도마복음, 무엇이 문제인가? … 150

   1) 도마복음서란 무엇인가? **151**

   2) Q 자료와 도마복음이 왜 문제시되는가? **152**

REAL JESUS

3. Q 자료와 도마복음에 대한 올바른 이해 … 155

    1) 도마복음의 연대 문제 156

    2) 도마복음은 신약성경에 매우 의존적이다 158

        (1) 도마복음은 수많은 신약성경의 문서들을 알고 있다 159

        (2) 도마복음은 신약성경뿐 아니라 마태의 특수 자료, 누가의 특수 자료,
            그리고 요한의 특별 자료들도 포함하고 있다 166

        (3) 도마복음에서 4복음서와 바울서신들을 임의로 편집하여
            기록하였다는 증거들을 발견할 수 있다 169

        (4) 도마복음서는 2세기 후반의 시리아 전통과 일치한다는 증거들이 있다 174

    3) Q 자료와 도마복음의 차이점 180

4. 도마복음의 예수와 신약성경의 예수 비교 … 183

    1) 도마복음서의 예수와 4복음서의 예수 184

    2) 그 외 중요한 차이점들 192

    3) 도마복음의 가능성 196

5. 결론 … 200

나오는 말 204

들어가는 말

　도올 김용옥 교수(이하 도올로 호칭함)는 이 시대의 독특한 귀인貴人이자 대표적인 반기독교 사상가라 할 수 있다. 그는 동·서양 철학과 사상에 관련된 해박한 지식을 가지고 있으며, 거의 100권에 가까운 책을 저술했다. 도올은 한국의 주요 텔레비전 방송국 KBS, MBC, SBS, EBS에서 동양철학과 한국철학을 강의하면서 많은 호응을 받았다. 특히 그는 MBC「우리는 누구인가」를 통해 대중적 인기와 대단한 반향을 불러일으켰다. 도올은 그 프로그램을 통하여 기독교 교리를 비판하는 목소리를 높이기 시작했고, 반기독교적인 지식을 전하기도 하였다. 그뿐만 아니라, 2007년 2월에 한국교육방송공사 EBS에서 진행한 인터넷 강좌『요한복음 강해』를 통해서 적극적으로 비성경적인 내용을 대중들에게 설파했다. 이 강좌를 계기로 도올은 기독교 신앙을 일반인들에게 본격적으로 설명하기 시작했는데, 그 대표적인 저서가『기독교성서의 이해』이다. 이 책과『요한복음 강해』를 통해서 도올이 기독교 신앙에 대해서 가르치고 주장하는 바는 무엇인가?

- 유일신으로서 기독교의 창조주는 존재하지 않는다.
- 기독교의 하나님은 비인격체이다.

- 삼위일체는 성경적 개념이 아니다.
- 예수는 신성을 가진 하나님이 아니라 지혜로운 인간일 뿐이다.
- 예수의 동정녀 탄생, 누가복음 2장의 호적조사, 그리고 헤롯의 유아살해사건은 거짓이다.
- 예수가 육체적으로 부활했다는 것은 역사적 사실이 아니다.

그는 위와 같은 주장을 과감하게 피력한다. 또한, 도올은 기독교와 관련된 9권의 책을 저술하였다: 『큐복음서』, 『도올의 도마복음이야기 1』, 『도올의 도마복음 한글역주 2』, 『도올의 도마복음 한글역주 3』, 『도올의 로마서 강해』, 『도올의 마가복음 강해』, 그리고 『나는 예수입니다』. 그는 이 책들을 통하여 그의 반기독교적 사상을 반복적으로 강조하고 있다. 더욱이 도올은 2007년 5월부터 2009년 3월까지 약 2년에 걸쳐서 '도올의 도마복음 이야기'를 중앙SUNDAY에 연재했다. 이 연재를 통하여 도올은 신약성경의 4복음서보다 도마복음서에서 진정한 예수의 모습을 발견할 수 있으며, 그 역사적 예수의 모습은 지혜자, 인간 예수라는 것을 다양한 방법으로 역설하였다. 또한 도올은 2017년에 'New EBS 도올 김용옥 요한복음강해'라는 제목으로 60회를 방송하였다.

이런 도올의 주장과 활동은 정통 기독교 신앙과 정면으로 대치된다. 그렇다면 도올의 주장은 과연 정당한 것인가? 그 주장은 믿을 만한 타당한 근거가 있는가? 만일 도올의 주장이 올바르다면 기독교는 허구에 불과한 것이 된다. 그가 맞는다면 이 땅의 기독교는 수많은 사람들을 미혹하여 잘못된 길로 인도하는 악한 종교라고 할 수 있다. 세상을 창조한 창조주 하나님도 없고, 예수는 지혜로운 선생에 불과했으며 예수가 죽었다가 실제로 부활하지 않았다면 그야말로 기독교인들은 가장 불쌍한 사람이라 할 수 있다.

하지만 만약 도올의 주장이 틀리고 정통 기독교 신앙이 옳다면 어떻게 생각하고 행동해야 하는가? 정통 기독교의 주장이 올바르다면 그 진리대로 살아가는 것이 가장 가치 있는 일이 될 것이다. 또한, 도올의 주장은 많은 사람을 미혹하는 허구에 불과한 것이 될 것이다. 동일한 대상을 두고 상반된 주장을 할 때 내릴 수 있는 논리적 판단은 둘 다 틀리거나 둘 중에 하나만 옳은 것이 된다. 따라서 도올의 주장과 정통 기독교의 가르침이 상반될 때는 둘 다 틀리거나 둘 중에 하나만 진리라고 생각할 수 있다. 도올의 주장과 정통 기독교의 가르침 중에 어느 것이 더 믿을 만한 논리적 근거와 합당한 이유가 많은가를 따져보는 것이 중요하다 하겠다.

혹자는 말하기를, '도올의 주장이 한국 사회에서 더는 영향력을 끼치지 않기 때문에 그냥 무시하면 된다'고 주장하기도 한다. 하지만 기독교와 관련된 도올의 저서가 지금도 많은 사람에게 읽히고 있고, 도올이 그동안 가르쳐온 반기독교적인 사상이 여전히 인터넷에서 많은 사람에 의해 인용되고 있다. 특히 기독교 신앙을 받아들이지 않는 일반인뿐만 아니라 지성적 신앙을 추구하는 젊은 기독교인 중에서 적지 않은 사람들이 도올의 저서와 그의 인터넷 강의를 통해서 잘못된 지식을 무분별하게 받아들이는 현상이 곳곳에서 감지된다. 또한, 도올과 같은 신학 사상을 가진 지식인들의 주장이 도올과 함께 시너지 효과를 내면서 젊은 지성인들에게 매력 있게 다가가고 있다.

예컨대, 부총리 겸 교육인적자원부 장관을 지냈고, 서울대 문리대 교수를 역임했던 한완상 전 부총리는 그의 책,『예수 없는 예수 교회』를 통하여 예수의 신성을 부인하고, 인간 예수가 후대의 교회에 의해서 숭배의 대상인 그리스도로 변질된 점을 직시하고, 실물 예수, 즉 인간 예수의 삶을 본받아야 한다고 역설한다. 그의 주장에서 인간 예수의 삶을 본받자는 것에는 충분히 동의할 수 있지만, 예수를 단지 인간 예수로만 보는 시각은 도올의 생각과 맥을 같이한다고 할 수 있다. 그뿐 아니라, 서울대학교 철학과 교수를 역임했고, 서강대학교 종교학과 명예교수인 길희성 교수도 예수의 동정녀 탄생을 부인하고, 예수의 신성을 부인한다. 그는 인간 예수를 존경하고 그의 삶을 따라야 한다고 주장한다. 이런 지식인들의 시각과 가르침에 대해서 한국교회는 젊은 청년들에게 어떻게 가르치고 어떻게 이해시켜야 하는가? 그 자유주의적인 성경해석과 정통 기독교 신앙에 반하는 주장을 무조건 무시하라고 가르쳐야 하는가? 한국교회는 지금까지 이러한 지성적 도전에 대해서 어떤 지성적 응전을 해 왔는가? 결국, 도올의 문제제기와 도전은 한국교회의 다음 세대를 위해 꼭 풀어야 할 숙제가 아니겠는가?

이런 의미에서 본 저서는 성경에 대한 도올의 잘못된 주장을 바로잡고, 지성적으로 기독교 신앙을 이해하고자 하는 사람에게 올바른 성경 지식을 알려주는 데 큰 도움이 될 것이다. 본서를 통하여 도올의 잘못된 성경관을 바로잡고, 대중적으로 널리 퍼져 있는 자유주의 신학의 도전에 대해 지성적으로 대응하는 능력을 키우며, 성경이 진리의 말씀임을 확신하여 그 진리대로 살아가는 데 도움이 되기를 기대해 본다. 이 책을 통해서 진짜 예수님을 만났으면 좋겠다.

본 저서를 위해 도와주신 분들이 참 많다. 이 책을 기쁜 마음으로 추천해 주신 기독교학술원장 김영한 박사님께 깊이 감사드린다. 한국기독교에 성경적 세계관을 내면화시키기 위해 노력하는 엘정책연구원 원장이신 이정훈 교수님의 적극적인 추천에 감사드리며, 기독교 세계관 확립을 위해 노력하는 서울신학대학교 김성원 교수님과 개혁신학포럼 책임전문위원이신 최더함 박사님의 추천에 감사드린다. 활천 사장이신 최준연 목사님, 젊은 리더십으로 목회하는 로고스교회 안성우 목사님의 뜨거운 응원을 담은 추천에 깊이 감사드린다. 탁월한 기독교 언론인이신 백상현 기자님의 추천에 감사의 마음을 전하고 싶다. 또한 이 책을 출판할 수 있도록 기꺼이 도와주신 누가출판사 정종현 목사님께 감사를 드린다. 이 책이 나오기까지 꼼꼼하게 교열하고 여러 가지 유익한 조언을 해 주신 박유미 권사님께 특별한 감사의 마음을 전한다. 책 출간을 위해 기도해 주고 마음으로 함께 해 주신 청주 서문교회 장로님들과 성도님들께 감사의 마음을 전하고 싶다. 또한 필자의 기독교변증 사역을 위해서 물심양면으로 후원하고 기도해 주고 계시는 장로님, 권사님 그리고 집사님들께 진심으로 감사드린다. 나의 사역에 언제나 든든한 동역자요, 후원자가 되어주는 사랑하는 아내 김경원과 아들 지훈이, 딸 지은이에게 감사의 마음을 전한다. 끝으로 이 모든 감사의 마음을 모아 참 진리 되시는 성삼위일체 하나님께 영광을 올려 드린다.

1장

역사적 예수와 신약 정경 형성

REAL JESUS

　신약성경은 갑자기 하늘에서 뚝 떨어진 것인가? 그렇지 않다. 하나님의 아들인 예수께서 인간의 몸으로 오셔서 인간의 역사 속에서 실제로 살다가 죽었고 죽음에서 부활하신 것처럼, 신약성경도 인간의 역사 속에서 쓰였고 교회 안에서 읽혔으며 정경으로 인정되었다. 이처럼 신약성경이 인간의 역사 속에서 형성되었기 때문에, 오늘날 역사적 예수에 관한 비판적 도전 중의 하나가 바로 이 신약 정경 형성과 관련된 문제이다.

　일례로 도올은 그의 책, 「기독교 성서의 이해」에서 신약성경의 정경 형성과정을 설명하면서 아주 터무니없는 주장을 하고 있다. 그는 신약의 정경 형성과정을 논하면서 객관적인 역사적 사실과 전혀 다른 주장을 펼친다. 따라서 본 장에서는 도올의 잘못된 주장을 살펴본 후, 올바른 신약 정경 형성의 과정에 대해서 설명하겠다.

1. 신약 정경 형성에 대한 도올의 잘못된 주장들

*정경*canon *이란?*

도올의 잘못된 신약 정경 형성에 관한 주장을 논하기 위해서는 먼저

'정경'~canon~ 의 의미를 살펴보는 것이 필요하다. 정경~canon~이란 무엇을 말하는가? 정경이란 '규범'~norm~ 또는 '표준'~standard~ 을 가리키는 말이다.[1] 교회는 성경과 관련하여 '정경'이라는 용어를 사용한다. 그래서 '신약 정경'이라고 할 때 그 의미는 기독교 신앙의 토대가 되며 궁극적으로 규범적이고 권위 있는 하나님의 말씀으로 받아들여진 신약의 27권을 말한다. 따라서 '신약 정경 형성'이란, 교회가 신약성경의 책들을 정경적인 것으로 '만들었다'는 것을 의미하는 것이 아니라, 교회가 그 책들을 정경적인 책들로 '인정했다' 또는 '받아들였다'는 사실에 유의해야만 한다.[2]

도올의 잘못된 주장

도올은 그의 책, 「기독교 성서의 이해」에서 신약의 정경 형성과정을 자세히 설명한다. 그는 신약의 정경화 작업을 논하면서 다음과 같은 두 가지 사항을 매우 강조한다.

1. 정경이 교회를 성립시킨 것이 아니라 교회가 정경을 성립시켰다. 다시 말해서 27서 체제의 정경화 작업에는 교회라는 조직의 이해가 얽혀 있었다.
2. 27서 정경이 성립하기 이전에는 정경과 외경의 분별이 성립할 수 없다. 엄밀하게 정통과 이단의 기준도 성립할 수 없다.[3] (도올 본인의 강조)

---

1   A. B. 듀 토잇, 신약 정경론 권성수 역 (서울: 도서출판 엠마오, 2000), 21.
2   위의 책, 22.
3   김용옥, 기독교 성서의 이해 (서울: 통나무, 2007), 385-386.

위에 서술된 도올의 주장을 자세히 설명하면 다음과 같다. 첫째, 그는 교회가 정경을 성립시켰으며, 교회 안에 권력을 가진 사람들이 밀실에서 결정하여 정경이 형성된 것이라고 주장한다. 그의 표현을 빌리자면, "목소리 큰 놈이 정통이고 목소리 작은 놈이 이단"[4]이라는 것이다. 다시 말해, AD 367년에 아타나시우스가 부활절 메시지에서 신약 정경 27권을 발표하였기 때문에 신약 정경 형성은 정치적인 결정이라는 것이다.[5] 여기에 대해서 도올은 다음과 같이 언급한다.

> 27서의 정경화 작업도 그것이 정경으로서 권위를 획득할 수 있었던 것은 오로지 콘스탄티누스의 기독교 공인 이후 반세기가 지난 후에 로마가톨릭교회의 입장이 정립되었다는 사실과 관련이 있다.[6]

한마디로 신약 정경의 형성은 당시 교회의 권력을 잡은 집권자들에 의해서 인위적으로 이루어졌고 그 결과물이 신약 정경 27권이라는 것이다. 따라서 도올은 신약 27권을 권력자들이 밀실에서 인위적으로 결정한 권력의 산물로 치부한다.

둘째, 도올은 4세기 후반에 아타나시우스에 의해서 정경이 발표되기 전까지는 기독교 문서들 중에서 권위 있는 규범으로 받아들여진 문서가 존재하지 않았다고 주장한다. 다시 말해, 그는 신약 정경이 성립되기 전에는 참 신앙과 거짓 신앙을 가릴 수 있는 절대적 기준이나 규범이 없었다고 주장한다. 여기에 대한 도올의 말을 직접 들어보자.

---

4   위의 책, 353.
5   위의 책, 377-386.
6   위의 책, 355.

초대교회는 그 개방적 성격상 그러한 특수계층이 존재할 수 없는 도떼기 시장과도 같은 곳이었다. 그리고 성경카논, kanon이라는 권위 있는 기준이 없었고, 또 그러한 기준을 강요할 수 있는 권위가 없었기 때문에 누구든지 사도성을 가장하여 경전을 저작하는 것이 당연시되었고 오히려 자랑스럽게 여겨졌다.[7]

결국 초대교회에서 정통을 얘기하고 이단을 배척하는 사람들은 항상 예수님 말씀과 사도들의 권능을 들먹거렸다. 그러나 문제는 과연 예수님의 말씀의 정확한 내용이 무엇이며, 사도들이 전한 말씀의 순결한 내용이란 무엇인가를 아무도 확정지을 수 있는 절대적 근거가 부재하다는 데 있다.[8]

우리가 마음속에 꼭 새겨야 할 중요한 사실은 정경(正經)이 없는 상태에서 위경(僞經)도 외경(外經)도 있을 수 없다는 것이다. 현재 우리가 말하는 27서 정경은 AD 367년 이전에는 존재하지 않았다는 사실 하나만으로도 우리의 기독교에 대한 개념 자체를 혁명시킬 수 있는 것이다.[9] (도올 본인의 강조)

여기서 그는 신약성경이 정경화 되기 전에는 기독교 신앙의 절대적 규범이 없었다는 것을 강조한다. 뿐만 아니라 정경이 성립되었던 AD 367년 이전까지는 기독교 문서들 중에서 신앙의 규범이 될 수 있는 권위를 가진 문서가 없었다고 본다. 따라서 아타나시우스의 정경 발표 이전에는 어떠한 문서도 권위를 주장할 수 없다는 것이다.

---

7 위의 책, 143.
8 위의 책, 352.
9 위의 책.

이상과 같은 도올의 주장을 종합해 보면, 'AD 4세기 후반의 정경 발표 이전에는 기독교 문서들 중에서 권위 있게 받아들여진 문서가 존재하지 않았으며, 교회 권력자들의 정치적인 힘에 의해서 정경이 결정되었다'는 것이다.

그의 주장은 얼핏 보기에는 매우 합당하게 보인다. 그러나 신약 정경 형성의 역사적 과정을 자세하게 살펴보면, 그의 주장은 역사적 사실과 매우 거리가 먼 터무니없는 억측에 불과하다는 것을 명확히 알 수 있다. 따라서 우리는 이제부터 역사적인 사실에 근거해서 기독교 신약성경의 정경 형성과정을 검증해 보겠다.

2. 신약 정경 형성에 대한 올바른 이해

정경에 대한 도올의 주장은 권력자에 의해서 정치적으로 결정되었고, 신약 정경이 성립되기 전에는 초기 교회들 안에 절대적 규범이 없었다는 것이다. 과연 그의 이러한 주장은 역사적 사실일까? 이 문제에 대한 올바른 판단을 위해서 우리는 다음의 질문들을 자세히 연구해 볼 필요가 있다.

1) 초기 교회들 안에는 신앙의 절대 규범이 없었는가?
2) 어떻게 정경화가 이루어졌으며, 누가 정경을 결정하였는가?
3) 정경 성립의 기준은 무엇이었는가?

우리가 위의 질문들에 대한 답을 찾아본다면 신약 정경 형성에 관한 진실을 알게 될 것이다. 이제부터 역사적 사실에 근거해서 하나씩 살펴보도록 하겠다.

1) 초기 교회들 안에는 신앙의 절대적 규범이 없었는가?

초창기의 그리스도인들은 신약성경을 가지고 있지 않았다. 예수의 부활사건 이후, 약 30년 동안 초기 그리스도인들은 복음서라는 문서를 가지고 있지 않았다. 또한 예수 부활 후 약 18년까지는 바울의 서신서도 없었다. 그렇다면 성경이 없었던 초기 그리스도인들은 과연 무엇을 근거로 해서 신앙생활을 하였겠는가?

(1) 예수 그리스도가 신앙의 절대 규범이었다.

그들의 신앙의 토대는 예수 그리스도의 복음이었다. 그들의 신앙의 절대 규범은 오직 예수 그리스도와 그분의 말씀이었다. 그들에게서 예수 그리스도의 삶과 가르침, 죽음, 그리고 부활을 제거한다면 아무런 신앙의 근거를 발견할 수 없을 것이다. 역사적 예수 그리스도에 대한 절대적 믿음이 기독교의 근본이었다. 예를 들어, 현대 불교에서 석가모니 부처를 제외시키더라도 불교를 존속시키는 것은 가능하다. 그러나 기독교에서 예수를 제외시키거나, 예수의 신성과 인성 중 어느 한 쪽만이라도 제거한다면 기독교는 성립될 수 없다. 그만큼 기독교 신앙에서 역사적 예수 그리스도의 인성과 신성은 절대적인 신앙의 규범으로서 처음부터 자리 잡고 있었다. 따라서 초기의 그리스도인들은 실제 역사적 예수 그리스도라는 신앙의 절대 규범을 가지고 있었다. 그렇다면 기독교의 신앙 규범인 예수 그리스도의 복음은 어떻게 전파되었는가?

(2) 사도들의 증언들이 초기 기독교 공동체의 신앙 규범이 되었다.[10]

역사 속의 예수 그리스도는 십자가에서 죽었고 부활하였으며 승천하

---

[10] 사도적 증언들이 초기 기독교 신앙의 중요한 규범이 되었다는 것에 대해서는 다음의 책을 참조하라. 박명룡, 도올의 하나님 VS 성경의 하나님 (서울: 도서출판 누가), 260-282.

였다. 예수의 부활과 승천 이후, 초기의 그리스도인들은 예수의 말씀을 직접 보고 듣고 경험하였던 사도들의 증언에 기초하여 신앙생활을 하였다. 그 사도들은 예수의 가르침과 십자가 죽음, 부활과 승천 그리고 다시 오심에 대하여 교회 안에서 반복적으로 가르쳤다. 바로 이것이 사도적 케리그마Kerygma였다. 이러한 사도적 케리그마는 신약성경보다 먼저 있었고, 나중에 신약성경의 핵심 내용이 되었으며, 초기 교회의 매우 중요한 신앙 규범이 되었다. 여기에 대해서 AD 90년대 클레멘트는 다음과 같이 증언하고 있다.

> 사도들은 복음을 우리들에게 전하도록 주 예수 그리스도에 의하여 지명되었고, 그리스도는 또한 하나님에 의하여 보냄 받았다. 따라서 그리스도는 하나님으로부터이며, 사도들은 그리스도로부터이다. 그러므로 양자 모두는 하나님이 발하신 명령 안에서 온 것이다. 사도들은 위임을 받고, 우리 주 예수 그리스도의 부활에 의해 온전히 확신을 얻고, 또한 하나님의 말씀에 의하여 힘을 얻은후에, 성령 충만한 가운데 하나님의 나라가 올 것이라는 메시지를 들고 나갔다.[11]

예수 그리스도에 대한 사도들의 증언과 가르침은 처음부터 교회 안에서 신앙의 중요한 원칙이 되었다. 이 사도들의 가르침은 교회 안에서 점차 사도적 전통으로 자리를 잡게 되었다. 만약 예수 그리스도에 대한 사도적 증언들과 가르침이 초기 교회에서 절대적 신앙 규범이 아니었다면, 과연 그들은 무엇을 근거로 신앙생활을 하였겠는가? 수많은 초기 교회들이 세워질 때 그 많은 유대인과 이방인들은 과연 무엇을 근거로 해

---

11 클레멘트전서 42:1-3; A. B. 듀 토잇, 신약 정경론, 67에서 재인용.

서 기독교 신앙을 받아들였겠는가? 그들의 신앙의 표준과 회심의 근거는 다름 아닌 예수 그리스도에 대한 사도들의 증언과 가르침이었던 게 분명하다.

사도 바울에 따르면 바울의 시대 이전에 이미 초대 교회는 '전통'이라고 불리는 신앙의 표준을 가지고 있었다.[12] 물론 사도 바울의 시대에도 이 전통은 존재하였다. 바울은 다음과 같이 말한다.

> 『여러분이 모든 일에서 나를 기억하고 또 내가 여러분에게 전해 준 대로 전통을 지키고 있으므로 나는 여러분을 칭찬합니다.』(고전 11:2, 표준새번역)

> 『그러므로 형제자매 여러분, 든든히 서서, 우리의 말이나 편지로 배운 전통을 굳게 지키십시오.』(살후 2:15, 표준새번역)

사도 바울은 초기 교회에서 신앙의 규범이 되는 전통이 존재하였음을 우리에게 명확히 알려주고 있다. 이렇게 예수 그리스도께 권위를 둔 사도적 가르침은 그다음 몇 세기에 걸쳐서 교회 신앙의 중요한 원칙이 되었다. 심지어 초기 교회들은 이 사도적 가르침에 입각해서 이단을 구별하기도 하였다. 예컨대, 2세기 후반에 이레니우스Irenaeus 가 영지주의적 성경해석에 대항하여 싸울 때, 그는 사도적 교회 전통의 중요성에 대해서 다음과 같이 말하였다.

> 만약의 경우, 심지어 사도들이 그들의 글들을 우리에게 남겨두지 않았다고 치더라도, 그 사도들이 헌신하였던 그 교회 사람들에게 전해준 바로

---

12   D. H. Williams, *Retrieving the Tradition and Renewing Evangelicalism*, (Grand Rapids: William B. Eerdmans Publishing Company, 1999), 51.

그 전통의 원칙을 따르지 말아야 한단 말인가?[13]

이러한 이레니우스의 글을 통해서, 우리는 사도들의 구전 전통은 초기 교회로부터 이후 2-3세기 동안 교회의 중요한 신앙 원칙이 되었음을 확인할 수 있다. 이것은 '신약 정경이 성립되기 전에는 참 신앙과 거짓 신앙을 가릴 수 있는 절대적 기준이나 규범이 없었다'는 도올의 주장과는 완전히 상반되는 역사적 사실이다. 그렇다면 이러한 사도적 구전 전통은 과연 언제까지 후대에 제대로 전달되었겠는가?

(3) 사도적 구전 전통은 '신앙의 규범' 형태로 AD 3세기까지 온전히 전달되었다.

우리는 지금까지 사도들의 가르침이 구전 전통이 되어 초기 교회에서 신앙의 규범이 되었다는 사실을 확인하였다. 그렇다면, 이러한 사도적 구전 전통은 교회의 규범으로서 언제까지 영향력을 끼쳤겠는가? 사도들이 죽은 후 구전 전통도 곧 사라져 버렸는가? 그렇지 않다. AD 1세기의 사도적 전통이 AD 2-3세기의 교부들에게도 그대로 전달되었다. 다시 말해, 하나님에 대한 삼위일체적인 믿음과 진술은 사도적 가르침으로 보존되었고, 그다음 속사도 시대와 3세기 교부들에게도 계속적으로 전승되었다는 사실을 결코 간과할 수 없다.

좀 더 구체적으로, 예수님의 신성과 삼위일체적인 하나님에 대한 고백은 '신앙의 규범'The Rule of Faith이라는 형태로 AD 2-3세기 동·서방 교회의 중심적인 신앙고백으로 자리 잡고 있었다. 그 근거로서 AD 3세기의 신학자라고 불릴 수 있는 터툴리안Tertullian은 당시 교회에서 실

---

13   Irenaeus, *Against Heresies* III.4.1. D. H. Williams, *Retrieving the Tradition and Renewing Evangelicalism*, 45 재인용.

행되고 있었던 '신앙의 규범'the rule of faith 은 사도들의 설교에서 그대로 물려받은 것이라고 주장하였다.[14] 그는 『마르시온에 대항하여』Against Marcion 라는 책에서 사도 바울이 회심한 후에 바울의 복음 규범과 다른 사도들의 신앙 규범을 비교하기 위해서 예루살렘으로 올라갔다고 주장하였다. 그리고 그 동일한 "신앙의 규범이 복음의 초기로부터 계속적으로 자기들에게까지 전수되어왔다"[15]고 주장하였다.

이것은 초기 사도들의 메시지가 AD 3세기 터툴리안의 교회 시대까지 그대로 전달되고 선포되어 왔다는 사실을 증명해 준다. 터툴리안뿐만 아니라 이레니우스도 그의 책 『사도적 설교의 증거』Proof of the Apostolic Preaching 에서 다음과 같이 주장하였다.

> 그리스도인들은 '신앙의 규범'the rule of faith 을 엄격하게 지켜야만 한다. 왜냐하면, 그것은 사도들과 그들의 제자들에 의해서 우리에게 전수되어 온 것이기 때문이다. 그리고 그것은 우리에게 '우리가 성부와 성자와 성령의 이름으로 죄 용서를 위한 세례를 받았다'는 것을 기억하게 해주기 때문이다.[16]

이렇게 사도들의 가르침으로서 구전 형태로 전해졌던 신앙의 규범들은 AD 2-3세기 동·서방교회 전역에서 중요한 신앙의 핵심으로 실제 신앙생활에 적용되었다. 이레니우스는 신앙의 규범으로서 사도적 전통에 대해 다음과 같이 설명하고 있다.

---

14 D. H. Williams, Retrieving the Tradition and Renewing Evangelicalism, 87.
15 위의 책.
16 위의 책, 88.

> 전 세계에 두루 퍼져 있고, 심지어 땅 끝까지 흩어진 교회는 사도들과 그들의 제자들로부터 이러한 믿음을 물려받았다: 교회는 한 분 하나님을 믿는다. 전능하신 아버지, 하늘과 땅과 그 안에 있는 모든 것을 만드신 분을 믿는다; 그리고 한 분 그리스도 예수, 하나님의 아들, 우리의 구원을 위해서 성육신 하신 분을 믿는다; 그리고 성령, 예언들을 통한 하나님의 섭리들과 초림과 동정녀로부터의 탄생과 수난과 죽음으로부터 부활과 하늘로 오르심, 그리고 아버지의 영광 가운데 하늘로부터 나타나실 것을 선포하신 분을 믿는다.[17]

이와 같이 사도적 전통을 이어받은 '신앙의 규범'에는 예수 그리스도의 신성을 포함하여 삼위일체적인 하나님에 대한 신앙이 잘 나타나 있었다. 이렇게 구전으로 전승된 사도적 신앙의 규범은 신약성경과 함께, 교회를 공격해 오는 이단들의 주장에 대처하는 중요한 원칙이 되었다.

심지어 터툴리안은 이러한 신앙의 규범을 떠나거나 무시하는 사람은 기독교 신앙에서 떠난 사람으로 간주하였다.[18] 이와 같이 사도적 전통을 이어받은 신앙의 규범은 기독교 신앙의 근본적인 핵심 원리가 되었다. 이레니우스, 터툴리안, 오리겐(Origen), 그리고 그 외의 교부들은 사도적 전통을 이어받은 신앙의 규범이 성경과 완전한 일치를 이룬다는 데 모두 동의하였다.[19]

이러한 역사적 증거들이 초기 교회사에 풍부하게 제시되어 있음에도 불구하고 도올은 잘못되고 근거 없는 주장을 내세우고 있다. 그는 '초기 교회들 안에서는 신앙의 절대 규범이 없었다'고 주장한다. 그의 주장을

---

17 Irenaeus, Against Heresies I. 10, D. H. Williams, 89 재인용.
18 D. H. Williams, *Retrieving the Tradition and Renewing Evangelicalism*, 92.
19 위의 책, 96.

다시 한 번 살펴보자.

> 결국 초대교회에서 정통을 얘기하고 이단을 배척하는 사람들은 항상 예수님 말씀과 사도들의 권능을 들먹거렸다. 그러나 문제는 과연 예수님의 말씀의 정확한 내용이 무엇이며, 사도들이 전한 말씀의 순결한 내용이란 무엇인가를 아무도 확정지을 수 있는 절대적 근거가 부재하다는 데 있다.[20]

여기서 도올은 '예수님의 말씀의 내용과 사도들의 가르침의 내용이 무엇인가를 확정지을 수 있는 절대적 근거가 부재하다'고 하였다.

그러나 초대 교회에는 예수님의 부활과 승천 이후로부터 사도들의 일관된 가르침이 있었고, 그 가르침이 AD 2세기부터 AD 4세기에 걸쳐서 '전통'과 '신앙의 규범' 형태로 명확하게 전달되어 온 교회사적인 증거가 너무나 많다. 따라서 도올의 주장은 역사적 근거가 없는 헛된 주장임을 다시 한 번 확인할 수 있다.

실제로 초기 교회들을 통하여 전달된 '신앙의 규범'은 본래 사도적 설교의 중요한 표현이었다. 그 규범의 핵심적인 고백은 다름 아닌 '예수는 하나님'이심을 잘 드러내고 있으며 삼위일체 하나님의 개념을 포함하고 있었다. 이 신앙의 규범은 AD 4세기의 니케아 종교회의(AD 325)가 열리기 이전에 이미 동방교회와 서방교회의 지역교회들에서 믿고 고백하고 교회 예식에 실행하고 있었다.

그러므로 'AD 4세기 후반에 정경이 형성되기 전까지는 기독교 신앙의 규범이 없거나 정통과 이단의 기준도 성립될 수 없다'고 보는 도올의 주장은 믿을 만한 역사적 사실이 아니다. 따라서 그의 주장은 아무런 역

---

20 김용옥, 기독교 성서의 이해, 352.

사적 근거를 제시해 줄 수 없다.

그런데 초기 교회들의 신앙의 절대 규범은 사도들을 통하여 내려온 구술 전통에 그치지 않는다. 구술 전통과 더불어 초기 교회들의 신앙의 절대 규범이 된 것이 있다. 그것이 무엇이겠는가? 그것은 사도들의 저술과 목격자들의 증언에 바탕을 둔 신약성경이다.

(4) 사도들의 저술과 목격자들의 증언은 교회의 규범이 되었다.

앞에서 우리는 사도들의 가르침과 증언은 교회 내의 구술 전통이 되어서 그리스도인의 신앙생활의 중요한 규범이 되었다는 사실을 살펴보았다. 초기 사도들은 복음 선포에 집중하였다. 그래서 그들은 그들의 증언을 문서로 남길 시간적 여유가 없었다. 또한 그들이 활동하는 동안에는 그들이 살아 있는 규범이었으므로, 교회는 신약성경에 대한 강력한 필요성을 느끼지 못하였다. 그러나 그들이 죽음을 맞이할 시기가 되었을 때 그들의 증언을 기록할 필요성이 절실해졌다.[21] 그렇다면 그들의 증언은 누가 어떻게 기록했는가?

AD 1세기 당시 초기 예루살렘 교회 안에는 열두 사도들을 비롯하여 수많은 사람들이 예수의 생애에 대한 목격자로서 활동하였다. 그들의 생생한 증언은 날마다 반복적으로 진술되었고 전달되었다. 따라서 예수에 관한 실제 역사적인 이야기들은 다음 세대 사람들에게 온전하게 전달될 수 있었다. 실례로 베드로는 마가라는 제자를 키웠고, 바울은 누가와 여러 제자들을 길러내었다. 그리고 다른 목격자들이나 제자들도 공동체적인 증언과 기억을 기반으로 하여 각자의 제자들을 길러냈다.

따라서 예수의 생애를 기록한 4복음서는 예수에게서 직접 가르침을

21　A.B. 듀 토잇, 신약 정경론, 69.

받았던 사도들이 기록하였거나 그들이 길러낸 제자들에 의해서 문자로 기록되었다. 복음서는 부활하신 예수를 직접 보았고 따랐던 제자들이나 그들과 매우 가까운 관계에 있었던 사람들이 기록한 목격자들의 증언이었다. 목격자들의 증언이 복음서의 저술에 핵심요소가 되었다는 사실은 복음서들 안에서 밝혀진 사실이다. 누가복음과 요한복음은 목격자들에 대해서 다음과 같이 언급하고 있다.

『처음부터 목격자와 말씀의 일꾼 된 자들이 전하여 준 그대로 내력을 저술하려고 붓을 든 사람이많은지라』(눅 1:2)

『이 사실은 목격자가 본 대로 증언한 것이기 때문에 그의 증언은 참되다. 그는 자기의 말이 진실하다는 것을 알고 있으므로 여러분들도 믿게 하려고 증언하였다.』 (요 19:35, 표준새번역)

위 말씀은 4복음서의 내용이 목격자들의 증언을 바탕으로 기록됐다는 사실을 명확히 알려주고 있다. 또한, 2세기 초에 소아시아 지역의 파피아스 Papias of Hierapolis 는 마태복음이 사도 마태의 증언을 담은 것이라고 밝혔고, 마가복음은 베드로의 목격자적인 증언을 담은 것이라고 설명하였다. 파피아스는 마가복음이 베드로의 증언을 바탕으로 쓰였다는 사실을 다음과 같이 설명하고 있다.

베드로의 통역자였던 마가는 비록 차례대로는 아니지만, 그리스도가 말한 것이나 행한 것들에 대해서 기억하는 대로 정확하게 받아 적었다. 왜냐하면, 그는 주님에 대해서 들어보지도 못했고, 그를 따르지도 않았다. 그러나 나중에 내가 말한 바대로, 그는 베드로를 따랐으며…따라서 마가

는 그가 그 가르침을 기억하는 대로 어떤 것을 기록하는데 실수 없이 사력을 다하였다.[22]

이처럼 초대 교회 내에는 목격자들의 증언이 분명히 존재하였고, 각 복음서는 그 목격자들의 증언을 토대로 문자로 기록되었다. 이런 관점에서 초기 교부인 이레니우스 Irenaeus of Lyons 도 각 복음서를 예수의 부활을 직접 본 목격자들과 연결시키고 있다.[23] 그뿐만 아니라, 사도 바울의 여러 서신서는 부활하신 예수를 직접 만난 바울이 기록해 보냈다는 견해가 별다른 이견 없이 받아들여지고 있다.

이와 같은 사실이 우리에게 무엇을 말해 주는가? 이것은 복음서와 바울 서신이 예수의 제자들에 의해서 직접 써졌거나, 비록 그들에 의해서 직접적으로 쓰이지 않았다고 하더라도, 최소한 그 목격자들의 증언을 기초로 했다는 사실만은 부인할 수 없다는 것을 말해 준다. 따라서 복음서들은 예수님을 직접 보고 듣고 경험하였던 목격자들의 증언을 그대로 담았다고 결론지을 수 있다.

신약성경은 초기 교회에 어떻게 받아들여졌는가?

이러한 목격자들의 증언으로서 신약성경은 초기 교회들에 어떻게 받아들여졌는가? 처음부터 교회들은 사도들이 쓴 편지를 권위 있게 받아들였다. 왜냐하면 사도들 자체가 살아 있는 교회의 규범으로서 예수의 말씀을 전달하는 영적 권위를 가지고 있었기 때문이다. 일례로 바울은

---

22 Eusebius, *Chruch History* 3.39. 15-16; Mark D. Roberts, *Can We Trust the Gospel?* 67-68에서 재인용.
23 Mark D. Roberts, *Can We Trust the Gospel?* 110.

주님의 권위로 데살로니가 교인들에게 다음과 같이 명령하였다.

『내가 주를 힘입어 너희를 명하노니 모든 형제에게 이 편지를 읽어 주라』(살전 5:27)

그는 또한 골로새 교인들에게도 다음과 같이 명령하였다.

『이 편지를 너희에게서 읽은 후에 라오디게아인의 교회에서도 읽게 하고 또 라오디게아로부터 오는 편지를 너희도 읽으라』(골 4:16)

이뿐만 아니라 사도 요한도 다음과 같이 말하였다.

『이 예언의 말씀을 읽는 자와 듣는 자와 그 가운데 기록한 것을 지키는 자는 복이 있나니 때가 가까움이라』(계 1:3)

이처럼 사도들의 편지는 권위를 가지고 여러 교회들에서 읽혀졌으며 교회는 그것을 하나님의 말씀으로 받아들였다. 더욱이 사도 베드로의 말을 통하여 우리는 어떤 책들은 쓰인 지 얼마 지나지 않았음에도 벌써부터 성경으로서 권위를 가지고 있음을 알 수 있다. 베드로는 바울의 편지에 성경적 권위를 부여하고 있다.[24]

『[15] 또 우리 주의 오래 참으심이 구원이 될 줄로 여기라 우리가 사랑하는 형제 바울도 그 받은 지혜대로 너희에게 이같이 썼고 [16] 또 그 모든 편지에도 이런 일

---

24 어윈 루처, 다빈치 코드 깨기, 이용복 역 (서울: 규장문화사, 2005) 119.

에 관하여 말하였으되 그 중에알기 어려운 것이 더러 있으니 무식한 자들과 굳세지 못한 자들이 다른 성경과 같이 그것도 억지로 풀다가 스스로 멸망에 이르느니라」(벧후 3:15-16)[25]

이처럼 사도들에 의해서 쓰인 편지들은 교회에서 읽히자마자 성경적 권위가 부여되었다는 사실을 확인할 수 있다. 그렇다면 그 사도들에 의해서 쓰인 성경에는 어느 정도의 권위가 부여되었는가?

신약성경은 처음부터 성경의 권위를 인정받았다.

사도들이 쓴 글은 초기 교회들 사이에서 처음부터 성경Scripture으로서 권위를 인정받았다. 그 목격자들의 증언은 처음부터 성령의 영감에 의해서 쓰인 거룩한 하나님의 말씀으로 그 권위를 인정받았다. 이에 대한 구체적인 사실은 다음과 같다.

---

25 베드로후서 3장 16절은 바울 서신에 구약성서와 동일한 권위를 부여하고 있다. 여기에 대해서 A. B. 듀 토잇은 다음과 같이 설명하고 있다: "우리는 베드로 후서 3:15 이하의 중요한 진술을 주목한다. 거기에서 저자는 바울의 '모든' 편지들을 언급하는데, 그는 말하기를 그 편지 중에는 '알기 어려운 것이 더러 있으니 무식한 자들과 군세지 못한 자들이 다른 성경과 같이(hos kai tas loipas graphas) 그것도 억지로 풀다가 스스로 멸망에 이르느니라'고 한다. 그가 주의를 집중시키는 바는, 저자와 독자에게 모두 알려져 있는 바울 서신의 상당한 수자가 아니고, 이 편지들이 '다른 성경들'과 나란히 배열되어 있다는 점이다. 다른 성경들이라는 용어가 반드시 구약성서의 책들을 가리키지는 않는다. graphai라는 명칭이 구약 성서를 지칭하기 위하여 가장 자주 사용되었지만, 독보적이지는 않는다. 그럼에도 불구하고 이 특수한 문맥 속에서 우리는 '다른 성경들'이 구약 성서의 책들이라는 것을 인정할 훌륭한 근거들을 갖고 있다. 어떤 이들이 '억지로 푼다'는 것은 이 책들의 권위있는 지위를 특별히 강조하며 또한 구약 성서를 시사하는 것이다. (Schrenk, Schelke, Greijdanus-Windisch와 Grundmann은 신약 성서의 책들도 포함시키고자 한다). 따라서 바울 서신들이 여기에서 구약 성서와 동일한 수준에 위치하고 있다고 말하는 것이 타당하다. 학자들은 베드로후서의 연대에 심한 견해차를 보이는데, 연대를 일찍 잡으면 잡을수록 이 구절은 더욱 주목할 만한 것이 된다. 어찌 됐든 베드로후서는 일찍이 바울의 서신들에 수여된 예외적 권위를 증언한다." A. B. 듀 토잇, 신약 정경론, 95

AD 1세기 말, 로마의 클레멘트Clement of Rome는 사도 바울이 쓴 고린도 전서를 고린도의 그리스도인들에게 추천하면서 다음과 같이 말하였다: "성령의 인도함 아래 확신을 가지고, 바울은 여러분에게 자기 자신에 대하여, 게바에 대하여, 그리고 아볼로에 대하여 적었다." 그는 또한 "여러분은 진리를 담고 있으며, 성령의 영감으로 쓰인 거룩한 성경을 공부해 왔다"라고 썼다.[26]

AD 2세기 초에 폴리캅은 성경을 '주님의 신탁神託'[27]이라고 일컬었으며, 그는 또한 사도 바울의 말씀을 '성경'Scripture으로서 인용하였다.[28] 그 뿐만 아니라, 알렉산드리아의 클레멘트Clement of Alexandria, AD 150-211는 성경의 영감을 강하게 믿었다. 그는 "완전한 지혜를 가진 선지자 예레미야나, 혹은 예레미야 안의 성령께서 하나님을 나타내신다"[29]고 선언하였다. 그리고 그는 "주님을 가르치는 자료로서, 우리는 예언자들과 복음서들, 그리고 축복받은 사도들 모두를 가지고 있다"고 주장하였다.[30]

오리겐Origen, 185-254은 그의 시대 교회에 다음과 같이 말하였다: "성령께서는 그 성인들, 즉 예언자들과 사도들, 그들 각자에게 영감을 주셨

---

26 Clement, *Clement's First Letter* 47, 45, in Early Church Father, ed. Cyril C. Richardson (New York: Simon & Schuster, 1996), 65, 64; Robert Saucy, Scripture: *Its Power, Authority, and Relevance.* (Nashville: Word Publishing, 2001), 190-191에서 재인용.
27 Polycarp, Epistle to the Philippians 7, quoted in J. Barton Payne, "The Biblical Interpretation of Irenaeus," in Inspiration and Interpretation, ed. John F. Walvoord (Grand Rapids: Eerdmans, 1957), 15; Robert Saucy, *Scripture*, 191에서 재인용.
28 Polycarp of Smyrna, *To the Philippians*, in *The Apostolic Fathers, I, I Clement. II Clement. Ignatius. Polycarp. Didache*, ed. Bart Ehrman, Loeb Classical Libray (Cambridge, Mass.: Harvard University Press, 2003), 12.1; Timothy Paul Jones, *Misquoting Truth* (Downers Grove: IVP Books, 2007), 125에서 재인용.
29 Clement of Alexandria, *Exhortation to the Heathen 8*, quoted in Hannah, "The Doctrine of Scripture in the Early church," 8; Robert Saucy, *Scripture*, 191에서 재인용.
30 Clement of Alexandria, The Stromata 7.16, quoted in Hannah, "The Doctrine of Scripture in the Early church," 8; Robert Saucy, *Scripture*, 191에서 재인용.

다." 또한 그는 "성경은 그 자체가 신적이다. 성경은 하나님의 영에 의해서 영감을 받았다…성경은 하나님의 영에 의해서 써졌다"라고 명확히 말하였다.[31]

어거스틴Augustine, 354-430도 성경이 하나님의 영감에 의해서 쓰였다는 사실을 확실히 밝혔다.[32] 어거스틴뿐만 아니라 순교자 저스틴Justin Martyr, 이레니우스Irenaeus, 약 140-202년, 터툴리안Tertullian, 155-220, 히폴리투스Hippolytus, 236년 죽음, 키프리안Cyprian, 195-258, 그리고 제롬Jerome, 약 374-419 등 초기 교회의 지도자들은 성경의 신적인 영감을 확실히 믿었고 고백하였다.[33]

이상과 같은 증거들은 무엇을 말해 주는가? 사도들의 가르침과 그들이 남긴 문서는 처음부터 초기 교회의 신앙의 규범이 되었다는 것과 초기 교회의 신자들은 그들의 문서를 하나님의 영감에 의해서 쓰인 하나님의 말씀으로 권위 있게 받아들였다는 사실을 알려준다. 그래서 어윈 루처Erwin Lutzer는 이러한 사실에 관하여 다음과 같이 설명하고 있다.

---

31 Origen, De Principiis Preface 4; 4.1; Preface 8, quoted in Hannah, "The Doctrine of Scripture in the Early church," 8-9; Robert Saucy, *Scripture*, 191에서 재인용.
32 Robert Saucy, *Scripture*, 191.
33 위의 책, 191-192. 초기 교회 문서와, 지도자들이 신약성경을 구약 성경과 동등한 성경으로 간주한 증거들에 대하여 A. B. 듀 토잇은 다음과 같은 증거들을 제시한다: 첫째, 베드로 후서 3:16은 "구약 성서와 동일한 권위를 바울 서신에 부여한다." 둘째, "비정경적 저술인 클레멘트후서 2:4에도 중요한 인용이 있다. 거기에 마태복음 9:13의 기사가 이사야 54:1과 짝하여 hetera graphe(다른 성경)이라고 공공연히 묘사되어 있다." 셋째, "바나바서 4:14을 들 수 있는데, 거기에는 '청함을 받은 자는 많되 택함을 입은자는 적으니라'(마 22:14)라는 구절에 hos gegraptai(기록된 바와같이)라는 공식이 선행하고 있다. 바나바서 내에서 이 공식이 사용된 방식을 보면, 마태는 이곳에서 구약 성서와 동등한 수준으로 인용되는 것이다." 넷째, 위의 초기 기록물뿐만 아니라, 폴리캅의 빌립보서 12:1절과 저스틴의 작품(Apol. I 66:3) 등에서도 신약이 구약과 동등한 위치에 놓여 있음을 알 수 있다. 오리겐에 의할 것 같으면, 타티안(Tatian)은 요한복음을 두 번에 걸쳐 '성경'으로 인용하고 있다. A. B. 듀 토잇, 신약 정경론, 207-209.

1세기 말이 되었을 때 현재 우리가 사용하는 신약성경의 3분의 2 이상이 '영감으로 된 말씀'으로 간주되었다. 나머지 책들은 비록 널리 읽히지는 않았지만, 그래도 '권위 있는 말씀'으로 알려져 인용되었다.[34]

따라서 초기 교회들은 처음부터 사도들의 말씀을 하나님의 말씀으로 받아들였으며, 목격자적 증언으로서 그들이 남긴 문서도 성령의 감동에 의한 하나님의 말씀으로 권위 있게 받아들여졌다는 사실을 알 수 있다.

정리하면, 도올은 '신약 정경이 성립되기 전에는 참 신앙과 거짓 신앙을 가릴 수 있는 절대적 기준이나 규범이 없었다'고 주장하였다. 그러나 그의 주장은 교회사적 증거들을 살펴볼 때, 사실이 아닌 것으로 드러났다. 오히려 초기 교회는 처음부터 하나님의 아들 예수 그리스도를 신앙의 절대 규범으로 따랐다. 그리고 예수 그리스도를 직접 경험하였던 사도들의 증언과 가르침은 초기 교회에서 절대적 신앙 규범으로 자리를 매겼다. 사도들은 예수 그리스도의 증인으로서 권위가 있었으며, 그들의 가르침은 교회의 전통이 되어 신앙생활의 규범 역할을 하였다.

이 외에도 사도들의 구술 전통은 '신앙의 규범' The Rule of Faith 이라는 형태로 AD 2-3세기 동·서방 교회의 중심적인 신앙고백으로 자리 잡게 되었다. 성경과 더불어 신앙의 규범은 이단과 정통을 구분하는 잣대 역할을 하였다.

게다가 사도들의 저술은 초기 교회에서 성령의 영감으로 기록된 하나님의 말씀으로 권위 있게 받아들여졌다. 사도들의 구술 전통과 기록된 문서들은 초기 교회의 신앙의 핵심이요 이단과 정통을 구분하는 근거가 되었으며, 신앙생활의 절대적 규범이 되었다. 그러므로 4세기 후반 신약

---

34 어윈 루처, 다빈치 코드 깨기, 120.

의 정경이 성립되기 훨씬 이전에도 초기 교회는 신앙의 절대 규범을 가지고 있었던 것이 확실하다고 결론지을 수 있다.

2) 어떻게 정경화가 이루어졌으며, 누가 정경을 결정하였는가?

신약성경의 정경화는 어떻게 이루어졌는가? 신약 정경은 처음부터 교회의 권력자들에 의해서 만들어진 것인가? 도올의 주장에 의하면, 신약성경 27권은 교회의 권력자들에 의해서 정치적으로 결정된 권력의 산물이다.[35] 그는 다음과 같이 강력하게 주장한다.

> 정경이 교회를 성립시킨 것이 아니라 교회가 정경을 성립시켰다. 다시 말해서 27서 체제의 정경화 작업에는 교회라는 조직의 이해가 얽혀 있었다.[36] (도올 본인의 강조)

위와 같은 그의 주장은 과연 역사적 사실일까? 여기에 대한 올바른 대답은 "역사적 사실이 아니다!"라는 것이다. 도올의 주장은 정확한 역사적 근거 위에 서 있는 것이 아니라, 매우 잘못된 억측에 불과하다고 분명히 말할 수 있다. 왜 그러한가? 우리가 신약 정경 형성의 과정을 살펴본다면 그 대답을 어렵지 않게 찾을 수 있다. 이제부터 신약 정경 형성에 대한 올바른 역사적 사실들을 살펴보도록 하겠다.

(1) 교회는 정경을 인위적으로 만들어 내지 않았다.

전술한 바와 같이, 처음부터 교회의 유일한 권위는 '예수 그리스도'였다. 그의 가르침과 삶, 십자가 죽음, 그리고 부활은 기독교 신앙의 절대

---

[35] 김용옥, 기독교 성서의 이해, 353, 355, 377-386을 참조하라.
[36] 위의 책, 385.

규범이었다. 그리고 예수 그리스도를 직접 보고, 그의 가르침을 직접 듣고, 그의 죽음과 부활을 직접 목도한 사도들이었기에, 사도들의 가르침과 증언은 초기 교회의 절대적 신앙 규범이 되었다.

따라서 예수 사건의 직접적인 목격자로서 사도들이 남긴 복음서들과 서신서들도 처음부터 교회의 중요한 신앙 규범이 되었다. 초기 그리스도인들은 사도들이 죽은 후에도 그들이 남긴 증언을 매우 중요하게 여겼고 신앙의 잣대로 삼았다. 사도적 증언의 중요성에 대하여 AD 110년경, 파피아스 Papias of Hierapolis 는 다음과 같이 말하였다.

> 나는 말을 많이 하는 사람을 좋아하는 것이 아니라, 진리를 말하는 사람을 좋아한다. 그 진리를 말하는 사람은 이상한 명령들과 관련된 사람이 아니라, 주님에 의해서 주어진 명령을 말하는 사람이다…따라서 만일 그 장로들을 섬겼던 어떤 사람이 내게로 온다면, 나는 그들에게 세부적으로 질문한다.-안드레나 베드로가 말한 것은, 또는 빌립이나 도마나, 혹은 야고보나 요한이나 마태나, 또는 주님을 따랐던 어떤 사람들이 말한 것은 무엇인가에 대하여 자세하게 질문한다.[37]

위의 진술은 무엇을 말해 주고 있는가? 사도들의 죽음 이후에도 초기 교회는 사도들이 남기고 전수한 사도적 증언을 매우 중요하게 여겼다는 것을 말해준다. 사도들의 증언과 그들이 전수한 가르침이 초기 교회에서 매우 중요한 신앙규범이 되었다는 것은 일찍이 AD 48년경에 쓰인 바울의 서신에도 매우 잘 나타나 있다.

---

37 Eusebius *Ecclesiastical History* 3.39; Timothy Paul Jones, *Misquoting Truth*, 125에서 재인용.

『[7] 다른 복음은 없나니 다만 어떤 사람들이 너희를 교란하여 그리스도의 복음을 변하려 함이라[8] 그러나 우리나 혹 하늘로부터 온 천사라도 우리가 너희에게 전한 복음 외에 다른 복음을 전하면 저주를 받을지어다. [9] 우리가 전에 말하였거니와 내가 지금 다시 말하노니 만일 누구든지 너희가 받은 것 외에 다른 복음을 전하면 저주를 받을지어다.』(갈 1:7-9)

이와 같이 사도들의 가르침과 그들의 증언은 초기 교회의 신앙생활에 핵심적인 요소가 되었다. 따라서 사도들이 남긴 문서는 처음부터 하나님의 말씀으로 인정되었으며, 권위 있는 주님의 말씀으로 교회들 사이에서 읽히고 있었다.

바울의 서신들은 처음부터 하나님의 말씀으로 받아들여졌다.

특히 바울의 서신들은 신약 문서 중에서 제일 먼저 기록됐는데, 바울의 서신과 그가 전한 복음은 바울이 활동하였던 당시에도 교회들 사이에서 하나님의 말씀으로 받아들여지고 있었다.[38] 그리고 바울이 죽은 후, AD 100년경에는 이미 바울 서신들이 한 권의 책으로 수집되어 널리 알려졌고, 교회들 사이에서 권위 있는 하나님의 말씀으로 읽혔다.[39] 1세기 말, 로마의 클레멘트 Clement of Rome 는 사도 바울이 쓴 고린도전서를 일컬어 바울이 "성령의 인도함 아래서 확신을 가지고 썼다"고 말하였다.[40]

---

38 『이러므로 우리가 하나님께 쉬지 않고 감사함은 너희가 우리에게 들은 바 하나님의 말씀을 받을 때에 사람의 말로 아니하고 하나님의 말씀으로 받음이니 진실로 그러하다 이 말씀이 또한 너희 믿는 자 속에서 역사하느니라』(살전 2:13)
39 박창환, 성경의 형성사 (서울: 대한기독교서회, 1997), 85.
40 Clement, *Clement's First Letter* 47, 45, in *Early Church Father*, ed. Cyril C. Richardson (New York: Simon & Schuster, 1996), 64-65; Robert Saucy, *Scripture*, 190-191에서 재인용.

또 2세기 초에 폴리캅은 사도 바울의 서신들을 권위 있는 하나님의 말씀으로 인정하면서 그 서신들을 '성경'Scripture 으로서 인용하였다.[41]

이러한 사실들은 무엇을 말해주고 있는가? 바울 서신의 권위는 누군가 그 권위를 만들어 낸 것이 아니라, 바울이 전한 복음과 그의 서신들 자체가 예수 그리스도를 증거 한 하나님의 말씀으로서 처음부터 그 권위를 인정받았다는 것을 알려준다. 다시 말해, 바울 서신들은 초기 교회들 사이에서 그 자체가 하나님의 말씀으로서 권위 있게 받아들여졌다. 그렇다면, 4복음서는 어떠한가?

4복음서 그 자체가 그 권위를 드러내었다.

4복음서는 예수의 부활 후 약 30년에서 60년 사이에 문자로 기록되었다. 이는 사도들이 예수께 보고 들어 교회에서 수백 번 또는 수천 번씩 반복적으로 선포하고 가르친 내용을 바탕으로 써졌다. 따라서 4복음서도 사도들이 직접 썼거나 그들과 관련된 사람들이 목격자적 증언으로 기록했다.

2세기 초 파피아스Papias 는 "마태복음은 사도 마태의 증언을 담은 것이며, 마가복음은 마가가 베드로의 증언을 바탕으로 쓰였다"고 설명하였다.[42] 초기 교부 이레니우스Irenaeus of Lyons 도 4복음서를 예수의 부활을 직접 본 목격자들과 연결시키고 있다.[43] 이처럼 4복음서는 처음부터 사

---

41 Polycarp of Smyrna, *To the Philippians*, in *The Apostolic Fathers, I, I Clement. II Clement. Ignatius. Polycarp. Didache*, ed. Bart Ehrman, Loeb Classical Libray (Cambridge, Mass.: Harvard University Press, 2003), 12.1; Timothy Paul Jones, *Misquoting Truth*, 125에서 재인용.
42 Eusebius, *Chruch History* 3.39. 15-16.
43 Mark D. Roberts, *Can We Trust the Gospel?* 110.

도들의 증언으로 여겨졌기 때문에 초기 교회들 사이에서 그 권위를 인정받을 수 있었다. 또한 4복음서는 예수에 관한 사도들의 증언을 온전히 담은 영감 있는 문서로서 성경적인 권위를 인정받았다. 초기 교부인 알렉산드리아의 클레멘트와 오리겐을 비롯하여 거의 모든 초기 교부들은 4복음서가 성령의 영감으로 쓰였다는 사실을 확실히 믿었다.[44]

AD 1세기 당시에는 오늘날처럼 교통과 인쇄술이 발달되지 않았기 때문에 4복음서는 전 지역의 교회에 빨리 유포될 수 없었다. 그러나 1세기 후반부터 4복음서는 점차 널리 퍼져나갔고 많은 교회에서 읽히기 시작하였다. 그래서 속사도들도 그 권위를 인정하여 더 많이, 더 자주 그 복음서의 내용을 언급하고 인용하였다.[45] 특히 AD 2세기 후반에 이르러서는 4복음서가 영감 있는 하나님의 말씀으로서 통상적인 인용 자료가 되었다. 이것은 순교자 저스틴(Justin Martyr, 약 165년경)에 의해서 밝혀진 매우 확실한 사실이다.[46]

이와 같이 4복음서는 그 자체가 예수 그리스도에 관한 목격자들의 증언이었기 때문에 초기 교회들 사이에서 권위 있고 영감 있는 하나님의 말씀으로 받아들여졌다. 이러한 역사적 사실에 관하여 성경학자 박창환은 다음과 같이 잘 설명해 주고 있다.

> 신약에 나타난 4복음서가 기록된 후에도 많은 복음서들이 교계에 나돌아 도리어 교회에 혼잡을 조성하였던 것으로 보인다. 많은 거짓 복음과 유해한 사이비 복음서들이 나돌고 있었던 것이 사실이다.
>
> 그러던 것이 어떻게 해서 4복음서만이 남아 승자의 관을 쓰게 되었는지

---

44 Saucy, *Scripture*, 191-192.
45 A.B. 듀 토잇, 신약 정경론, 199.
46 위의 책, 203..

그 과정을 우리는 알 수 없다. 처음부터 4복음은 하나님의 진리와 그 영이 깃들인 책들이어서 정직하게 진리를 탐구하는 독자들에게 무언중에 감화를 주고 따라서 영과 영이 통하는 중, 자연히 진정한 복음으로 받아들일수 있게 되었다고 본다. 어느 누가 시켜서가 아니라, 복음서 자체가 지닌 그 진리성과 권위가 독자들을 압도하고 강박하여 하나님의 말씀으로 수락할 수밖에 없게 만들었으며, 그렇지 못한 사이비 문서들은 자연히 도태당하고 말았다고 생각된다.

역사를 더듬어 볼 때 우리의 4복음서는 완전히 승리했고 거의 적수가 없었던 것 같다. 오리겐Origen, 182-250은 4복음서만이 하늘 아래 하나님의 교회에서 이의를 받지 않는 책들이라고 말하였고, 유세비우스는 4복음서를 가리켜 "거룩한 4권의 한 질의 복음"이라고 불렀다(교회사 3.25). 즉, 어느 하나도 뺄 수 없는 네 권짜리 한 벌의 복음이라는 말이다. 어쨌든 이와 같이 기원후 200년 이전에 이미 4복음서는 절대적인 권위를 가지고 군림하였고, 교회의 기본 문서가 되어 있었던것을 알 수 있다.[47]

위의 설명에서 알 수 있듯이, 4복음서는 누가 정치적으로 만들어서 그 권위를 부여한 것이 아니다. 도리어 마태복음, 마가복음, 누가복음, 그리고 요한복음 그 자체가 예수 그리스도에 관한 사도적 증언으로서, 하나님의 영감 있는 말씀으로 그 권위를 드러내었다.

그러므로 4복음서와 바울 서신은 교회의 권력자가 권위 있는 문서로 선포했기 때문에 권위를 얻은 게 아니다. 그 문서들 자체가 예수 그리스도를 증언하고 있고, 사도들의 목격자적 증언이 담겨 있기 때문에 초기의 모든 교회로부터 권위를 인정받게 되었다.

---

47 박창환, 성경의 형성사, 95-96.

바로 이와 같은 이유로 인해, 존경받는 성경학자 브루스 메쯔거Bruce M. Metzger는 "교회는 그 정경을 창조하지 않았다. 그러나 교회는 어떤 특정한 문서들이 그 스스로의 신뢰성을 보증할 만한 자격이 있음을 인식하였고, 받아들였으며, 단언하였고, 그리고 확인하였다"[48]고 말하였다. 그뿐만 아니라, 신약 정경형성에 관한 연구의 전문가인 A. B. 듀 토잇은 다음과 같이 명확히 주장한다.

> 교회는 결코 어떠한 책도 정경적으로 만들거나 선언한 적이 없다! 교회의 권위는 항상 성서의 권위에 종속하거나 복종한다-그리고 성서의 권위는 하나님의 계시라는 특성에 근거한다. 이 책들은 자신의 속성에 따라 항상 규범적 특성을 소유하는 것이며, 교회는 그들에게 규범적 특성을 부여할수도 없으며 빼앗을 수도 없다. 교회가 할 수 있는 최대의 것은 이 권위를 인정하든지 무시하든지택일하는 것이다. **교회는 단지 이 책들을 신약 정경으로 묶음으로써, 그들이 원래부터 정경적 권리를 갖고 있었다는 것을 인정하고 확인한 것이다.**[49] (저자 자신의 강조)

이처럼 신약성경은 사도들의 가르침을 담은 것으로, 그 책 자체가 하나님의 말씀으로서 권위를 나타내었다.

지금까지 논의한 사실을 미루어 볼 때, 우리가 내릴 수 있는 합리적인 판단은 무엇인가? 과연 도올의 주장대로, 신약성서는 교회의 권력자들의 정치적 힘에 의해서 밀실에서 정경으로 결정되었다고 판단할 수 있겠는가? 전혀 그렇지 않다! 교회는 신약성경의 권위를 강제로 부여하지

---

48 Bruce M. Metzger, *The Canon of the New Testament: Its Origin, Development, and Significance* (Oxford: Oxford University Press, 1997), 287.
49 A. B. 듀 토잇, 신약 정경론, 194.

않았다. 오히려 그와 정반대로, 교회는 4복음서와 바울 서신서 속에서 사도적 구술 전통과 일치하는 사도들의 증언을 발견할 수 있었고, 그 말씀 자체가 하나님의 영감으로써 기록되었다는 사실을 인식하고 인정하게 되었다. 단지 교회는 처음부터 신약성경이 가진 사도적 권위를 인정하고 그 말씀의 통치 속에서 살았다는 것이 역사적 사실이다.

그러므로 우리는 '누가 정경을 결정하였는가?'라는 질문에, '신약성경 자체가 사도적 증언으로서 정경적 권위를 나타내었다'고 답해야만 한다. 다시 말해 교회가 신약성경을 지배한 것이 아니라 신약성경의 권위 있는 말씀, 그 자체가 초기 교회를 지배하였다. 그렇다면, 어떻게 신약성경이 정경으로 형성되었는가? 신약성경은 어떤 과정을 거쳐 기독교 신앙의 절대 규범으로서 인정받게 되었는가? 지금부터 이 질문에 대한 답을 찾아보겠다.

(2) 어떻게 정경이 형성되었는가?

지금까지 우리는 교회가 신약성경의 권위를 조작해 낸 것이 아니라, 예수님의 말씀을 그대로 담은 사도들의 증언으로서 신약성경 자체가 권위를 인정받았다는 사실을 살펴보았다. 그렇다면, 좀더 구체적으로 4복음서와 바울 서신서 그리고 다른 서신서들은 어떤 역사적 흐름 속에서 신앙의 표준으로서 그 권위를 공식적으로 인정받게 되었는가? 이 질문의 대답은 정경 형성의 흐름을 따라 살펴본다면 쉽게 발견할 수 있다.

우리가 아는 바대로, 4복음서와 바울 서신서는 1세기 말 당시 교회 안에서 권위 있는 하나님의 말씀으로 자연스럽게 받아들여졌다. 사도행전과 여러 사도들의 일반 서신도 성경으로서 그 권위를 드러내고 있었다. 이러한 기록된 문서들은 교회 안에서 전해져 내려오는 구술 전통과 함께 초기 교회의 신앙 규범이 되었다. 이와 같은 분위기 속에서 최초의 정경 목록이 나타나게 되었다.

① 최초의 정경 목록은 AD 140년경 이단자 마르시온Marcion에 의해서 나타났다.[50] 마르시온은 당시 교회에서 전해져 내려오던 정통 신앙과는 달리 가현설을 주장하였다. 그는 영지주의자였기에 예수가 악한 육체를 입고 오지 않았으며 단지 인간으로 나타나 보였다고 주장하였다. 그는 구약의 하나님을 악한 하나님으로 규정하여 신약의 하나님과는 다르다고 믿었다. 그래서 그는 구약 성경을 배격하였고 마태, 마가, 요한의 3복음서가 유대 사상의 경향성을 보인다고 해서 정경에서 제외시켰다.[51] 결국 마르시온은 구약 성서 인용구를 삭제한 누가복음만을 정경으로 인정하였고, 자신이 편집한 10개의 바울 서신만을 그의 정경에 포함시켰다.[52] 이러한 마르시온의 사상과 정경 목록은 당시 보편적인 교회들 사이에서 간직해 왔던 기독교 신앙의 사상과 규범에 정면으로 대치되었다.

여기서 우리는 두 가지 중요한 사실을 발견한다. 첫째, 마르시온의 사상은 영지주의와 연결되는데, 왜 그는 영지주의와 통하면서도 영지주의 복음서를 그의 정경에 포함시키지 않았는가? 예를 들면 그는 도마복음서, 마리아 복음서, 베드로 행전 등과 같은 영지주의 문서를 그의 정경에 포함시키지 않았다. 이 경우에 가능한 답변은 이것이다. 그의 시대에는 영지주의 문서들이 아직 존재하지 않았거나 그중 일부가 존재하였더라도 그 영지주의 문서는 아직 권위를 인정받지 못했던 것이 분명하다. 즉, 당시 확실히 권위를 인정받은 기독교 문서들이 존재하고 있었기 때문에 영지주의 문서들을 포함시키지 못했을 것이다.

사실 마르시온이 마음만 먹으면, 영지주의 문서들을 편집해서 정경

---

50   J. Ed Komoszewski, M. James Sawyer, & Daniel B. Wallace, *Reinventing Jesus*, 126.
51   위의 책, 126-127.
52   위의 책.

으로 사용하는 것은 크게 문제되지 않았을 것이다. 그런데 그는 왜 지금 우리가 사용하는 신약성경의 목록만을 정경으로 내세웠겠는가? 그 이유는 급진적인 이단자 마르시온의 시각에도 당시 널리 인정받고 있었던 권위 있는 책들이 무엇인지 확연히 보였기 때문이지 않겠는가?

둘째, 마르시온의 정경 목록은 긍정적인 영향을 끼쳤다. 그때까지 교회는 정경 형성의 필요성을 느끼지 못하였던 것이 분명하다. 왜냐하면 그들에게는 이미 자연스럽게 권위를 인정받은 신약의 문서가 존재하였기 때문이다. 그러나 이러한 마르시온의 이단적인 행위 때문에 교회와 신학자들은 충격을 받았으며, 이미 존재하던 권위 있는 문서들의 정경화 추세를 가속화시키는데 영향을 주었다고 평가된다.[53] 이러한 이단자 마르시온의 출현에 자극을 받은 교회는 정경화의 필요성을 절실히 느끼게 되었다. 그러나 그 가시적인 효과는 약 30년의 세월이 지난 후에야 비로소 드러나게 되었다. 그것이 바로 무라토리 정경이다.

---

53 마르시온의 사상은 초기 교회 안에서 보편적으로 그 권위를 인정받았던 요한의 사상과 정면으로 대치된다:『하나님의 영은 이것으로 알지니 곧 예수 그리스도께서 육체로 오신 것을 시인하는 영마다 하나님께 속한 것이요』(요일 4:2);『미혹하는 자가 많이 세상에 나왔나니 이는 예수 그리스도께서 육체로 임하심을 부인하는 자라 이것이 미혹하는 자요 적그리스도니』(요이 1:7). 초기 교회의 정경화에 영향을 끼친 또 다른 이단은 몬타누스(Montanus, 156-172 A.D.)이다. "그는 일찍이 이방 종교 키벨레(Cybele)의 제사장이었으나, 그리스도교로 개종하고 소아시아에서 명성을 떨치게 되었다. 그는 더 높은 표준과 더 엄격한 규율을 요구하고, 교회는 자신을 세상으로부터 좀 더 깨끗하게 분리해야 한다고 주장했다. 몬타누스가 거기서 멈추었더라면 참으로 유익한 인물 구실을 했을 것이었다...그러나 몬타누스는 거기서 멈추지 않고 더 나아갔다. 또 다른 두 여자 예언자 프리카스와 바시밀라와 같이 다니면서 성령의 이름으로 예언을 하고 그리스도의 조속한 재림을 예고하였다. 거기에다 몬타누스는 스스로 자기를 약속한 보혜사라고 하며, 교회를 위하여 새 환상과 메시지를 가지고 왔노라고 주장하였다. 그리고 자기와 그 두 여자 예언자는 하나님이 주신 계시의 도구요, 성령이 새 음악을 연주하기 위하여 사용하시는 거문고라고 확신하였다. 그야말로 위험천만한 경향이었다. 몬타누스는 이제 자기를 통해서 하나님의 새로운 계시가 나타난다고 주장하였으니 성서는 무진장 늘어날 수밖에 없었다. 그러므로 교회는 마침내 성서를 마감하지 않으면 안 될 단계에 이르렀던 것이다." 박창환, 성경의 형성사, 105-106. 마르시온은 신약의 정경을 대폭 축소하였는데 비해, 몬타니즘에서는 반대로 정경의 확대 추세를 보였다. 몬타누스의 주장은 결국 계시의 기간이 종결되었으며, 책들의 숫자는 한정되어야 한다는 것을 역설하도록 자극하였다. A. B. 듀 토잇, 신약 정경론, 184.

② 두 번째 정경 목록은 AD 170년경에 작성된 무라토리 정경$_{\text{The Muratorian Canon}}$이다. 이 무라토리 정경은 보편적 교회에서 받아들여진 최초의 정경 목록이다. 이 정경은 또한 온전한 의미에서 첫 번째 정경 목록이다.[54] 이러한 이유로 저명한 신약학자인 브루스 메쯔거$_{\text{Bruce Metzger}}$는 무라토리 정경을 정경사에서 가장 초기의 것이며 가장 중요한 문서 중의 하나로 인정하고 있다.[55] 이것은 AD 170년경에 로마에서 작성된 것이며, 이 목록에 들어 있는 책들은 당시 교회에서 성경으로 받아들여졌다.[56]

무라토리 정경의 목록은 네 가지 부류의 책으로 구분하고 있다.[57] 첫 번째 부류는 정경으로 받아들여진 보편적 수납서이다. 여기에는 마태복음, 마가복음, 누가복음, 요한복음, 사도행전, 바울의 13서신, 유다서, 요한의 편지들(1서와 2서, 또는 3서도 포함), 요한 계시록, 솔로몬의 지혜 등 24권이 포함된다. 두 번째 부류는 아직 논쟁 중인 책으로 '베드로 묵시록'$_{\text{the Apocalypse of Peter}}$이다. 이 책은 일부 교회에서 정경으로 받아들이지 않았었다. 세 번째 부류는 한권의 배격서로서 '허마스의 목자'$_{\text{the Shepherd of Hermas}}$이다. 이 책은 정경으로는 부적합하지만 신앙생활에 도움이 됨으로 개인적으로 읽을 수 있다고 하였다. 마지막 네 번째 부류는 단호히 배격한 이단서이다. 여기에는 마르시온의 책, 여타 영지주의의 지도자들과 몬타니스트의 작품들이 이단으로 배격되었다.[58] 이것을 도표로 보면 다음과 같다.

---

54 A. B. 듀 토잇, 신약 정경론, 297.
55 Bruce M. Metzger, *The Canon of the New Testament*, 191.
56 박창환, 성경의 형성사, 104.
57 Bruce M. Metzger, *The Canon of the New Testament*, 199.
58 무라토리 정경의 목록에 대해서는 Bruce M. Metzger, *The Canon of the New Testament*, 194-199를 참조하라. 또한 A. B. 듀 토잇, 신약 정경론, 280-298을 참조하라. 이 목록에서 베드로전서가 누락된 것은 필사상의 부주의라고 보는 경우가 지배적이다.

무라토리 정경 목록 (AD 170, 로마)	
정경으로 받아들여진 보편 수납서	마태복음
	마가복음
	누가복음
	요한복음
	사도행전
	로마서
	고린도전서, 후서
	갈라디아서
	에베소서
	빌립보서
	골로새서
	데살로니가전서, 후서
	디도서
	빌레몬
	요한1서
	요한 2, 3서
	유다서
	요한계시록
	솔로몬의 지혜(구약)
논쟁 중인 책	베드로 묵시록
배격서	허마스의 목자
배격된 이단서	마르시온, 영지주의 지도자들
	카타프리기안(몬타니스트의 별명)의 작품들

 위에서 제시된 신약 정경의 목록을 자세히 살펴보라. 과연 몇 권의 책들이 오늘날 우리가 사용하는 신약성경의 목록과 일치하고 있는가? 최소한 23권의 책이 오늘날 신약성경과 일치하고 있다. 이것은 AD 2세기가 끝나기 전에 이미 초기 교회는 신약의 4분의 3을 권위 있는 성경으로 인정하였다는 것을 의미한다.

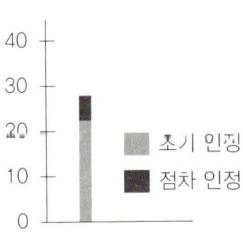

 다시 말해서, 최소한 2세기가 끝나기 전에 23권의 신약 문서가 거의 모든 교회에서 하나님의 말씀으로 받아들여져서 예배 시간에 읽히고 있었다. 따라서 무라토리 목록은 이미 교회에서 권위를 인정받고 있었던 책들을 정경, 즉 신앙의

표준으로 확인하였을 뿐이다. 이 정경의 목록에 들지 않은 책은 단지 베드로전후서, 히브리서, 야고보서 등이다. 이 책들은 일부 지역 교회에서는 정경으로 인정을 받았으나, 다른 지역에서는 잘 알려지지 않았거나 받아들여지지 않았었다. 그래서 좀 더 시간을 갖고 논의할 필요가 있었다. 이 책들은 결국 사도들의 증언과 깊은 관련성을 인정받게 됨으로써 좀 더 시간이 지난 후에 정경의 목록에 포함되었다.

이와 같이, 무라토리 정경 목록은 초기 교회에서 하나님의 말씀으로서 그 권위를 인정받아 보편적으로 읽히고 신앙의 규범이 되는 책들이 있었음을 확증해 주고 있다. 이것은 초기 교회에 이단과 정통을 구분하는 신앙의 절대 규범이 있었다는 사실을 변명의 여지없이 증거하고 있다.

이러한 확실한 증거가 있음에도 불구하고 도올은 4세기 후반에 신약의 27권 정경이 성립되기 전에는 기독교 신앙의 절대 규범이 없었다고 강변하였다. 그의 주장을 다시 한 번 들어보자.

> **27서 정경이 성립하기 이전에는 정경과 외경의 분별이 성립할 수 없다. 엄밀하게 정통과 이단의 기준도 성립할 수 없다.**[59] (도올 본인의 강조)

> 우리가 마음속에 꼭 새겨야 할 중요한 사실은 **정경**正經**이 없는 상태에서 위경**僞經**도 외경**外經**도 있을 수 없다는 것이다.** 현재 우리가 말하는 27서 정경은 AD 367년 이전에는 존재하지 않았다는 사실 하나만으로도 우리의 기독교에 대한 개념 자체를 혁명시킬 수 있는 것이다.[60] (도올 본인의 강조)

---

59 김용옥, 기독교 성서의 이해 (서울: 통나무, 2007), 385-386.
60 위의 책.

여기서 도올은 AD 367년 이전에는 정경과 외경의 구분이 없고, 정통과 이단을 구분하는 기준이 없었다고 굵은 글씨로 강조하고 있다. 그러나 AD 170년경 무라토리 정경의 목록은 무엇을 말해 주고 있는가? 위에서 살펴본 것처럼 비록 몇 권의 책에 대해서는 계속적인 논의가 있었지만, AD 170년 이전에 신약 대부분의 책은 이미 성경으로 그 권위를 인정받고 있었다는 사실을 강력히 방증해 주고 있다. 따라서 도올의 주장은 아무 근거 없는, 헛된 주장에 불과하다고 평가할 수 있다.

과연 도올은 무라토리 정경에 대해서 잘 알지 못하였는가? 필자가 생각하기에는, 도올도 이러한 역사적 사실에 대하여 이미 알고 있었다고 본다. 그럼에도 불구하고 그는 4세기 후반 신약 정경 27권이 완성되기 전에는 정경과 외경의 분별이 성립할 수 없다는 편견과 그 이전에는 기독교 신앙의 절대 규범이 없었다는 자신의 주장을 정당화하기 위하여 매우 잘못된 주장을 펼치고 있다.

그는 분명히 무라토리 정경에 관하여 그의 책 「기독교 성서의 이해」에서 언급하고 있다. 그는 아무런 근거나 합당한 설명도 없이 무라토리 정경을 2세기 서방 교회의 정경 목록이 아니라 4세기 동방교회의 정경 목록이라고 주장한다. 그의 말을 직접 들어 보자.

> 이 무라토리 정경이야말로 정통파 신약의 최초의 모습을 알게 해주는 결정적 증거라고 생각해왔다. 2세기까지 거슬러 올라가기 때문이다…그러나 최근의 연구성과는 무라토리 단편의 목록이 2세기 서방교회의 텍스트 목록이 아니라, 4세기 동방교회의 텍스트 목록임이 밝혀져, 무라토리 정경이 가톨릭교회의 최초의 성경의 모습이라는 말은 할 수가 없게 되었다.[61]

---

61 김용옥, 기독교 성서의 이해, 161-162.

여기서 도올은 매우 중요한 사항에 대해 어떠한 근거도 없이 단순히 자신의 주장만을 내세우고 있다. 그는 무라토리 정경이 2세기 서방교회의 정경 목록이 아니라, 4세기 동방교회의 정경 목록이라고 주장한다. 여기서 그의 주장을 논술하는 방식을 한 번 자세하게 살펴보라. 그는 다음과 같이 주장하였다.

> 그러나 최근의 연구성과는 무라토리 단편의 목록이 2세기 서방교회의 텍스트 목록이 아니라, 4세기 동방교회의 텍스트 목록임이 밝혀져, 무라토리 정경이 가톨릭교회의 최초의 성경의 모습이라는 말은 할 수가 없게 되었다.[62]

여기서 그는 무리토리 정경이 2세기 서방이 아니라 4세기 동방 정경 목록이라는 것을 주장하면서 "최근의 연구성과는…목록임이 밝혀져… 가톨릭교회의 최초의 성경의 모습이라는 말은 할 수 없게 되었다"라고 일방적으로 단언해 버린다. 그러고는 그 이후의 글에서도 아무런 근거도 제시하지 않는다.

무라토리 정경이 2세기 서방 정경 목록인가? 아니면 4세기 동방 정경 목록인가? 이것은 신약 정경 형성을 연구하는데 매우 중요한 문제이다. 그럼에도 불구하고 그의 주장에 대한 근거는 전혀 제시하지 않는다.

도올이 말하는 "**최근의 연구성과**"란 언제를 가리키고 있는가? 그가 말하는 최근의 연구성과란, **1973년**에 A. C. 선드버거Sundberg 가 하버드 신학 리뷰Harvard Theological Review 를 통해서 '무라토리 정경: 4세기 목록'Canon Muratori: A Fourth-Century 이라는 제목으로 소논문을 기고한 것을 말

62　위의 책.

한다. 이 기고문에 대하여 신약 정경 학자 A. B. 듀 토잇du Toit은 **1979년**에 출판된 그의 책, 「신약 정경론」을 통해 비판하였다. 듀 토잇은 당시 그 책에서 다음과 같이 언급하였다. "선드버거Sundberg는 **최근에** 이 정경이 2세기 서방(로마)의 자료라는 것에 강력히 반대하고, 4세기 동방에 그 기원이 있다고 주장하였다."[63](강조 필자 추가)

여기서 필자가 지적하고 싶은 것은, 무라토리 정경의 기록시기와 장소에 관한 문제제기와 연구는 최근에 이루어진 것이 아니라는 것이다. 그것은 1970년대 후반에 있었던 논쟁이다. 꽤 오래전에 잠시 있었던 논쟁이었다. 게다가 그 논쟁의 결과는 어떠하였는가? 도올은 "최근의 연구성과는…목록임이 밝혀져…가톨릭교회의 최초의 성경의 모습이라는 말은 할 수 없게 되었다"라고 일방적으로 단언해 버렸지만, 실제로는 그의 주장과 정반대로 A. C. 선드버거Sundberg의 주장은 거의 참패하였다고 해도 과언이 아닐 정도로 엄청난 비판을 받았다.

선드버거의 주장(무라토리 정경이 4세기 중반의 동방 교회 목록이다)은 많은 성경학자들의 연구로 그 허점들이 속속 밝혀졌다. 브루스 메쯔거는 에버렛 퍼거슨Everett Ferguson, 1982이 선드버거의 주장을 효과적으로 제압하였다고 평가한다.[64] 브레바드 차일즈Brevard Childs는 선드버거의 이론을 '편향적이며 증명하지 못한 이론'이라고 지적하였다.[65] 또한 저명한 성경학자 A. B. 듀 토잇(1979)과 브루스 메쯔거(1987)도 '무라토리 정경이 4세기 동방 교회의 목록이라는 선드버거의 주장은 근거가 없고 가능성 없

---

63 A. B. 듀 토잇, 신약 정경론, 282.
64 Everett Ferguson, 'Canon Muratori; Date and Provenance', Studia Patristica, xviii (1982), pp. 677-83; Bruce M. Metzger, *The Canon of the New Testament*, 193.
65 Brevard Childs, *The New Testament as Cannon*, p. 238; Bruce M. Metzger, *The Canon of the New Testament*, 193에서 재인용.

는 주장'이라고 비판했다.[66] 지금까지 거의 모든 성경학자들은 무라토리 정경이 2세기 로마 교회의 목록임을 확실히 믿고 있다.

---

[66] 성경학자 듀 토잇에 의하면, 선드버거에 대한 가장 중대한 반론은 다음과 같은 무라토리 정경의 단어라고 한다. [즉 허마스는 "그의 형제 Pius 주교가 로마의 교회에서 의장직에 있는 동안, 목자(Shepherd)를 우리 시대의 '매우 최근에' 기록하였다"는 것이다(nuperrime temporibus nostris, 즉 약 145년경). 이 문장에 대한 가장 자연스러운 해석은, 그 단편이 자신의 기원 연대에 대해 Pius의 시대로부터 멀리 떨어질 수 없다는 점을 암시한다는 것이다(Bruce-Kummel과 Metzger도 필자와 서신 교환을 통하여 같은 의견임이 드러났다). Sundberg가 주장하는 대로, 무라토리 문서가 사도 시대와 속사도 시대를 대비시키면서 속사도 시대를 '우리 시대'로 간주한다고 하더라도, '매우 최근에'라는 구절이 약 2세기나 걸쳐 올라갈 수는 없는 것이다. 더구나 동방의 목록에서 히브리서가 빠진다는 것은 가장 비정상적인 일이다. 그것이 이 책을 교회가 오랫동안 문제시한 서방의 배경이라면 전적으로 타당할 것이다(동방에서 그러한 삭제가 나타나는 다른 증거로는 클라로몬타누스 사본(Codex Claromontanus)의 정경 목록이 유일한 것으로 생각된다. 그러나 그것이 실제로 동방의 산물이라는 것은 확실하지 않다). Sundberg는 계시록이 무라토리 정경의 끝에 위치한다고 해서 수집가가 이 책을 '승인의 가장자리'에 있는 것으로 생각했다고 단정할 필요는 없다고 한다. 실제로 계시록은 아무 거리낌 없이 받아들여졌다. 그리고 문서의 구조적 측면에서, 모든 예언-묵시적 작품들이 함께 고려되는 목록의 끝에 이 책이 위치한다는 것은 전혀 이상한 일이 아니다. 계시록을 주저 없이 수용하였다는 것은 실제로 이 목록이 4세기 동방에 기원을 둔다는 주장에 대한 강력한 논박이다. 더구나 거기서 언급되는 이단 운동들은(마르시온주의, 영지주의, 몬타누스주의) 모두 2세기 후반의 것들이다. 요한복음의 권위와 진정성에 대한 완강한 강조 역시, 2세기 말에 이 복음서를 신약에서 제거하려고 하였던 자들에 대한 반작용을 나타낸다. 이런 등등을 고려하여 볼 때, 무라토리 목록은 '2세기에 신약 정경이 부상하면서 수반된 신학적 혼전을 증거한다'는 브루스의 주장에 동의할 수밖에 없다. 솔로몬의 지혜를 신약 저술들 가운데 포함시킨 것은 물론 이상하다. 그러나 이레니우스도 비록 '정경적'까지는 아니라 할지라도 그 작품을 높이 평가하였다. 우리가 생각할 때에 Sundberg가 제기하는 두 개의 진짜 심각한 문제는, 첫째로 2세기 말에 벌써 정경 목록이 있을 수 있겠는가 하는 점이며, 둘째로 서방에서 비교적 알려지지 않았던 베드로 묵시에 대한 언급이다. 첫 번째 문제에 대해서 Sundberg는 4세기에 이르러서야 정경 목록이 나오기 시작했으며, 실제로 오리겐은 그러한 목록을 작성한 적이 없다고 지적한다. 한편, 오리겐의 시대에도 어떤 저술집이나 분석집은 있었으므로, 목록의 개념이 당시에 전혀 터무니없는 것은 아니었다. 그리고 전술한 대로 무라토리 정경을 4세기 초의 것으로 전가시키는 것은, '우리 시대에 매우 최근에'라는 구절을 지나치게 확대 해석하는 것이다. 베드로 묵시는 극복할 수 없는 문제가 아니다. 왜냐하면 서방에서도 이 작품의 사용이 간헐적으로 나타나기 때문이다. 만일 Julicher나 Schneemelcher가 믿는 대로 클라몬타누스 사본이 서방의 목록이라면, 그것 역시 또 하나의 중요한 증거가 될 것이다.] A. B. 듀 토잇, 신약 정경론, 282-283: 또한, 브루스 메쯔거는 허마스의 목자(Shepherd of Hermas)가 "우리 시대의 매우 최근에 기록하였다(그의 형제 Pius 주교가 로마의 교회에서 의장 직에 있는 동안)"는 것이 2세기 후반을 가리키는 것이며, 명확히 AD 200년 이전을 가리키는 것이라고 강조한다. 여기에 대한 더 자세한 사항들은 Bruce M. Metzger, The Canon of the New Testament, 193-194를 참조하라.

무라토리 정경에 관한 "최근의 연구성과"는 도올의 주장과는 정반대로 '2세기 서방 정경 목록이 확실함'을 더욱 강하게 확인해줬다. 만일 선드버거의 주장이 이후 학자들에게 계승, 발전되어, "최근의 연구 성과가 4세기 동방 교회의 목록임이 밝혀져 그 정경이 로마 교회의 최초의 성경의 모습이라는 말을 할 수 없게 되었다"는 도올의 주장을 뒷받침할 수 있는 학문적 성과가 있다면 꼭 한번 제시해 보기 바란다! 결단코 그러한 최근 연구성과를 발견할 수 없을 것이다.

결국 도올은 자신의 논지를 정당화하기 위해서 합당한 근거 없는 주장을 단정적이며 의도적으로 내세웠다고 보인다. 오늘날 우리는 무라토리 정경을 통해서 '2세기 후반 사도적 증언으로 인정된 기독교 문서들이 그 당시 교회에 성경으로 받아들여졌다'는 사실을 다시 한 번 확인할 수 있다.

③ 세 번째는 유세비우스(Eusebius, AD 270-340)의 정경 분류목록이 있다. 유세비우스는 4세기 초 동방교회의 정경적 상황에 관하여 훌륭한 해석을 제공해 준다.[67] 그는 당시 기독교 문서 중에서 정경에 포함되는 문서를 주의 깊게 조사하였다. 그리하여 사도성이 있는 책과 거짓 사도성을 지닌 책을 구분해 세 부류의 책으로 나누었다.[68] 첫째 부류는 보편적 수납서로서 누구에게나 성경으로 받아들여진 책 22권의 목록을 제시하였다. 여기에는 4복음서, 사도행전, 바울 서신 14권(히브리서도 바울 서신으로 간주함), 베드로전서, 요한 일서 그리고 요한계시록이 포함된다. 두 번째 부류는 일부 교회에서는 논란의 대상이 되고 있지만, 그래도 널리 채택된 책 5권을 소개하였다. 그것은 야고보서, 유다서, 베드로후서, 요한 2, 3서이다. 세 번째 부류는 가짜 책 또는 사생아 같은 책으로 바울행전, 허마스의 목자, 베드로묵시, 바나바서, 디다케를 지적하였다. 그리고 유

---

67 A. B. 듀 토잇, 신약 정경론, 268.
68 Bruce M. Metzger, *The Canon of the New Testament*, 203.

세비우스는 '요한계시록'이 일부에서는 정경으로 받아들여졌으나 다른 일부에서는 그것을 배격하고 있다고 밝힌다. 여기에 덧붙여 그는 완전히 엉터리 같고 불경건한 배격서로서 베드로복음, 도마복음서, 안드레행전, 요한행전 등을 지적하였다.[69] 이것을 도표로 보면 다음과 같다.

유세비우스 정경 목록 분류 (AD 4세기 초)	
정경으로 받아들여진 보편 수납서	마태복음
	마가복음
	누가복음
	요한복음
	사도행전
	로마서
	고린도전서, 후서
	갈라디아서
	에베소서
	빌립보서
	골로새서
	데살로니가전서, 후서
	디도서
	빌레몬
	히브리서
	베드로전서
	요한1서
	요한계시록(논쟁 중)
정경으로 논쟁 중인 책	야고보서
	유다서
	베드로후서
	요한 2, 3서
정경에서 제외된 배격서	바울행전
	허마스의 목자
	베드로묵시록
	바나바서
	디다케
완전 배격된 이단서	**베드로복음** (완전 배격된 이단서)
	도마복음서 (완전 배격된 이단서)
	안드레행전 (완전 배격된 이단서)
	요한행전 (완전 배격된 이단서)

---

69   Bruce M. Metzger, *The Canon of the New Testament*, 203-205; A. B. 듀 토잇, 신약 정경론, 267-269; 박창환, 성경의 형성사, 107-108; 그리고 Timothy Paul Jones, *Misquoting Truth*, 135를 참조하라.

유세비우스의 정경목록 분류를 통하여 우리가 확실하게 알 수 있는 것들이 있다. 그것은 첫째, AD 4세기 초반까지는 신약의 27권이 대체적으로 정경으로 인정을 받았으며, 그중에서 22권은 확실한 정경으로 권위를 인정받았다는 것이다.[70] 둘째, 유세비우스 시대의 동방교회가 사용한 정경이 현재 우리가 가지고 있는 신약 정경 27권과 실질적으로 동일하였다는 것을 알 수 있다.

여기서 또한 우리는 보편적 교회에서 성경으로 받아들여진 책과 그러지 못하고 이단적인 책으로서 완전히 배격된 책을 구분할 수 있다. 특히 도올이 역사적 예수의 말씀에 매우 가깝다고 주장하는 도마복음서 Gospel of Thomas 는 당시 교회에서 이미 이단적인 책으로 완전히 배격되었던 문서임에 주목해야 한다. 그러므로 우리는 유세비우스의 정경목록 분류를 통하여 AD 4세기 초에 이미 하나님의 말씀으로 받아들여진 책과 이단적인 책이 구분되었다는 사실을 명확히 알 수 있다.

④ 마지막으로, AD 367년에 알렉산드리아의 대주교였던 아타나시우스 Athanasius 가 부활절 서신을 통하여 지금의 신약성경 27권을 정경으로 제시하였다. 이 정경 목록은 기독교 정경 형성사에서 매우 중요한 의의가 있다. 당시 아타나시우스는 그가 관할한 동방 교회뿐만 아니라 서방 교회에서도 매우 존경받았던 인물이었기 때문에 그의 정경은 널리 승인될 수 있었다.[71]

그렇지만 여기서 우리가 주목해야 할 것은 바로 이것이다. 아타나시우스의 정경 발표는 정치적 창조물이 아니라 그동안 교회 안에서 공인되었던 성경을 공식적으로 확인하여 발표한 것이다. 그 근거는 지금까지 우리가 정경의 형성과정을 살펴보았듯이, 초기 교회에서 하나님의

---

70 J. Ed Komoszewski, M. James Sawyer, & Daniel B. Wallace, *Reinventing Jesus*, 130.
71 A. B. 듀 토잇, 신약 정경론, 272.

말씀으로 권위를 인정받아 보편적으로 읽히고 신앙의 규범이 되는 책을 바탕으로 공인하였기 때문이다. 그 책들은 이미 넓은 공감대를 형성하고 있었다.

즉, AD 1세기 말의 교회로부터 2세기와 3세기에 걸쳐서 교회는 이미 어느 책이 하나님의 영감으로 쓰인 책인지에 대한 분별력을 가지고 있었다. 처음부터 교회는 4복음서와 바울 서신서 속에서 사도적 구술 전통과 일치하는 사도들의 증언을 발견할 수 있었다. 그리고 그 말씀 자체가 하나님의 영감으로 기록되었다는 사실을 인정하게 되었다. 이에 따라 초기의 교회로부터 아타나시우스 시대까지 신약성경 그 자체가 사도적 증언으로서 정경적 권위를 나타내었다.

따라서 아타나시우스가 신약 정경 27권을 발표할 때는 이미 교회에서 그 27권의 책들이 하나님의 말씀으로 받아들여진 상태였다.[72] 물론 극소수의 책에 관해서는 정경에 포함하느냐 아니냐의 견해 차이가 있었겠지만, 대체로 그 27권의 책들이 당시 교회에서 신앙의 규범으로서 분명한 역할을 하고 있었던 것만은 확실하다.

이러한 공감대가 이미 형성되어 있었기 때문에, 아타나시우스의 정경 발표 이후에 동·서방의 그 누구도 신약의 27권 이외에 다른 영지주의 복음서나 다른 서신, 다른 묵시록을 신약의 정경에 포함하려 하지 않았다.[73] 이것은 아타나시우스가 정치적으로 정경을 만들어 낸 것이 아니

---

[72] 아타나시우스의 부활절 서신(367년) 직전에 대부분의 서방 교회들은 아타나시우스가 제시한 정경 목록에 이미 동의하고 있었다. 그렇다면 그 당시 동방교회의 신약 정경 상황은 어떠하였는가? "4복음서, 사도행전, 바울 서신(히브리서 포함) 외에도 이 시기에 이르러서는 7개의 일반 서신도 대다수의 동방 교회에 의해 신약 성서의 일부로 간주되었다. 그리고 일부 속사도 교부의 글과 계시록이 아직도 문제로 남아 있었다." 그러니까 대다수의 동방교회들은 아타나시우스가 정경 27권을 발표할 무렵에는 최소한 신약 정경 중에서 26권에 대하여 동의하고 있었던 것이다. 자세한 내용은 A. B. 듀 토잇, 신약 정경론, 269-270을 참조하라.

[73] J. Ed Komoszewski, M. James Sawyer, & Daniel B. Wallace, *Reinventing Jesus*, 131.

라, 이미 당시 교회 안에 하나님의 말씀으로 받아들여진 성경을 공식적으로 확인하여 발표하였다는 사실을 방증해 준다.[74]

결론적으로, 브루스 메쯔거(Bruce M. Metzger)가 신약 정경 형성과 관련하여 언급한 다음의 말은 진실이다. "교회는 그 정경을 창조하지 않았다. 그러나 교회는 어떤 특정한 문서가 스스로 신뢰성을 보증할 만한 자격이 있음을 인식하였고, 받아들였으며, 단언하였고, 그리고 확인하였다"[75]

그렇다면 이제 우리는 마지막 질문을 제기해야 할 때가 되었다. 정경이 스스로 권위를 드러내었다면, 과연 그 권위를 판단하는 기준은 무엇이었는가?

---

74 모든 동방 교회들이 아타나시우스의 정경 리스트에 동의하지는 않았다. Gregory of Nazianzus(AD 389)는 요한계시록을 제외하고서 그 리스트에 동의하였다. Amphilochius는 베드로후서, 요한 2서와 3서, 유다서, 그리고 요한계시록을 제외하고서 모두 받아들였다. Didymus the Blind(AD 398)는 요한 2서와 3서를 제외하고서 모두를 받아들였다. Chrysostom, Theodore of Mopsuestia, 그리고 Theodoret 등 4세기 말과 5세기 초에 동방에서 쓰인 모든 문서들에는 최소한 27권의 신약성경 중에서 22권이 모두 다 포함되어 있었다. 따라서 비록 유세비우스와 아타나시우스가 27권의 정경에 대해서 논쟁을 했지만, 후기 동방 교부들은 그 목록을 제한하였다. 그러나 중요한 사실은 동 서방의 어느 누구도 신약의 27권 이외에 다른 영지주의 복음서들이나, 서신들이나 다른 묵시록들을 신약의 정경 속에 포함시키지 않았다는 사실이다. 더욱이, 동방 교회들 중에서 일부는 짧은 서신들인 요한 2서와 3서, 그리고 유다서를 논쟁의 대상으로 삼았고, 베드로후서(왜냐하면 베드로 전서와 스타일이 다르기 때문에)와 요한계시록(요한복음과 스타일이 다르고 종말론적 관점을 보이기 때문에)에 대해서 논의의 대상으로 삼았다. 그러나 신약성경 중에서 22권은 명확하게 정경의 리스트에 처음부터 포함되어 있었다. J. Ed Komoszewski, M. James Sawyer, & Daniel B. Wallace, Reinventing Jesus, 130-131을 참조하라. 동방교회에 속한 지역은 시리아 지역, 소아시아 지역, 그리스 지역, 그리고 이집트 지역 등 4 지역으로 구분할 수 있다. 그 중의 한 부분인 시리아 지역의 교회들은 5세기 초에 22권만을 정경으로 채택하였다. 여기에는 베드로후서, 요한 2, 3서, 유다서, 요한계시록이 빠져 있었다. 이를 소위 페쉬타(Peshitta)라고 한다. 그 이후 서방 시리아 교회는 6세기와 7세기에 이르러 마침내 성경에 그 다섯권을 포함시켰다. 이 성경은 필로세니안(Philoxenian)이라고 한다. 그러나 일부 동방 시리아 교회는 예외적으로 스스로를 네스토리안(Nestorians)으로 간주하면서 다른 기독교 세계와 접촉을 끊고서 오늘날까지 22권의 신약성경을 정경으로 사용하고 있다. 따라서 일부 동방 교회는 22권을 정경으로 결정한 적은 있으나, 단 한 번도 신약 27권 이외의 다른 책들을 정경에 포함시키지는 않았다는 것을 다시 한 번 상기할 필요가 있다. 박창환, 성경의 형성사, 110; Bruce M. Metzger, *The Canon of the New Testament*, 218-220을 참조하라.

75 Bruce M. Metzger, *The Canon of the New Testament*, 287.

3) 정경 성립의 기준은 무엇이었는가?

우리는 지금까지 기독교 신약성경은 그 자체가 하나님의 말씀으로서 스스로 가치를 드러냈으며, 교회는 이것을 인식하였고 마침내 공식적으로 권위를 확인하고 선언하였다는 것을 살펴보았다. 그렇다면 과연 어떤 요소 때문에 교회는 그 권위를 인정할 수 있었겠는가? 교회가 신약 정경을 받아들였을 때 어떤 기준을 판단의 잣대로 사용하였는가? 초기 교회가 어느 문서의 정경성을 인정할 때 세 가지 분명한 기준이 있었다. 그것은 사도성, 신앙 규범의 일치성, 그리고 보편적 수납성이다.

(1) 사도성

교회는 어떤 문서가 정경에 속하는지 아닌지를 판단할 때 '사도성'을 매우 중요시하였다. 여기서 사도성이란 사도들이 직접 기록한 책이거나 사도들과 관련된 사람들의 목격자적 증언인 기록을 의미한다. 따라서 어떤 문서가 정경에 합당한지를 판단할 때는 사도들이 직접 쓴 글인지 아니면 그들과 관련된 사람들이 쓴 기록물인지를 분별하였다.

예를 들면 마태복음은 사도 마태의 저작이며, 요한복음은 요한의 증언이었기에 정경으로 받아들였다. 마가복음은 마가가 사도 베드로를 따라다니면서 직접 전수한 기록물이기 때문에, 누가복음은 바울과 동행하였던 누가가 사도적 증언을 주의 깊게 기록하였기 때문에 처음부터 정경으로 받아들여졌다. 이러한 사실은 교부 파피아스, 저스틴, 이레니우스, 터툴리안의 저술과 무라토리 정경을 통하여 확인할 수 있다.[76]

반면에 정경으로 인정받지 못한 문서는 어떤지 살펴보자. 예를 들어, 무라토리 정경에서 「허마스의 목자」를 제외시킨 이유는 무엇이었는가?

---

76 A. B. 듀 토잇, 신약 정경론, 272.

그것은 2세기 작가의 작품으로서 구약의 예언서도 아니고, 사도들의 목격자적 증언도 아니었기 때문이다. 「허마스의 목자」는 신자들이 신앙의 유익을 위해서 읽는 것은 허용하였지만, 사도성이 결여되었기 때문에 결단코 정경으로 인정될 수 없었다.

또 안디옥의 세라피온이 「베드로 복음서」 Gospel of Peter 를 배격한 이유는 무엇인가? 세라피온은 비록 그 책이 베드로의 이름을 차용하였지만, 그 내용은 베드로의 증언에 기초한 마가복음이나 베드로전후서, 바울의 서신서와 대조를 이룬다는 것을 발견하였다. 결국 그는 "그 책은 목격자들의 증언을 대변하는 것이 전혀 아니다"라고 판단하면서 그 책을 배격하였다.

이러한 사실은 무엇을 말해주는가? 초기 교회는 정경을 인식할 때, 그 기록물이 사도들에 의하여 쓰인 것인지 또는 사도적 목격자들의 증언을 담고 있는지를 주의 깊게 봤다. 바로 이것이 정경을 판단하는 기준이었고 이러한 사도성은 정경 분별에 매우 중요한 요소였다.

(2) 신앙 규범의 일치성

정경 판단의 기준에는 사도성뿐만 아니라 '신앙의 규칙' 또는 '진리의 규칙'이 매우 중요하게 적용되었다. 초기 교회는 기록된 문서 이전에 매우 강한 구전 전승을 가지고 있었다. 이것은 사도들의 설교로부터 직접 전해진 신앙의 규범으로서 기독교 신앙의 핵심으로 자리 잡고 있었다. 구술로 전달된 신앙의 규범은 기록된 문서에 포함되기도 하였고, 기록된 문서와 함께 초기 교회의 신앙의 근간을 이루고 있었다. 이와 같은 신앙 규범의 전통은 어떤 문서가 정통 신앙에 부합하는지 아닌지를 판단하는 기준이 되었다.

예를 들어, 이레니우스에게도 구전으로 전승된 이 신앙의 규범은 영지주의자들과 다른 이단의 저술에 대항하여 자신의 위치를 바로잡는 척도가 되었다. 또한 이 신앙의 규범은 터툴리안의 작품과 무라토리 정경에도 그대로 적용되었다.[77] 따라서 초기의 교회들이 어떤 문서의 정경성을 판별할 때는 그 문서가 구약 선지자들의 글과 신약의 사도들이 전해준 신앙의 규범에 일치하는지를 살펴보았다. 히브리서가 그 대표적인 예이다. 비록 히브리서가 저자 미상이기는 하지만, 예수께서 구약의 율법을 완전히 충족시키셨다는 히브리서의 신학은 그동안 교회에 전해져 내려왔던 신앙의 교리와 일치한다.[78] 그런 이유로 인해 히브리서가 정경에 포함될 수 있었다.

(3) 보편적 수납성

정경성을 판단하는데 마지막 중요한 요소는 보편적 수납성이다. '그 문서가 얼마나 오랫동안 많은 지역의 교회에서 하나님의 말씀으로 받아들여져서 읽히고 있었는가'라는 점이 정경 분별의 중요한 요소가 되었다.[79] 그러니까 처음부터 많은 지역의 교회에서 성경으로 읽힌 책이 더 적은 교회에서 읽힌 책보다 정경으로 인정받는데 유리하였다. 또한 더 오랜 기간 성경으로 읽힌 책이 보다 최근의 책이나 짧은 기간 읽힌 책보다 더 정경성을 가졌다고 판단되었다.[80]

신약의 성경 중에서 대부분은 이른 시기부터 대부분의 교회에서 하나님의 말씀으로 받아들여져서 읽히고 있었다. 그래서 초기 교회는 최소한 2세기가 끝나기 전에 22권 내지 23권의 책을 정경으로 확정하였다.

---

77 위의 책, 178-180.
78 어윈 루처, 다빈치 코드 깨기, 126.
79 Bruce M. Metzger, *The Canon of the New Testament*, 253.
80 위의 책.

그러나 몇몇 책은 상황이 달랐다. 예를 들면 라틴 교회들은 히브리서의 정경 채택을 거부하였고 요한계시록을 정경으로 받아들여 널리 읽히고 있었다. 반면에 그리스 교회들은 요한계시록을 거부하였고 히브리서를 정경으로 받아들여 널리 읽히고 있었다.[81]

이러한 역사적 상황 가운데서 교회는 몇몇 책에 관해서는 시간을 두고 정경성 여부를 논의하기로 했다. 그러나 신약 대부분의 책은 처음부터 대부분의 교회에서 하나님의 말씀으로 이미 받아들여져서 그 문서 자체의 권위를 드러내고 있었다.

이처럼 교회가 기독교 문서의 정경성을 분별하는 데는 이 세 가지 즉, 사도성, 신앙 규범의 일치성, 그리고 보편적 수납성을 잣대로 하여 정경의 수용 여부를 판별하였다. 이 세 가지 기준은 교회의 권위 있는 문서를 구별할 때도 매우 중요한 척도가 되었다. 이 기준은 2세기 안에 정립되었고 이후 한 번도 새롭게 첨가되거나 바뀌지 않았다.[82] 이 판단 기준은 교회가 정경을 인위적으로 만들어 내었다는 것을 의미하는 것이 아니라, 이미 존재하는 권위 있는 책들의 권위를 인정하는 잣대로 사용된 것을 알려준다. 이러한 의미에서 A. B. 듀 토잇이 신약 정경 형성사를 연구하면서 한 말은 전적으로 타당하다. 그의 주장을 다시 한 번 인용한다.

> 교회는 결코 어떠한 책도 정경적으로 만들거나 선언한 적이 없다! 교회

---

81 위의 책.
82 위의 책, 254. 이러한 엄격한 세 가지 정경의 기준 때문에 초기 교회의 역사에서 한때 정경의 후보로 논의의 대상이 되긴 하였지만, 결국 정경으로 인정받지 못한 책들(정통 기독교 안에서)은 다음과 같다. 바나바서, 허마스의 목자, 바울행전, 베드로 묵시록, 디다케 정도의 책이다. 이 중에서 허마스의 목자는 일찍이 무라토리 정경에서 배격되었다. 또한 바울행전, 베드로 묵시, 바나바서, 디다케 등은 신앙생활에는 유익하지만 정경으로는 인정받지 못했다. 이 책들은 유세비우스 정경 목록에서 배격서로 분류되었다. 결국 세 가지 정경의 기준을 만족시킨 것은 신약성경 27권뿐이었다.

의 권위는 항상 성서의 권위에 종속하거나 복종한다. 그리고 성서의 권위는 하나님의 계시라는 특성에 근거한다…교회가 할수 있는 최대의 것은 이 권위를 인정하든지 무시하든지 택일하는 것이다. **교회는 단지 이 책들을 신약 정경으로 묶음으로써, 그들이 원래부터 정경적 권리를 갖고 있었다는 것을 인정하고 확인한것이다.**[83] (저자 자신의 강조)

이처럼 교회는 초기의 역사를 통하여 신약성경이 가진 정경적 권위를 인정하였고 확인하여 선포하였다. 이것이 기독교 정경사의 진실이다.

3. 결론

도올과 같이 반기독교 성향이 있는 사람들은 기독교 성경의 권위에 대해 도전한다. 그중에서도 도올은 신약 정경 형성에 관하여 매우 왜곡된 주장을 하였다. 그는 첫째, AD 4세기 후반의 정경 발표가 있기 전에는 초기 교회 안에서 참 신앙과 거짓 신앙을 가릴 수 있는 신앙의 절대 규범이 없었다고 주장한다. 둘째, 정경은 교회의 권력자들에 의하여 정치적인 힘으로 결정되었다고 주장하였다.

그러나 지금까지 살펴본 결과는 어떠한가? 첫째, 도올의 주장과는 반대로 초기 교회는 처음부터 예수 그리스도가 신앙의 규범이었고, 그의 제자인 사도들의 증언이 교회의 규범이 되었다는 사실을 알았다. 더욱이 초기부터 교회에서는 사도적 구전 전통이 '신앙의 규범' 형태로 AD 3세기까지 전달되었으며, 사도들의 저술은 처음부터 교회에서 권위 있는 하나님의 말씀으로 인정받고 있었다. 따라서 교회에는 신약 정경이

---

83 A. B. 듀 토잇, 신약 정경론, 194.

성립되기 전부터 참 신앙과 거짓 신앙을 가릴 수 있는 신앙의 절대 규범이 존재하였다.

둘째, 교회가 정경을 정치적으로 만들어낸 것이 아니라 신약성경 자체가 사도적 증언으로서 정경적 권위를 드러내었다. 따라서 교회가 성경의 권위를 그대로 인정하고 확인하여 선포한 것이 신약 정경화의 실체이다. 다시 말해 교회가 정경을 조작한 것이 아니라, 예수님의 말씀을 담은 사도들의 증언으로서 신약성경 자체가 권위를 드러내었기 때문에 초창기부터 교회들은 그 문서를 하나님의 말씀으로 받아들였다.

셋째, 기독교 최초의 정경은 AD 170년경의 무라토리 정경이며, 이 정경은 당시 교회들이 이미 성경으로 받아들인 책들을 분류해 놓은 것이다. 이 목록에 따르면 최소한 23권의 신약성경이 정경에 포함되어 있었다. 그뿐만 아니라, 정경으로서 논쟁 중인 책과 배격서 그리고 이단적 문서로서 완전히 배격된 문서를 구분하여 제시하였다. 이와 같은 사실은 초기 교회 시대부터 하나님의 말씀으로 받아들여진 성경과 교회의 신앙을 파괴하는 이단서들을 구분하였다는 점을 알려주고 있다.

또한 유세비우스의 정경분류 목록을 통해서 우리는 정경으로 받아들여진 책과 정경 채택 여부로 논쟁중인 책, 배격된 책 및 완전 배격된 이단서를 명확히 구분할 수 있다. AD 367년 아타나시우스의 정경 발표는 이러한 배경 아래서 당시 교회들 안에서 이미 하나님의 말씀으로 받아들여진 성경을 공식적으로 확인하여 발표하였다는 데 그 의의가 있다. 따라서 교회가 정경을 만들어낸 것이 아니라, 처음부터 정경 스스로 권위를 드러냈으며 교회는 그 권위에 순복하여 정경으로 확인하고 공포했을 뿐이다.

이와 같은 역사적 진실을 토대로 살펴볼 때, 'AD 4세기 후반의 정경 발표 이전에는 초기 교회 안에 참 신앙과 거짓 신앙을 가릴 수 있는 신앙의 절대 규범이 없었다거나, 정경은 교회의 권력자들에 의하여 정치적인 힘으로 결정되었다'고 하는 도올의 주장은 역사적 사실이 아니며 근거도 없다.

이러한 부당한 주장은 「다빈치 코드」와 같은 소설에서도 볼 수 있다. 댄 브라운은 소설 속의 인물 '티빙'을 통하여 80개 이상의 복음서들이 신약 정경으로 채택될 수 있었지만, 로마 황제 콘스탄티누스 대제의 정치적인 힘으로 4개의 복음서로 짜 맞춰진 것이라고 소개하고 있다.[84] 그러나 4복음서가 정경으로 드러난 것은 콘스탄티누스 대제의 통치보다 약 200년 앞선 시기로, 무라토리 정경을 통하여 4복음서 정경체제가 명확하게 확립된 것을 알 수 있다.[85]

또한 댄 브라운은 '80개 이상의 복음서들이 신약 정경으로 채택될 수 있었다'고 언급하였지만, 이 마저 역사적 사실이 아니다. 교부 오리겐과 유세비우스는 콘스탄티누스 시대 훨씬 이전부터 도마복음서, 이집트사람들 복음서, 맛디아 복음서, 베드로 복음서, 안드레행전, 요한행전 등

---

84   댄 브라운, 다빈치 코드 1. 양선아 역 (서울: 베텔스만 코리아, 2004), 355.
85   "기원후 200년 이전에 이미 4복음서는 절대적인 권위를 가지고 군림하였고, 교회의 기본 문서가 되어 있었던 것을 알 수 있다. 그러나 교회가 어째서 네 개의 복음을 그냥 가지고 있었을까? 그 수를 줄이거나 하나로 통일시키려는 의도는 없었는가?. 기원후 180년경에 타시안(Tatian)이라는 사람이 소위 디아테사론(Diatessaron)이라는 책을 만들었다. 이것이 바로 4복음서를 종합한 것이었다. 얼마 동안 이것의 영향이 매우 컸고, 4복음서를 대신할 수 있을 것 같이 보였다. 그러나 결국은 실패하고, 얼마 후에는 그 책이 종적을 감추고 말았다. 이레나이우스(Irenaeus, 125-200 AD)는 디아테사론 같이 하나로 합성한 복음을 극렬 반대하는 나머지 네 개의 복음이야말로 본질적인 것이고 의당 그래야만 한다고 주장하면서 아래와 같이 말하였다. '우리가 사는 세계에 사방이 있는 것처럼, 세상에 네 가지 바람이 있는 것처럼, 그리고 교회가 온 땅에 흩어져 있고 복음이 교회의 기둥과 기초이며 또 생기인 것처럼, 교회는 사방에서 불멸을 토하고 사람의 생명을 새롭게 불질러 주는 네 개의 기중을 가져야 할 법하다. 그러므로 만물의 건축자 곧 그룹(천사)들을 타고 앉아 모든 것을 장악하고 계시는 말씀(로고스)이 사람들에게 나타나신 후에 네 개의 형상으로, 그러면서도 한 영으로 묶여 있는 복음을 주신 것이 확실하다'(Irenaeus, Against Heresies 3. 11. 8). 이와 같이 교회는 서슴지 않고 네 복음을 그대로 간직하였고, 네 복음이 있음으로 해서 여러 가지 문제가 생김에도 불구하고 복음서를 하나로 만들려는 운동을 배척하였다." 박창환, 성경의 형성사, 96-97.

을 비롯한 여러 영지주의 문서에 대해 기독교 신앙을 파괴하는 아주 해로운 이단서로 규정하고 완전히 배격하였다.[86] 이러한 역사적 사실에 근거해 볼 때, 댄 브라운의 주장은 소설 속에서나 할 수 있는 허무맹랑한 주장임에 틀림없다.

    이처럼 도올이나 소설 「다빈치 코드」의 주장은 모두가 역사적 사실에 근거하지 않은 헛된 주장임이 명확하다. 역사적 예수 그리스도의 생애와 가르침은 사도들을 통하여, 기록된 성경을 통하여, 초기 교회로부터 현재의 교회에 이르기까지 온전히 전달되었다. 지금 우리가 보고 읽고 있는 성경은 역사적 예수의 실제 모습과 가르침을 그대로 담은 것이다.

---

86   A. B. 듀토잇, 신약 정경론, 262-268.

2장

바울과 역사적 예수의 관계

REAL
JESUS

사도 바울은 유대교 학자였음에도 불구하고 인간 예수가 하나님God 이심을 믿게 된 특이한 인물이다. 도올은 바울에 대하여 다음과 같이 높이 평가한다. "예수의 사도로서 글을 쓸 줄 아는, 당대의 최고의 지식인의 반열에 낄 수 있는 최초의 인물이 아마도 바울이었을 것이다."[87] 로마 시민권자로서 히브리말과 헬라 말에 능통했던 사도 바울의 이방인 선교 활동이 기독교 선교역사에 있어서 획기적인 패러다임의 전환을 가져왔다는 사실은 그 누구도 부인할 수 없는 사실이다.

바울은 그의 생애 동안 거의 30여 년이 넘도록 예수의 주Lord 와 그리스도(메시아) 되심을 선포하는데 자신의 모든 것을 다 바쳤다. 그런데 매우 당황스럽게도 도올은 바울과 예수가 직접적인 관계가 없었다고 주장한다. 그는 사도 바울은 역사적 예수에 관심이 없었으며, 오직 부활한 예수의 의미에만 관심을 두었다고 주장한다. 따라서 그는 바울의 서신서를 통하여 실제 역사적 예수를 알 수 없다고 결론짓는다.[88]

그렇다면, 과연 바울과 예수의 연속성을 부정하는 도올의 주장은 얼마나 타당한가? 바울과 역사적 예수 사이에는 어떠한 연속성도 전혀 존

---

87 김용옥, 기독교 성서의 이해 (서울: 통나무, 2007), 170.
88 위의 책, 296-297.

재하지 않는가? 우리는 바울 서신서를 통하여 역사적 예수의 가르침을 발견할 수 없는가? 바울 서신서에 예수의 삶에 관한 구체적인 언급이 많지 않다는 것을 어떻게 설명할 것인가? 이런 질문은 바울과 예수의 관계를 올바르게 파악하는데 매우 중요한 단서를 제공해 줄 수 있다.

따라서 본 장에서는 바울과 예수의 진정한 관계성을 알아보기 위해서, 첫째, 바울과 예수의 관계에 대한 도올의 주장을 살펴보겠다. 둘째, 바울과 예수의 연속성을 부정하는 도올의 모순된 진술을 조사할 것이다. 셋째, 바울과 예수의 연속성을 밝히는 신약 성경의 직접적인 증거들, 넷째, 바울과 예수의 연속성에 대한 간접적인 증거들을 살펴보겠다. 마지막으로 바울과 예수의 신학적 연속성에 대해서 찾아볼 것이다. 이러한 탐구 과정을 통하여 우리는 바울과 예수는 분명한 연속성을 가지고 있다는 사실을 명확히 알게 될 것이다.

1. 바울과 예수의 관계에 대한 도올의 주장

도올은 예수와 바울의 연속성을 부정한다. 그는 바울을 통하여 역사적 예수를 알 수 없다고 주장한다. 왜냐하면, 바울은 부활한 예수의 의미에만 관심을 두었기 때문에 실제 역사적으로 실존하였던 예수에게는 구체적인 관심이 없었다고 그는 주장한다. 이러한 도올의 주장을 좀더 세부적으로 검토할 필요가 있다.

첫째, 도올은 바울이 역사적 예수에 관심이 없었으며, 바울의 글을 통하여 역사적 예수를 알 수 없다고 주장한다. 그는『기독교 성서의 이해』에서 다음과 같이 말한다.

> 그런데 이러한 바울이 예수의 사도임을 자처하면서도 예수라는 역사적 인물에 관하여 관심을 표명한 적이 없다. 예수의 생전의 행적이나 말씀에 관하여 일체의 구체적 언급이 없는 것이다. 바울은 예수의 직전제자들을 만나 예수라는 역사적 인물에 관한 전기자료를 수집할 꿈도 꾸지 않았다.[89]

여기서 도올이 주장하는 바는, 바울을 통해서 역사적 예수에 관해서 알 수 없다는 것이다. 도올은 바울이 부활하신 예수 그리스도와 실존적인 만남을 가졌다는 것은 인정한다. 그러나 그것은 어디까지나 역사적 예수와 그 역사적인 예수를 경험한 "모든 1세대와의 철저한 단절 속에서 출발한 것"[90]이라고 주장한다.

그렇다면 우리는 도올의 이러한 주장의 진위를 가리기 위하여 다음과 같은 점들을 살펴보아야만 한다. ① 과연 사도 바울이 역사적 예수에 대해서 관심이 없었는지; ② 예수의 삶에 대해서 일체의 구체적인 언급이 없었는지; 그리고 ③ 예수의 제자들을 만나서 역사적 예수에 관한 전기자료를 수집하지 않았는지에 대해서 조사할 필요가 있다.

둘째, 도올은 바울이 역사적 예수가 아니라, 오직 부활한 예수의 의미에만 관심이 있었다고 주장한다. 그에 의하면, 바울은 실제 역사 속에서 살았던 예수와는 전혀 상관없이 부활 이후 그에게 새로운 의미를 던져준 '매우 추상적인 예수'에만 관심이 있었다. 도올의 말을 직접 들어보자.

89　위의 책, 170.
90　위의 책, 204.

바울에게 있어서의 예수는, 역사적 색신色身으로서의 예수가 아니다. 오로지 부활하신 예수일 뿐이다. 그는 부활하신 예수를 성령의 계시를 통해 직접 해후했을 뿐이다(고전 15:8). 그의 관심은 지상에 살았던 예수가 아니라 죽음과 부활을 통해 인류에게 새로운 의미를 던져준 은혜grace 와 믿음faith 과 사랑love 과 정의justification 의 예수였다. 따라서 그의 예수는 어떤 의미에서는 매우 추상적인 예수였다.[91]

이러한 도올의 주장은 다음의 글을 통하여 명확히 요약된다.

바울의 오늘의 지평 속에서 예수는 매우 추상적이었다. 그는 근원적으로 역사적 예수에 관심이 없었다. 그는 부활한 예수의 의미에 관심이 있었다.[92]

따라서 도올은 역사적 예수와 바울의 연속성을 부인하면서 바울이 오로지 부활한 예수의 의미 추구에만 관심이 있었다고 주장한다. 그렇다면 우리는 이러한 도올의 주장을 올바르게 판단하기 위해서, ① 과연 바울은 예수의 생애에 대해서 알지 못하였는가? ② 바울은 예수의 역사적 삶에 근거하지 않고서 오직 그의 부활의 의미만을 추구할 수 있었겠는가? 여기에 대하여 살펴보는 것이 필요하다.

셋째, 도올은 바울의 서신에서 만날 수 있는 예수는 오직 신학적 의미가 부여된 예수이기 때문에, 그 서신들을 통하여 역사적 예수를 알 길이 없다고 주장한다. 도올은 역사적 예수를 알 수 있는 자료는 4복음서뿐이며, 바울 서신서는 실제 예수를 아는데 전적으로 무의미하다고 주장한

---

91 위의 책, 170.
92 위의 책, 327.

다.⁹³ 그는 다음과 같이 역설한다.

> 내가 바울에 대하여 "신의적"神義的이라는 말을 쓴 것은, 그는 구체적인 역사적 예수를 말한 것이 아니라 하나님과 인간의 의로운 관계설정의 결정적 계기로서 예수를 발견하고, 신의 아들로서 추상적으로 예수를 이해하고 그 실존적 의미만을 철저히 추구해 들어갔다는 맥락에서 내가 쓰고 있는 어휘이다.⁹⁴

여기서 도올은 바울이 역사적 예수의 기초 위에 서 있다기보다는 신학화 된 예수를 제시하고 있다고 주장한다. 그래서 도올은 바울의 서신들을 통해서는 실제 역사적 예수를 알 수 없다고 결론 맺는다.⁹⁵

위와 같은 도올의 주장은 모두 사실일까? 그의 주장은 어느 정도의 타당성을 지니고 있는 것일까? 이제부터 구체적으로 역사적 예수와 사도 바울의 관계에 대해서 탐구해 보도록 하겠다. 이것을 위해서 먼저 바울과 예수의 연속성을 부정하는 도올의 모순된 주장을 살펴보는 것이 꼭 필요하다.

2. 바울과 예수의 연속성을 부정하는 도올의 모순된 주장

도올은 바울의 기록물을 통해서 실제 역사 속에 살았던 예수를 알 수 없다고 주장한다. 그는 심지어 바울이 실제 역사적 예수에게 관심조차 없었다고 주장한다. 그렇다면 도올은 이러한 자기 자신의 견해를 일관

---

93 위의 책, 175.
94 위의 책, 296-297.
95 위의 책.

성 있게 주장하고 있는 것일까?

어떤 사실을 진술하는 데는 일관성이 매우 중요하다. 예를 들어, 어떤 피의자가 검찰에서 조사를 받으며 범죄가 발생한 시간에 자신의 알리바이를 입증한다고 가정해 보자. 첫 번째 심문에서 사건이 일어났을 때 자신은 서울에 사는 어느 친구의 집에 있었노라고 진술하였다. 그다음 날 검사가 좀 더 구체적인 증거를 가지고 캐묻자 그 시간에 자신은 부산에 있는 어느 친구 집에 있었노라고 진술하였고, 세 번째는 그냥 자기 집에 있었노라고 진술하였다고 가정하자. 누가 보더라도, 그 피의자가 자신의 행방에 대한 정당한 근거를 제시하였다고 판단할 수 없을 것이다. 사실 그는 거짓을 말하고 있다고 볼 확률이 높다.

이와 마찬가지로, 어떤 사실에 대한 학문적 주장은 일관성을 기본으로 한다. 논리의 일관성이 있을 때 우리는 그것을 참으로 받아들일 수 있는 하나의 근거를 발견할 수 있다. 반대로 어떤 진술에 대한 논리적 일관성이 없을 때는 그 주장이 거짓 진술이거나 잘못된 주장임을 방증한다고 볼 수 있다. 이러한 상식적인 지식을 가지고 바울과 예수의 관계성에 대한 도올의 주장의 일관성을 살펴보겠다.

첫째, 도올은 1세기 당시 유대인 역사가였던 요세푸스 Josephus 의 기록보다 바울의 예수에 관한 기록이 훨씬 더 정확하고 신빙성 있는 기록이라고 언급하고 있다. 도올은 바울 서신이 신약 성경 중에서 예수에 관한 가장 빠른 기록임을 인정하면서 다음과 같이 서술하고 있다.

> 따라서 바울의 서한이 예수에 관한 기록으로서도 가장 빠른 기록이다(대강 48-67년 사이). 당대의 사가인 요세푸스 Flavius Josephus, AD 37-c.100 의 기록보다도, 바울의 예수에 관한 기록이야말로 훨씬 더 정확하고 신빙성 있는

기록이다.[96] (굵은 글씨, 필사추가)

여기서 도올은 분명히 밝히기를, 바울 서신서에 나타난 예수에 관한 기록이 유대인 역사가로 매우 신망을 받았던 요세푸스의 기록보다도 더 믿을 만하고 정확하다고 주장하였다. 따라서 도올은 예수에 관한 사도 바울의 기록이 매우 정확하며 신빙성 있는 기록임을 스스로 인정하고 있는 셈이다.

이것은 '바울 서신서를 통하여 역사적 예수를 알 수 없다'고 한 그 자신의 주장과 상반되는 진술이다. 혹 어떤 이는 반론하기를, "위에서 언급된, '바울의 예수에 관한 기록이 당대의 사가인 요세푸스의 기록보다 훨씬 더 정확하고 신빙성 있는 기록이다'라는 도올의 진술은 역사적 예수의 생애에 관한 언급이 아니라, 부활 후의 예수의 모습에 관한 진술이 더 신빙성 있다는 주장이 아니겠는가?"라고 반문할 수 있다. 그러나 위에서 인정한 바울의 예수에 관한 기록은 예수의 전 생애를 말하고 있는 것임에 틀림없다. 그 근거는 다음 두 번째 모순을 통해서 드러나게 된다.

둘째, 도올은 한편으로는 바울이 예수에 관한 역사적 사실에 관심이 없었다고 주장하면서도, 다른 한편으로 바울이 예수에 관한 정확하고 신빙성 있는 구체적 역사적 사실들을 언급하고 있음을 밝힌다. 도올은 그의 책에서 "바울의 예수는 매우 추상적이었다. 그는 근원적으로 역사적 예수에 관심이 없었다. 그는 부활한 예수의 의미에 관심이 있었다."[97] 라고 주장하였지만, 다음과 같이 바울이 역사적 예수의 생애에 관하여 알고 있었다고 분명하게 언급하고 있다. 도올은 다음과 같이 말한다.

96　위의 책, 173.
97　위의 책, 327.

당대의 사가인 요세푸스Flavius Josephus, AD 37-c.100의 기록보다도, 바울의 예수에 관한 기록이야말로 훨씬 더 정확하고 신빙성 있는 기록이다. 예수는 할례를 받은(눅 2:21) 유대인이었으며(갈 3:16), 할례를 받은 이스라엘 민족을 위하여 선교를 하였으며(롬 15:8), 최후의 만찬을 베풀던 그날 밤 배반당하고 체포되었으며(고전 11:23-26), 십자가에 못 박혀 죽었다(갈 2:20)는 등의 아주 간략한 역사적 사실을 바울서한은 전해주고 있기 때문이다.[98]

여기서 도올은 바울이 부활하기 전의 예수의 생애에 대하여 알고 있었음을 명확히 밝히고 있다. 그는 위의 글에서 바울이 예수의 생애에 관하여 언급한 것들 중에 일부분만을 선별하여 진술하였다. 하지만, 도올은 바울이 예수의 실제 생애에 관하여 확실히 알고 있었던 것만은 사실임을 분명히 인정하고 있다. 이러한 사실은 '바울이 역사적 예수에 대하여 관심이 없었다'고 진술한 도올 자신의 주장과는 스스로 모순됨을 보여준다.

상식적으로 볼 때, 부활한 예수가 하나님 되심을 믿었던 바울이 자기 자신과 동시대에 살았다가 죽은 예수의 생애를 모르고서야 어찌 예수 부활의 의미를 전할 수 있었겠는가? 또한 그 예수의 생애를 모르고서 어떻게 예수 부활의 의미만을 전하기 위해 자신의 모든 것을 다 포기할 수 있었단 말인가?

유대인의 신앙 체계에서 볼 때, 한 인간 예수를 하나님으로 고백한다는 것은 정상적인 사고에서는 불가능하다고 볼 수 있다. 유대교의 학자로서 바울은 차라리 예수가 한 인간일 뿐임을 믿는 게 훨씬 더 쉬웠을

---

98   위의 책, 173-174.

것이다. 그럼에도 불구하고 바울은 부활하신 예수의 하나님 되심을 믿었고 전파하였다. 그 예수를 위하여 자신의 전 생애를 던져버린 유대학자 바울이 자신과 동시대에 살았던 역사적 예수에 관하여 알기를 원치 않았다는 것은 도저히 납득하기 어렵다.

도올이 이미 인정한 바대로 유대 학자로서 바울은 역사적 예수의 삶에 관하여 명확히 알고 있었으며, 그가 그 자신의 생애를 온전히 바칠 만큼 실제 예수에 관한 지식을 섭렵하였다고 볼 충분한 이유가 우리에게 있다. 우리는 바울이 실제 역사적 예수에 관한 구체적인 정보를 알고 있었음을 그의 서신을 통하여 확인할 수 있다.

바울은 예수가 유대인으로 태어났고 유대인으로 자라났다는 것을 알았다(갈 4:4). 예수는 아브라함과 다윗의 후손이라는 것도 언급하였다(갈 3:16; 롬 1:3). 바울은 예수가 야고보라고 불리는 사람의 형제임을 알았고(갈 1:19), 그 이름이 알려지지 않은 다른 형제들이 있다는 것도 알았다(고전 9:5). 바울은 예수의 제자로서 함께 사역하였던 사람들의 이름을 알고 있었고, 베드로가 결혼하였다는 사실도 알았다(고전 9:5; 15:3-7).[99]

바울은 또한 예수가 배신당했다는 것(고전 11:23)과 십자가 처형을 당했다는 것을 알고 있었다(고전 1:17-18; 갈 5:11; 6:12; 빌 2:8; 3:18). 바울은 예수가 자신의 죽음을 맞이하기 전날 밤에 성찬식을 행했다는 사실을 명확히 알고 있었다. 예수는 죽은 후 무덤에 묻혔으며, 죽은 지 사흘째 되는 날에 다시 살아나셨음을 믿었다(롬 4:24-25; 롬 6:4-9; 8:11, 34; 고전 6:14; 고후 4:14; 갈 1:1; 살전 4:14). 실제로 바울은 그와 동시대에 살았던 수많은 사람들이 부활하신 예수를 목격한 목격자들이라는 사실을 알고 있

---

99 Gregory A. Boyd and Paul Rhodes Eddy, *Lord or Legend: Wrestling with the Jesus Dilemma* (Grand Rapids: Baker Books, 2007), 48.

었다(고전 15:4-8).[100] 이뿐 아니라, 바울은 예수의 가르침에 관한 다양한 구전들이 교회에 돌아다니는 것을 알고 있었다.[101]

그리고 중요한 것은, 예수님의 지상 생활은 온유, 관대, 자기희생적 사랑, 겸손한 섬김으로 특정할 수 있다는 것을 바울은 알고 있었다(고후 10:1; 빌 2:5-7). 바울의 열정의 중심은 예수를 알고 그를 닮아가는 것이었다(빌 3:8-10). 바울의 겸손한 섬김과 가난한 삶 그리고 그의 모든 설교는 예수 그리스도의 성품과 사역에 기초를 두고 있으며, 그 예수를 아는 지식에 기반하여 설교했다고 볼 수 있다.[102]

우리는 이러한 사실을 고려해 볼 때 무엇을 알 수 있는가? 바울은 예수 부활의 의미를 말하기 전에 이미 예수의 생애를 충분히 알고 있었다는 사실이다. 누구든지 어느 사건에 대해서 제대로 알아야만 그 사건에 대한 올바른 의미를 설명해 줄 수 있다. 따라서 바울이 예수 사건에 관한 명확한 지식을 가졌다고 판단할 만한 근거가 충분히 있다. 또한 우리는 바울이 자신의 전 생애를 다 바쳐서 예수의 복음을 전파하는데 헌신할 만큼 실제 예수를 충분히 알고 있었다고 볼 만한 명확한 이유와 근거를 그의 서신을 통해서 발견할 수 있다.

셋째, 도올은 바울의 사상적 체계가 바울 자신의 독창적 창안이 아니라 역사적 예수와 내면적 연속성을 가지고 있다고 주장한다. 이것은 역사적 예수와 바울의 불연속성을 주장하는 자신의 논지와 모순을 보인다.

앞에서 살펴본 바대로 도올은 사도 바울이 "예수라는 역사적 인물에

---

100 위의 책.
101 Paul Rhodes Eddy & Gregory A. Boyd, *The Jesus Legend: A Case for the Historical Reliability of the Synoptic Jesus Tradition*, 215-216.
102 Gregory A. Boyd and Paul Rhodes Eddy, *Lord or Legend: Wrestling with the Jesus Dilemma*, 49.

관하여 관심을 표명한 적이 없다"[103]라고 말하였다. 그리고 바울의 이방 전도는 "역사적 예수라는 색신이나 그 색신을 접한 모든 1세대와의 철저한 단절 속에서 출발한 것이다"[104]라고 강조하였다. 다시 말해서, 바울의 논리체계는 역사적으로 실존하였던 예수를 비롯해서, 그 예수를 직접 목격한 목격자들과 철저한 단절 속에서 나왔다는 것이다. 또한 도올은 바울이 전파하는 예수는 지상에 생존하여 가르침을 베풀었던 예수가 아니라, 죽음과 부활을 통하여 인류에게 새로운 의미를 던져준 신학화된 예수라고 하였다.[105] 따라서 이러한 도올의 주장은 바울의 가르침과 실제 역사적 예수의 내면적 불연속성을 말하고 있다.

그런데 예수와 바울의 내면적 불연속성을 주장하였던 도올이 이번에는 예수와 바울의 내면적 연속성을 주장하고 있다. 그는 바울의 독특한 논리체계를 설명하면서 다음과 같이 언급하고 있다.

> 그리고 그것은 바울 자신의 독창적 창안이 아니라 예수라는 실존체의 말씀과 뚜렷한 내면적 연속성을 가지고 있다는 것을 우리는 인지해야 한다.[106]

---

103 김용옥, 기독교 성서의 이해, 170.
104 위의 책, 204.
105 위의 책, 170.
106 위의 책, 56. 여기서 도올은 분명히 역사 속에 존재하였던 예수라는 실존체와 그분의 말씀에 대해서 언급하고 있다. 여기서 도올이 강조하고 있는 바울과 예수의 내면적 연속성은 역사 속에서 실제로 존재하였던 예수와 그분의 말씀의 내면적인 연속성을 의미한다. 이 내면적 연속성은 추상적 예수나 부활 후의 천상적 예수와의 연속성으로 볼 수 없다. 왜냐하면, 바로 위 인용문에 연이어 나오는 그의 진술이 다음과 같기 때문이다. 『예수는 신화다』의 저자는 초대교회의 성립사에 관하여 보다 면밀한 고찰을 했어야 했다. 도대체 예수의 실존성을 전제로 하지 않고서는 최초의 팔레스타인의 신앙 공동체들의 성립과정을 설명하기 어렵다"(p. 56) 「예수는 신화다」라는 책은 예수의 역사적 실존성을 부정한다. 그러나 도올은 예수가 실제로 이 세상에 존재하였다는 사실을 전제하지 않고서는 기독교의 발생과정을 설명하기 힘들다고 주장하고 있다. 따라서 예수의 실제 존재성에 대하여 도올은 인정한다. 이러한 문맥적인 상황 속에서 도올이 바울과 예수의 내면적 연속성을 언급한 것은 천상의 예수가 아니라, 실제 지상에 살았던 예수와의 내면적 연속성에 대하여 언급하고 있는 것임이 분명하게 드러난다. 만일 이것을 부인한다면, 그의 글은 아무런 핵심도 없이 던져

위의 인용문 이전에 도올은 다음과 같은 배경 설명을 제공한다. 바울이 전한 부활의 복음이 1세기 당시 인본주의 정신이 성숙한 헬레니즘 세계에 매우 광범하게 유포되었다는 역사적 사실은 매우 이해하기 힘든 사태라는 것을 밝힌다.[107] 그리고 이러한 바울의 복음과 논리체계의 근원은 바울 자신의 독창적인 창안이 아니라 역사적 예수의 말씀과 분명한 내면적 연속성이 있다고 주장한다. 이렇게 볼 때, 여기서 도올은 역사적 예수의 생전 가르침과 바울의 복음 사이에 내면적 연속성이 존재함을 밝히고 있다.

이러한 그의 주장은 예수와 바울의 불연속성을 강조했던 기존 입장과는 정반대의 진술을 하는 셈이다. 과연 예수와 바울의 가르침에는 내면적 연속성이 있는 것인가? 아니면, 불연속성이 존재하는 것인가? 여기에 대하여 도올은 상반된 진술을 동시에 취하고 있다.

지금까지 살펴본 바를 정리하면, 첫째, 도올은 바울의 예수에 관한 기록이 요세푸스의 기록보다 훨씬 더 정확하고 신빙성이 있는 기록이라고 진술하면서도, 동시에 '바울 서신서를 통하여 역사적 예수를 알 수 없다'는 상반된 주장을 하고 있다. 둘째, 그는 '바울의 서신서를 통하여 역사적 예수를 알 수 없다'고 말하면서도 바울이 역사적 예수의 생애에 관하여 알고 있었던 증거를 제시하고 있다. 셋째, 도올은 바울과 예수의 불연속성을 강조하면서도 동시에 그 둘의 내면적 연속성이 존재함을 인정하고 있다.

이러한 진술을 무엇이라고 부를 수 있는가? 그것은 '모순'이라고 불린다. 다시 말해서 거짓 진술이라고 부를 수 있다. 이러한 사실을 고려해 볼 때, 바울과 예수에 관련된 도올의 진술은 학문적 일관성이 결여돼

진 아이들의 장난 노트나 다를 바 없을 것이다.
107 위의 책.

참된 주장이라고 볼 수 없다. 따라서 바울 서신을 통하여 역사적 예수를 알 수 없다는 도올의 주장은 설득력이 없으며 그것을 받아들일 만한 좋은 이유가 없다.

3. 바울과 예수의 연속성을 밝히는 신약성경의 직접적인 증거들

도올의 주장과는 달리, 바울 서신에는 예수의 실제 가르침을 그대로 이어받은 증거들이 뚜렷이 나타나 있다. 우리는 바울 서신을 살펴봄으로써 바울과 예수의 가르침의 연속성을 밝혀낼 것이다. 바울과 예수의 직접적인 연속성을 보여주는 대표적인 10개의 본문을 살펴보면서 예수의 가르침이 바울의 가르침에 그대로 반영되어 있음을 논증할 것이다. 또한 바울이 예수의 말씀을 반영한 간접적인 증거에 관해서 바울의 여러 서신을 중심으로 살펴볼 것이다. 이러한 목표를 성취하기 위하여 먼저 우리는 바울과 예수의 연속성에 의문을 제기하는 두 가지 질문을 검토해 보아야 한다. '왜 바울은 그의 서신들에서 예수의 말씀을 직접적으로 인용하지 않았는가?' 그리고 '과연 바울은 역사적 예수의 가르침을 알기 위하여 아무런 노력도 하지 않았는가?' 이 질문의 답을 먼저 찾아 보도록 하겠다.

1) 바울과 예수의 연속성에 의문을 제기하는 질문들

바울과 예수의 연속성에 의문을 제기하는 사람들은 '바울 서신에는 왜 예수의 가르침에 관한 구체적인 언급이나 예수의 말씀을 직접적으로 인용한 것이 드문가'라는 의문을 제기한다. 게다가 도올은 바울이 예수의 제자들을 만나서 예수에 관한 가르침을 알아볼 의사가 없었다고 한다. 그렇다면, '과연 바울은 역사적 예수의 가르침을 아는데 아무런 관심이 없었는가?' 우리는 이런 비판적 질문에 대한 답을 찾아봄으로써 바울과 예수의 관계성을 더 분명히 알게 될 것이다.

(1) 의문1 : 바울 서신에는 왜 예수의 말씀을 직접 인용한 것이 적은가?

바울의 서신들에는 예수의 말씀을 직접 인용한 것이 매우 드물게 나온다. 많은 비평가들은 이 사실 때문에 '바울이 예수의 삶과 가르침에 관해서 자세히 알지 못하였다'거나 '바울은 예수와 상관없는 자신의 복음을 외쳤다'고 주장한다. 그러나 이런 주장은 바울 서신에 나타난 바울과 예수의 수많은 연속성을 모두 다 무시해 버릴 때만 가능하다. 앞으로 살펴보겠지만, 바울 서신에는 바울과 예수의 연속성이 명확하고 풍부하게 나타나 있다. 그렇다면 바울은 왜 예수의 삶에 관해서 구체적으로 많이 언급하지 않았는가? 여기에 대한 두 가지 타당한 답변이 있다.

첫째, 우리가 꼭 기억해야 할 것은, 바울의 편지 대부분이 어떤 특정 지역의 교회 안에서 발생하는 특별한 문제에 대응하기 위해서 쓴 글이라는 것이다.[108] 따라서 바울은 그의 서신을 통하여 특정 지역 교회의 문제를 해결하기 위하여 예수의 가르침의 원리에 충실하게 조언하거나 가르치려고 노력했을 것이다. 이와 같이 공동체의 문제를 해결하는데 있어서 필요하다면 예수님의 말씀을 문자 그대로 인용할 수 있었을 터이다. 그러나 바울은 예수의 복음의 원리에 충실하게 하나님의 말씀을 가르침으로써 공동체의 문제를 해결하려고 했기 때문에 예수의 생애를 이야기할 필요가 없었을 것이다.

다시 말해서 교회의 여러 가지 당면한 문제를 해결하는데 꼭 예수의

---

108 Gregory A. Boyd and Paul Rhodes Eddy, *Lord or Legend: Wrestling with the Jesus Dilemma*, 47.

생애를 언급해야 하거나, 그분의 말씀을 문자 그대로 인용할 필요가 없었던 것이다. 이러한 관점에서 볼 때, 우리가 복음서에서 보는 것과 같이 예수의 삶에 관한 구체적인 언급이 적다고 해서 놀랄 것은 아니다. 이러한 견해에 대해서 도올도 자신의 책, 『기독교 성서의 이해』에서 다음과 같이 언급하고 있다.

> 바울이 남긴 것은 경전이 아니라 전도과정에서 불가피하게 쓸 수밖에 없었던 아주 구체적이고 일상적인 편지였다. 그의 편지는 주로 그가 설립한 교회들에서 분파적 내분이 생기거나 교리상의 혼란이 생기거나 기금을 모집해야 할 필요가 생기거나 인적사항이나 기타 사항에 관해 부탁할 일이있거나 조직운영에 문제가 있거나 할 때 틈틈이 쓴 것이다.[109]

여기서 도올은 바울 서신이 선교현장의 교회에서 발생하는 특별한 문제들을 해결하려는 목적으로 써졌다는 데 동의하고 있다. 이러한 목적으로 쓰인 편지에는 꼭 필요한 경우를 제외하고서는 구태여 예수의 생애를 언급할 필요가 없었다는 사실을 충분히 이해할 수 있다.

이러한 사실은 바울 서신서뿐만 아니라, 다른 사도들의 일반 서신에서도 동일하게 발견할 수 있는 현상이다. 즉, 누가가 쓴 사도행전은 예수의 생애나 가르침에 관해서 거의 언급하지 않는다. 예수의 수제자 베드로가 쓴 베드로전서나 요한의 서신들, 야고보가 쓴 야고보서와 같은 서신에서도 예수의 생애에 관한 구체적인 언급은 거의 없다. 오히려 바울 서신들은 이러한 일반 서신들과 비교해 볼 때 예수의 말씀을 인용한 것이 결코 적지 않다.[110] 따라서 특별한 목적을 가진 바울 서신에서 예수

109　김용옥, 기독교 성서의 이해, 171.
110　김세윤, 예수와 바울 (서울: 두란노, 2001), 404.

의 생애에 관한 구체적인 언급이 적은 것은 다른 사도들의 편지에서도 동일하게 볼 수 있는 현상이다. 다시 말해, 이러한 현상은 바울 서신서에만 특별하게 나타나는 문제가 아니다. 이러한 점들을 근거로 해서 바울이 역사적 예수를 잘 몰랐다거나 바울은 역사적 예수에 관해서 전혀 관심이 없었다고 주장한다면, 베드로나, 야고보, 요한마저도 예수의 생애를 잘 몰랐다고 평가해야 할 것이다. 그러므로 이런 주장은 설득력이 매우 약하다.

둘째, 바울 서신에서 예수의 말씀을 직접 인용한 경우가 매우 드문 이유는, 바울이 그 교회들을 처음 세울 시기에 이미 예수의 삶과 가르침을 전달하였기 때문이라고 생각할 만한 합당한 이유가 있다.[111] 바울이 이방 지역에서 선교하여 교회를 세울 때마다, 최초의 복음 선포는 예수의 십자가 사건과 부활의 복음이었다. 그때 바울은 예수가 누구였는지, 그분이 어떤 삶을 살았으며, 어떤 가르침을 주었는지에 관하여 이미 자세하게 가르치고 전달하였다고 믿을 이유가 충분히 있다. 예컨대, 바울은 고린도전서 11장 23-25절에서 예수의 말씀에 대해서 다음과 같이 언급하고 있다.

『[23] 내가 너희에게 전한 것은 주께 받은 것이니 곧 주 예수께서 잡히시던 밤에 떡을 가지사 [24] 축사하시고 떼어 이르시되 이것은 너희를 위하는 내 몸이니 이것을 행하여 나를 기념하라 하시고 [25] 식후에 또한 그와 같이 잔을 가지시고 이르시되 이 잔은 내 피로 세운 새 언약이니 이것을 행하여 마실 때마다 나를 기념하라 하셨으니』

---

111 위의 책, 407-409를 참조하라.

이 본문에서 사도 바울은 고린도 교인들에게 예수의 '최후의 만찬'에 관한 이야기를 이미 가르쳐 주었음을 상기시키고 있다. 또한 여기서 바울이 "내가 너희에게 전한 것은"이라는 표현을 사용하고 있는데, 이 헬라어 단어는 자기가 받은 것을 신실하게 다음 세대에게 전해 줄 때 사용하는 단어이다. 따라서 이것은 바울이 고린도 교인들을 전도하여 양육할 때, 이미 예수의 성찬 전승을 신실하게 가르쳐 주었다는 사실을 전제로 하고 있다. 이 사실은 바울이 예수의 생애와 가르침을 고린도교회에 미리 알려주었음을 드러내는 좋은 증거이다.

이 외에 다른 여러 서신을 통해서 사도 바울은 기독교 신앙에 관한 중요한 가르침을 준 '전통'에 대해서 언급하고 있다(고전 11:2; 15:3; 빌 4:9; 골 2:7; 살전4:1f; 살후 2:15; 3:6; cf 롬 6:17).[112] 예컨대, 고린도전서 11장 2절과 데살로니가후서 2장 15절에서 바울은 다음과 같이 말한다.

『여러분이 모든 일에서 나를 기억하고 또 내가 여러분에게 전해 준 대로 전통을 지키고 있으므로 나는 여러분을 칭찬합니다.』(고전 11:2, 표준새번역)

『그러므로 형제자매 여러분, 든든히 서서, 우리의 말이나 편지로 배운 전통을 굳게 지키십시오.』(살후 2:15, 표준새번역)

우리는 이런 말씀을 통하여 사도 바울이 세운 교회들에 그가 이미 기독교 신앙의 중요한 가르침을 전달해 준 것을 알 수 있다. 여기서 주목해야 할 것은 바울이 전달한 그 전승 중에는 예수의 말씀이 반영된 구절

---

112 위의 책, 408.

이 상당수 있다는 사실이다(고전 3:16; 5:6; 6:2, 3, 9, 15, 16, 19; 고후 4:14; 5:1; 갈 2:16; 살전 2:11f; 3:3f; 5:2 등).[113]

이러한 사실에 근거해 볼 때, 바울이 선교지에서 교회를 세울 때마다 예수의 복음과 그분의 삶과 가르침을 이미 가르쳤다고 판단할 수 있다. 이로 인해 특별한 문제를 해결하기 위해서 보냈던 그의 편지에는 예수의 생애를 또다시 자세하게 언급할 필요가 없었던 것이다.

우리가 이런 타당한 이유를 고려해 볼 때, 바울 서신에 예수의 생애와 가르침에 관한 직접적인 언급이 비교적 적을지라도, 그것을 빌미로 해서 '바울이 예수를 전혀 몰랐다'고 주장할 수는 없다고 결론지을 수 있다. 오히려 바울 서신은 다른 일반 서신들과 비교해 볼 때, 예수와 관련된 말씀을 많이 반영했다고 평가할 수 있다.

(2) 의문2 : 과연 바울은 역사적 예수에 대하여 아무런 관심이 없었는가?

도올과 같은 회의주의자들은 예수의 생애나 가르침에 대해 바울의 언급이 드문 것을 근거로 해서 예수와 바울의 연속성을 부인해 왔다. 게다가 그들은 여기서 한 발짝 더 나아가, 바울은 역사적 예수에게 아무런 관심이 없었으며, 역사적 예수가 누구인지를 알아볼 생각조차 하지 않았다고 주장한다. 도올은 다음과 같이 강력하게 주장한다.

> 바울은 예수의 직전제자들을 만나 예수라는 역사적 인물에 관한 전기자료를 수집할 꿈도 꾸지 않았다.[114]

과연 바울은 예수의 직제자들이나 다른 예수의 목격자들을 만날 의사

---

113 위의 책.
114 김용옥, 기독교 성서의 이해, 170.

가 전혀 없었으며, 여기에 대한 어떠한 노력도 일절 없었겠는가? 그러나 여러 가지 증거를 살펴볼 때, 도올의 이러한 주장은 단순한 억측에 불과하다는 것을 쉽게 알 수 있다.

첫째, 도올은 바울이 예수의 최초 목격자와 만났다는 것을 스스로 인정하고 있다. 도올은 바울이 회심한 후 3년 만에 예루살렘으로 올라가서 예루살렘 교회의 핵심인물 중 한 사람인 예수의 동생 야고보를 만났다는 사실을 인정하고 있다.[115] 그는 이 사실의 근거로, 바울의 서신인 갈라디아서 1장 18-20절의 내용을 설명하고 있다.

『[18] 그 후 삼 년 만에 내가 게바를 방문하려고 예루살렘에 올라가서 그와 함께 십오 일을 머무는 동안 [19] 주의 형제 야고보 외에 다른 사도들을 보지 못하였노라 [20] 보라 내가 너희에게 쓰는 것은 하나님 앞에서 거짓말이 아니로다』

위의 바울 서신을 근거로 해서, 도올은 바울이 회심한 지 3년 만에 예루살렘에 올라가서 15일 동안 머물면서 예수의 동생 야고보를 만났다는 사실을 인정하고 있다.[116] 이로써 그가 강조해 온 주장, 즉 바울이 "예수라는 역사적 인물에 관한 전기자료를 수집할 꿈도 꾸지 않았다"[117]는 것과 상치되는 사실을 인정하고 있다.

도올도 자신의 이러한 상치되는 주장을 의식한 듯, 갈라디아서 1장 18절에 소개되는 사건, 즉 바울이 베드로(게바)를 만나려고 예루살렘에 올라갔다는 사실과 그가 베드로와 15일 동안 함께 지냈다는 사실을 부

---

115 위의 책, 203-204.
116 위의 책, 204.
117 김용옥, 기독교 성서의 이해, 170.

인한다. 도올은 그의 잘못된 주장을 정당화하기 위해서 매우 궁색한 변명을 내놓는다. 다음은 그의 주장이다.

> 예루살렘에서 만나서 15일을 같이 유숙했다고 하는 "게바"Cephas 도 주석가들의 통념처럼 꼭 베드로이어야만 하는 보장도 없다. 게바(베드로의 아람말)와 베드로는 어원의 문제를 떠나 전혀 다른 사람일 수도 있다.[118]

위 글에서 보는 것처럼, 도올은 갈라디아서 1장 18절에 나오는 "게바"가 꼭 베드로여야만 하는 보장이 없다고 억지 주장을 펼친다. 이러한 그의 주장은 과연 타당한가? 이것은 전혀 근거 없는 주장이다. 왜냐하면, ① 4복음서를 비롯한 모든 신약 서신에서 "게바"는 항상 "베드로"를 지칭한 말이었다. 게바가 베드로 외의 다른 사람을 지칭한 경우는 단 한 번도 없었다. 또한 ② 바울이 게바를 만나려고 예루살렘으로 갔다는 사건이 소개되어 있는 갈라디아서에서 "게바"라는 단어는 모두 다섯 번 나온다(갈 1:18; 2:9; 2:11; 2:12; 2:14). 이 게바라는 명칭은 모두 다 베드로를 지칭하고 있다는 사실을 부인할 길이 없다. 여기서 단 한 번이라도 게바가 베드로 외에 다른 사람을 지칭했다는 증거는 전혀 없다. 예를 들어, 갈라디아서 2장 9절의 게바를 살펴보자.

> 『그래서 기둥으로 인정받는 야고보와 게바와 요한은 하나님께서 나에게 주신 은혜를 인정하고 나와 바나바에게 오른손을 내밀어서 친교의 악수를 하였습니다. 그렇게 하여, 우리는 이방 사람에게로 가고, 그들은 할례 받은 사람에게로 가기로 하였습니다.』

---

118 위의 책, 203-204.

위의 구절에서 예루살렘 교회에서 기둥으로 인정받는 중심인물은 야고보, 게바, 그리고 요한이었다. 예수께서 요한의 아들 시몬을 게바라고 칭하였는데(요 1:42),[119] 이 중심인물들 중에서 게바가 바로 예수의 수제자인 베드로를 지칭한다는 것은 전후 문맥과 여러 가지 정황 증거를 통하여 쉽게 알 수 있다. ③ 게다가 갈라디아서를 제외하더라도 고린도전서에만 바울이 베드로를 게바라고 부른 경우가 4번이나 더 있다(고전 1:12; 3:22; 9:5; 15:5). 바울 서신 어느 곳에서든 '게바'라는 명칭은 언제나 '베드로'를 지칭하고 있다는 사실은 지극히 상식적이다. 이것은 보수주의 신학자들뿐만 아니라, 심지어 예수의 신성을 부인하는 자유주의 신학자들까지 받아들이는 보편적 지식이며 매우 기초적인 상식이다.

이러한 명백한 증거가 있음에도 불구하고, 도올은 합리적인 반론도 제시하지 않은 채 보편적 지식을 부인하고 있다. 따라서 그의 주장은 억측이라고 평가할 수 있다. 갈라디아서 1장 18절에서 사도 바울은 자신이 예루살렘에 베드로를 만나기 위해서 올라가서 15일 동안 베드로와 함께 숙식하면서 예수의 생애에 관한 모든 지식을 전수 받았음을 분명히 밝히고 있다.[120]

그러므로 이 모든 증거들을 고려해 볼 때, 바울은 역사적 예수의 생애에 관심이 있었고, 예수의 생애를 올바르고 확실하게 파악하기 위해서

---

119 (요 1:42)『데리고 예수께로 오니 예수께서 보시고 이르시되 네가 요한의 아들 시몬이니 장차 게바라 하리라 하시니라 (게바는 번역하면 베드로라)』

120 갈라디아서 1장 18절에서 바울이 말하기를, "삼년 뒤에 나는 게바를 만나려고 예루살렘으로 올라갔습니다..."라고 증언한다. 여기서 "만나려고"(to visit or to interview)라는 표현에 쓰인 단어는 헬라어로 historeo이다. 이 단어는 그냥 단순히 한 번 만나려고 하는데 사용된 단어가 아니라, 역사적인 사실들을 파악하기 위한 목적으로 개인적인 조사를 벌일 때 쓰인 단어이다. 따라서 바울이 예루살렘으로 간 이유는 그가 예수 사건을 직접 목격한 증인들로부터 구전 역사를 전해 받기 위해서였다. Timothy Paul Jones, Misquoting Truth (Downers Grove: IVP Books, 2007), 92.

예루살렘에서 베드로와 야고보를 만났다는 사실을 명확히 알 수 있다.

둘째, 바울이 예수의 생애를 알기 원했을 뿐만 아니라 예수의 직제자들과 최초의 목격자들을 통하여 상당히 구체적으로 예수의 생애를 전해 들었다는 증거를 그의 서신 여러 곳에서 발견할 수 있다. ① 먼저 위에서 살펴본 갈라디아서 1장 18절에서 바울이 베드로와 야고보를 만나서 15일 동안 예루살렘에 유숙하면서 예수의 생애를 전해 들었다는 사실을 알 수 있다. 또한 ② 바울은 예루살렘 교회를 최초로 방문한 지 약 14년이 지난 후에 또다시 예루살렘 교회를 방문하였다. 그때 바울은 자신이 이방인을 위한 사도로 부름 받았음을 인정받게 되었다. 그뿐만 아니라 바울이 전한 복음과 예루살렘 교회가 전한 복음이 모두 동일하다는 사실을 공식적으로 확인하였다. 바울은 갈라디아서 2장에서 이 사실을 자세히 소개하고 있다. 간단히 갈라디아서 2장 1절과 9절만 살펴보자.

『[1] 그 뒤에 십사 년이 지나서 나는 바나바와 함께 디도를 데리고 다시 예루살렘으로 올라갔습니다. [9] 그래서 기둥으로 인정받는 야고보와 게바와 요한은 하나님께서 나에게 주신 은혜를 인정하고 나와 바나바에게 오른손을 내밀어서 친교의 악수를 하였습니다. 그렇게 하여, 우리는 이방 사람에게로 가고, 그들은 할례 받은 사람에게로 가기로 하였습니다.』 (표준새번역)

여기에 보면, 바울은 또다시 예루살렘에 올라갔고, 다른 여러 사도들을 만났음을 알 수 있다. 더욱이 예루살렘 교회의 핵심 지도자들로부터 바울이 전하는 복음과 예루살렘 교회가 전하는 복음이 동일하다는 공식적인 확인까지 받았다.

바울은 9절에서 "야고보와 게바와 요한은 하나님께서 나에게 주신 은혜를 인정하고 나와 바나바에게 오른손을 내밀어서 친교의 악수를 하였습니다"라고 증언한다. 여기서 "오른손을 내밀어서 친교의 악수를 하였다"는 사실이 무엇을 의미하겠는가? 성경학자들에 따르면, 여기서 말하는 '친교의 악수'는 바울이 전하는 예수의 복음과 예루살렘의 사도들이 전하는 복음이 동일하다는 것을 나타내는 표현이라고 한다. 다시 말해, 유대인을 중심으로 한 예루살렘 교회의 예수 복음과 이방인을 중심으로 한 바울의 예수 복음, 이 두 그룹의 예수 복음이 모두 동일한 하나의 복음임을 확인하였다는 것이다. 이러한 사실은 바울이 역사적 예수의 생애에 관심이 있었던 것은 물론이고 예수의 직제자들과 동일한 예수 복음을 증거 하였다는 사실을 뒷받침하는 강력한 증거이다. ③ 바울은 베드로를 예루살렘뿐만 아니라 이방 선교지인 안디옥에서도 만났으며 거기서 베드로의 잘못을 나무라기까지 하였다. 이 사실에 대하여 바울은 갈라디아서 2장 11-12절에서 다음과 같이 말한다.

『[11] 그런데 게바가 안디옥에 왔을 때에 잘못한 일이 있어서, 나는 얼굴을 마주 보고 그를 나무랐습니다. [12] 그것은 게바가 야고보가 보낸 사람들이 오기 전에는 이방 사람들과 함께 먹다가 그들이 오자, 할례 받은 사람들을 두려워하여, 그 자리를 떠나 물러난 일입니다.』

이처럼 바울이 베드로와 여러 번 접촉했음을 알 수 있다. 바울은 베드로의 잘못을 지적할 만큼 올바른 위치에서 그와 교제하고 있었다. ④ 예수의 직제자들과 접촉을 통하여 바울은 초기 교회에서 매우 중요한 구전 역사를 전수했으며, 그 내용을 선교지 교회인 고린도교회에 전수하여 주었다. 예수의 생애에 관하여 예루살렘의 교회로부터 전수한 것 중 중요한 내용이 고린도전서 15장 3-5절에 나오고 있다.

「[3] 내가 전해 받은 중요한 것을, 여러분에게 전해 드렸습니다. 그것은 곧 그리스도께서 성경대로 우리 죄를 위하여 죽으셨다는 것과, [4] 무덤에 묻히셨다는 것과, 성경대로 사흘 째 되는 날에 살아나셨다는 것과, [5] 게바에게 나타나시고 다음에 열두 제자에게 나타나셨다고 하는 것입니다.」 (표준새번역)

위 구절에서 '전해 받다'는 헬라어 단어는 어떤 전통을 한 그룹에서 다른 그룹으로 전달할 때 쓰였던 단어이다. 여기서 바울은 자신이 전한 복음은 예루살렘 교회로부터 직접 전해 받은 복음임을 밝히고 있다.[121] ⑤ 마지막으로, 초기 예루살렘 교회에서 권위를 인정받았던 바나바(행 4:36-37)는 무명인이었던 바울을 사도들에게 소개해 주었다(행 9:27). 게다가 바나바는 다소에서 조용히 지내던 바울을 데려다가 안디옥 교회에서 함께 목회하였다(행 11:22-26). 바나바와 바울은 함께 예루살렘 교회에 방문했으며, 함께 선교사역을 하였다(행 12:25-15:39). 바나바와 바울은 마가복음을 집필한 마가 요한과도 함께 사역하였다(행 12:25). 이러한 증거들은 바울이 예수의 목격자들로부터 예수 사건에 관한 정보를 충분히 전수받았다는 사실을 뒷받침해 주고 있다. 그러므로 다음과 같은 도올의 주장은 믿을 만한 근거가 전혀 없다.

> 바울은 예수의 직전제자들을 만나 예수라는 역사적 인물에 관한 전기자료를 수집할 꿈도 꾸지 않았다.[122]

오히려 지금까지 살펴본 사실을 토대로 판단할 때, 바울은 자기 인생

---

[121] Darrell L. Bock & Daniel B. Wallace, *Dethroning Jesus: Exposing Popular Culture's Quest to Unseat the Biblical Christ* (Nashville: Thomas Nelson, 2007), 190.
[122] 김용옥, 기독교 성서의 이해, 170.

의 모든 것을 다 걸었던 예수를 알고자 하는 간절한 열망이 있었다. 또한 그는 실제로 예수의 직제자들이나 초기 교회의 목격자들과 빈번히 접촉하면서 역사적 예수의 생애에 관해 전수했으며, 전수한 구술 역사를 그가 세운 선교지 교회들에 그대로 전달하였다. 그러므로 이러한 사실에 근거해 볼 때, 바울이 전한 복음은 예루살렘 교회의 사도들이 전한 복음과 동일하며, 바울은 예수의 말씀을 그의 설교에 그대로 반영하였다고 볼 수 있다.

지금까지 우리는 바울과 예수의 연속성에 의문을 제기하는 비판적 질문들을 검토해 보았다. 이제는 바울이 예수의 가르침을 잘 반영하였다고 평가할 수 있는, 보다 직접적인 증거들을 찾아보겠다.

2) 바울과 예수의 연속성을 직접적으로 반영하는 본문들[123]

바울과 예수의 연속성을 부인하는 비평가들과는 달리, 의외로 바울서신에는 역사적 예수의 가르침을 잘 반영한 본문이 많이 있다. 그 대표적인 예를 살펴보고자 한다.

(1) 이혼에 대한 가르침의 유사성

고린도전서 7장 10-11절에서 바울은 이혼에 대한 예수의 가르침(막 10: 9-12; 마 19:6, 9; 눅 16:18)을 그대로 반영하고 있다.[124] 여기서 바울은 이혼에 관한 예수님의 가르침을 고린도교회의 정황에 맞게 다시 한 번 강조하여 가르치고 있다. 이러한 내용을 도표로 비교해 보면 다음과 같다.

---

123 이 부분에 대한 자료들은 바울신학의 세계적 권위자 김세윤이 쓴, "예수와 바울"(두란노)에서 발췌한 내용임을 밝힌다.
124 김세윤, 예수와 바울, 348-349.

〈이혼에 관한 바울의 예수 가르침 인용〉

(고전 7:10-11)	(막 10:9-12)	(마 19:6, 9)
『[10] 결혼한 자들에게 내가 명하노니 (명하는 자는 내가 아니요 주시라) 여자는 남편에게서 갈라서지 말고 [11] (만일 갈라섰으면 그대로 지내든지 다시 그 남편과 화합하든지 하라) 남편도 아내를 버리지 말라』	『그러므로 하나님이 짝지어 주신 것을 사람이 나누지 못할지니라 하시더라…이르시되 누구든지 그 아내를 내어버리고 다른데 장가드는 자는 본처에게 간음을 행함이요 또 아내가 남편을 버리고 다른데로 시집 가면 간음을 행함이니라』	『그런즉 이제 둘이 아니요 한 몸이니 그러므로 하나님이 짝지어 주신 것을 사람이 나누지 못할지니라 하시니…내가 너희에게 말하노니 누구든지 음행한 이유 외에 아내를 버리고 다른 데 장가드는 자는 간음함이니라』

〈마태복음 19장과 고전 6, 7장의 문맥 속에 나타난 예수와 바울의 유사성〉

마 19장 6절/막 10장 (한 몸)		고전 6장 12-20절 (그리스도와 한 몸)
예수께서 창세기 2장 24절로부터 이끌어 낸 '한 몸' 원리에 입각하여 이혼에 관하여 가르침을 주고 있다. "이제 둘이 아니요 한 몸이니 그러므로 하나님이 짝지어 주신 것을 사람이 나누지 못할지니라…"(마 19:6)	(한 몸과 그리스도의 한 몸으로 비유)	그리스도인은 **그리스도의 몸 그 자체이므로** 음행에 참여해서는 안된다는 가르침을 주고 있다.
마 19장/막 10장 (이혼에 관한 가르침)	(이혼에 대한 가르침 동일)	고전 7장 10-11절 (이혼에 관한 가르침)
마 19장 10-12절 (천국을 위하여 고자된 자) 예수의 이혼교설에 바로 연이어 **천국을 위하여 고자된 자들에 관한 말씀**이 나온다. (마 19:10-12) "…천국을 위하여 스스로 된 고자도 있도다 이 말을 받을 만한 자는 받을지어다."(마 19:12)	(독신자에 대한 가르침 동일)	고전 7장 7절, 32절이하 (주를 위한 독신 생활) 바울은 **독신생활**을 주님을 위해 효과적으로 섬길 수 있는 특별한 은사로 가르친다. "…장가가지 않은 자는 주의 일을 염려하여 어찌하여야 주를 기쁘시게 할까 하되…"(고전 7:32)

이러한 본문과 관련하여 바울신학의 세계적 권위자인 김세윤은 "바울은 예수의 이혼 교설을 단편적으로 알았다기보다는, 오히려 결혼의 '한 몸' 원리와 하나님 나라에 대한 봉사의 관계를 포함하여 예수의 혼인에 대한 전체적인 가르침을 알고 있었던 것 같다"[125]고 분석하였다.

(2) 복음 전도자의 권리에 대한 유사성

복음 전도자의 권리에 대한 바울의 가르침(고전 9:14)은 '복음 전도자들이 복음으로 말미암아 살리라'는 예수의 말씀(눅 10:7; 마 10:10)을 인용하고 있다.[126] 다음의 도표를 자세히 살펴보면 그 유사성을 발견할 수 있다.

〈복음 전도자의 권리에 대한 유사성〉

(고전 9:14)		(눅 10:7)
『이와 같이 주께서도 복음 전하는 자들이 복음으로 말미암아 살리라 명하셨느니라』 참조: 성전의 일을 하는 이들은 성전에서 나는 것을 먹으며 제단에서 섬기는 이들은 제단과 함께 나누는 것을 너희가 알지 못하느냐 (고전 9:13)	복음 전도자의 권리가 동일하다.	『그 집에 유하며 주는 것을 먹고마시라 일꾼이 그 삯을 받는 것이 마땅하니라 이 집에서 저 집으로 옮기지 말라』 (마 10:10) 『여행을 위하여 배낭이나 두 벌 옷이나 신이나 지팡이를 가지지 말라 이는 일꾼이 자기의 먹을 것 받는 것이 마땅함이니라』

---

125 위의 책, 349.
126 위의 책, 349-350.

비록 여기서 바울이 예수의 말씀을 문자적으로 인용하지 않았다고 하더라도, 예수의 가르침을 그의 실제 사역에서 신실하게 반영하였다고 볼 수 있다.

(3) 최후의 만찬 동일성

고린도전서 11장 23-25절에 나오는 바울의 예배의식 전승은 '최후의 만찬 석상의 예수의 가르침'(눅 22:19-20)을 충실히 반영하고 있다.[127] 바울이 강조한 이 본문은 다른 사도들에게서 예수의 가르침을 직접 전수하지 않고서는 그대로 전달하기가 거의 불가능하다고 판단된다.

〈최후의 만찬 동일성〉

(고전 11:23-25)		(눅 22:19-20)
『[23] 내가 너희에게 전한 것은 주께 받은 것이니 곧 주 예수께서 잡히시던 밤에 **떡을 가지사 [24] 축사하시고 떼어 이르시되** 이것은 너희를 위하는 내 몸이니 이것을 행하여 나를 기념하라 하시고 [25] 식후**에** 또한 **그와 같이 잔을 가지시고 이르시되** 이 잔은 내 피로 세운 새 언약이니 이것을 행하여 마실 때마다 나를 기념하라 하셨으니』	최후의 만찬에 대한 진술이 동일하다. ➡	『[19] 또 **떡을 가져 감사 기도하시고 떼어 그들에게 주시며 이르시되** 이것은 너희를 위하여 주는 내 몸이라 너희가 이를 행하여 나를 기념하라 하시고 [20] 저녁 먹은 후**에 잔도 그와 같이 하여 이르시되** 이 잔은 내 피로 세우는 새 언약이니 곧 너희를 위하여 붓는 것이라』

여기서 바울은 예수께서 대제사장이 보낸 군사들에게 잡히시던 밤을 구체적으로 언급했고 '떡을 떼어 축사하시고 내 몸이라고 칭한 것과 잔을 가지고 내 피로 세운 새 언약'이라고 표현한 말씀이 동일하게 나타나

---

127 위의 책, 350-351.

고 있다. 또한 바울은 "나를 기념하라"는 예수의 말씀을 그대로 인용하고 있다. 바울이 예수의 가르침을 전혀 몰랐다면, 과연 이러한 가르침을 전수해 주는 것이 가능하였겠는가?

(4) 종말에 대한 말씀의 유사성

데살로니가전서 4장 15-17절에서 바울은 예수의 종말론적 말씀(마 24:30)을 반영하고 있다.[128] 여기서 바울이 종말에 대하여 가르칠 때, 역사적 예수의 종말관에 근거해서 가르치고 있음을 발견할 수 있다.

〈 종말에 대한 말씀의 유사성 〉

(살전 4:15-17)		(마 24:30)
『[15] 우리가 주의 말씀으로 너희에게 이것을 말하노니 주께서 강림하실 때까지 우리 살아 남아 있는 자도 자는 자보다 결코 앞서지 못하리라 [16] 주께서 호령과 천사장의 소리와 하나님의 나팔소리로 친히 하늘로부터 강림하시리니 그리스도 안에서 죽은 자들이 먼저 일어나고 [17] 그 후에 우리 살아 남은 자들도 그들과 함께 구름 속으로 끌어올려 공중에서 주를 영접하게 하시리니 그리하여 우리가 항상 주와 함께 있으리라』	예수 재림에 관한 바울의 언급은 역사적 예수의 말씀을 바탕으로 하고 있다. ➡	『그 때에 인자의 징조가 하늘에서 보이겠고 그 때에 땅의 모든 족속들이 통곡하며 그들이 인자가 구름을 타고 능력과 큰 영광으로 오는 것을 보리라』

이 본문이 역사적 예수의 말씀을 바탕으로 한다는데 R. 건드리R. Gundry, D. 웬햄D. Wenham, 그리고 P. 스툴마허P. Stuhlmacher 등 여러 학자들이 동의하고 있다.[129]

---

128 위의 책, 351-352.
129 위의 책, 351-352.

(5) 종말에 대한 비유와 자세의 일치성

데살로니가 5장 1-7절에 나오는 종말에 대한 비유와 복음서(마 24:43; 눅 12:39)의 비유가 동일하다.[130] 종말에 대한 비유로서 예수와 바울은 동일하게 '도둑'이라는 그림 언어를 사용하고 있다.

〈종말에 대한 예수의 '도둑' 비유가 바울과 일치한다〉

(살전 5:1-7)		(마 24:43)
『[1] 형제들아 때와 시기에 관하여는 너희에게 쓸 것이 없음은 [2] 주의 날이 밤에 **도둑 같이** 이를 줄을 너희 자신이 자세히 알기 때문이라 [3] 그들이 평안하다, 안전하다 할 그 때에 임신한 여자에게 해산의 고통이 이름과 같이 멸망이 갑자기 그들에게 이르리니 결코 피하지 못하리라 [4] 형제들아 너희는 어둠에 있지 아니하매 그 날이 **도둑 같이** 너희에게 임하지 못하리니 [5] 너희는 다 빛의 아들이요 낮의 아들이라 우리가 밤이나 어둠에 속하지 아니하나니 [6] 그러므로 우리는 다른 이들과 같이 자지 말고 오직 깨어 정신을 차릴지라 [7] 자는 자들은 밤에 자고 취하는 자들은 밤에 취하되』	종말에 대한 예수의 **도둑 비유**가 바울에게 동일하게 나타난다.	『너희가 알지 못함이니 너희도 아는 바니 만일 집 주인이 **도둑이** 어느 시각에 올 줄을 알았더라면 깨어 있어 그 집을 뚫지 못하게 하였으리라』 **(눅 12:39)** 『너희도 아는 바니 집 주인이 만일 **도둑이** 어느 때에 이를 줄 알았더라면 그 집을 뚫지 못하게 하였으리라』

〈종말의 자세에 대한 권면의 일치〉

(살전 5:3절)		(눅 21:34)
그들이 평안하다, 안전하다 할 그 때에 임신한 여자에게 해산의 고통이 이름과 같이 멸망이 갑자기 그들에게 이르리니 결코 피하지 못하리라	어휘와 구조, 그리고 의미 면에서 밀접한 평행을 이룬다.	『너희는 스스로 조심하라 그렇지 않으면 방탕함과 술취함과 생활의 염려로 마음이 둔하여지고 뜻밖에 그 날이 덫과 같이 너희에게 임하리라』

---

130 위의 책, 352-355.

"데살로니가전서 본문에 나오는 깨어 있고 맑은 정신을 가지고 있으며 잠자지 말고 술 취하지 말라는 바울의 권면은 마태복음 24장 42-51절/누가복음 12장 41-46절; 21장 34-36절/마가복음 13장 33-37절의 보편적인 취지를 표현한다."[131]

〈바울과 예수의 종말의 자세에 대한 권면의 일치〉

(살전 5:1-7)
『[1] 형제들아 때와 시기에 관하여는 너희에게 쓸 것이 없음은 [2] 주의 날이 밤에 **도둑 같이** 이를 줄을 너희 자신이 자세히 알기 때문이라 [3] 그들이 평안하다, 안전하다 할 그 때에 임신한 여자에게 해산의 고통이 이름과 같이 **멸망이 갑자기 그들에게** 이르리니 **결코 피하지 못하리라** [4] 형제들아 너희는 어둠에 있지 아니하매 그 날이 도둑 같이 너희에게 임하지 못하리니 [5] 너희는 다 빛의 아들이요 낮의 아들이라 우리가 밤이나 어둠에 속하지 아니하나니 [6] 그러므로 우리는 다른 이들과 같이 **자지 말고 오직 깨어 정신을 차릴지라** [7] 자는 자들은 밤에 자고 취하는 자들은 밤에 취하되』

(눅 21:34-36)
『[34] 너희는 스스로 조심하라 그렇지 않으면 방탕함과 술취함과 생활의 염려로 마음이 둔하여지고 뜻밖에 **그 날이 덫과 같이 너희에게 임하리라** [35] 이 날은 온 지구상에 거하는 모든 사람에게 임하리라 [36] 이러므로 너희는 장차 올 이 모든 일을 능히 피하고 인자 앞에 서도록 **항상 기도하며 깨어 있으라 하시니라**』

(마 24:42-51)
『[42] 그러므로 깨어 있으라 어느 날에 너희 주가 임할는지 [43] 너희가 알지 못함이니라 너희도 아는 바니 만일 집 주인이 **도둑이** 어느 시각에 올 줄을 알았더라면 깨어 있어 그 집을 뚫지 못하게 하였으리라 [44] 이러므로 너희도 준비하고 있으라 **생각하지 않은 때에** 인자가 오리라 [45] 충성되고 지혜 있는 종이 되어 주인에게 그 집 사람들을 맡아 때를 따라 양식을 나눠 줄 자가 누구냐 [46] 주인이 올 때에 그 종이 이렇게 하는 것을 보면 그 종이 복이 있으리로다 [47] 내가 진실로 너희에게 이르노니 주인이 그의 모든 소유를 그에게 맡기리라 [48] 만일 그 악한 종이 마음에 생각하기를 주인이 더디 오리라 하여 [49] 동료들을 때리며 술 친구들과 더불어 먹고 마시게 되면 [50] **생각하지 않은 날 알지 못하는 시각에** 그 종의 주인이 이르러 [51] 엄히 때리고 외식하는 자가 받는 법에 처하리니 거기서 슬피 울며 이를 갈리라』

---

131 위의 책, 353.

⟨종말에 대한 권면의 항목별 유사성 분석⟩

종말에 대한 바울의 권면 (살전 5:1-7)	(예수와 바울) 본질적으로 종말에 대한 가르침이 동일하다.	종말에 대한 예수의 말씀 (눅 21:34-36)/(마 24:42-51)
1. 때: 도둑같이 임한다 2. 적용범위: 결코 피하지 못한다. 3. 금지사항: 술 취하거나 방탕하지 말라. 4. 권면사항: 자지 말고 깨어 정신을 차리라.		1. 때: 도둑같이, 덫과 같이, 생각지 못한 시간에 2. 적용범위: 모든 사람에게 임한다. 3. 금지사항: 방탕과 술 취하는 생활 피하라. 4. 권면사항: 기도하고 깨어 있어라. 예비하라.

위와 같은 공통점을 통해서 바울이 예수님의 가르침을 분명히 알았고, 교회의 특별한 문제를 해결하기 위해서 편지를 쓸 때 종말에 대한 예수의 가르침을 충분히 반영했다고 볼 수 있다. 이러한 내면적 일치성은 바울이 예수의 가르침을 무시한 채 독단적으로 만들었다고 말하기엔 너무나 많은 유사점을 보여준다. 따라서 우리는 데살로니가전서 5장에 나타난 종말에 대한 바울의 가르침은 명백하게 예수의 가르침에 기초하였다고 말할 수 있다.

(6) 음식 정결에 대한 가르침의 일치성

음식 정결에 대한 바울의 가르침(롬 14:14, 20)과 예수의 가르침(막 7:15, 19)에 일치성이 나타난다. 특히 로마서 14장 14절과 마가복음 7장 15절 사이에는 정확한 자료적 일치뿐만 아니라 문자적 호응도 보인다.[132]

---

132 위의 책, 356-357.

〈바울과 예수의 음식 정결에 대한 가르침의 일치성〉

(롬 14:14) 『내가 주 예수 안에서 알고 확신하노니 무엇이든지 스스로 속된 것이 없으되 다만 속되게 여기는 그 사람에게는 속되니라』	음식 정결에 대한 바울의 진술은 역사적 예수의 말씀을 기초로 하고 있다.	(막 7:15) 『무엇이든지 밖에서 사람에게로 들어가는 것은 능히 사람을 더럽게 하지 못하되』
(롬 14:20) 『음식으로 말미암아 하나님의 사업을 무너지게 하지 말라 만물이 다 깨끗하되 거리낌으로 먹는 사람에게는 악한 것이라』	음식 정결에 대한 바울의 진술은 역사적 예수의 말씀을 기초로 하고 있다.	(막 7:19) 『이는 마음으로 들어가지 아니하고 배에 들어가 뒤로 나감이라 이러므로 모든 음식물을 깨끗하다 하시니라』

(7) 원수 사랑에 대한 원리적 일치성

로마서 12장 14-21절과 고린도전서 4장 11-13절에 나오는 바울의 권면과 누가복음 6장에 나오는 예수의 말씀이 상응하고 있다. 여기에서 바울과 예수의 가르침이 원리적으로 상응한다는 의견에는 거의 모든 학자들이 동의한다.[133]

〈원수 사랑에 대한 원리적 일치성〉

(롬 12:14) 『너희를 박해하는 자를 축복하라 축복하고 저주하지 말라』	상응	(눅 6:28) 『너희를 저주하는 자를 위하여 축복하며 너희를 모욕하는 자를 위하여 기도하라』 (마 5:44) 『나는 너희에게 이르노니 너희 원수를 사랑하며 너희를 박해하는 자를 위하여 기도하라』
(롬 12:17) 『아무에게도 악으로 악을 갚지 말고 모든 사람 앞에서 선한 일을 도모하라』	상응	(눅 6:29) 『너의 이 뺨을 치는 자에게 저 뺨도 돌려 대며 네 겉옷을 빼앗는 자에게 속옷도 거절하지 말라』(참조, 마5:39-41)

---

133 위의 책, 358-360.

(롬 12:18) 『할 수 있거든 너희로서는 모든 사람과 더불어 화목하라.』	상응	(막 9:50) 『소금은 좋은 것이로되 만일 소금이 그 맛을 잃으면 무엇으로 이를 짜게 하리요 너희 속에 소금을 두고 서로 화목하라 하시니라.』 (마 5:9) 『화평케 하는 자는 복이 있나니 그들이 하나님의 아들이라 일컬음을 받을 것임이요.』
(롬 12:19-21) 『[19] 내 사랑하는 자들아 너희가 친히 원수를 갚지 말고 진노하심에 맡기라 기록되었으되 원수 갚는 것이 내게 있으니 내가 갚으리라고 주께서 말씀하시니라 [20] 네 원수가 주리거든 먹이고 목마르거든 마시게 하라 그리함으로 네가 숯불을 그 머리에 쌓아 놓으리라 [21] 악에게 지지 말고 선으로 악을 이기라.』	상응	(눅 6:27, 35) 『[27] 그러나 너희 듣는 자에게 내가 이르노니 너희 원수를 사랑하며 너희를 미워하는 자를 선대하며 [35] 오직 너희는 원수를 사랑하고 선대하며 아무 것도 바라지 말고 꾸어주라 그리하면 너희 상이 클 것이요 또 지극히 높으신 이의 아들이 되리니 그는 은혜를 모르는 자와 악한 자에게도 인자하시니라.』 (마 5:44) 『나는 너희에게 이르노니 너희 원수를 사랑하며 너희를 박해하는 자를 위하여 기도하라.』
(고전 4:12-13) 『[12] 또 수고하여 친히 손으로 일을 하며 모욕을 당한즉 축복하고 박해를 받은즉 참고 [13] 비방을 받은즉 권면하니 우리가 지금까지 세상의 더러운 것과 만물의 찌꺼기 같이 되었도다.』	상응	(눅 6:22-23) 『[22] 인자로 말미암아 사람들이 너희를 미워하며 멀리하고 욕하고 너희 이름을 악하다 하여 버릴 때에는 너희에게 복이 있도다 [23] 그 날에 기뻐하고 뛰놀라 하늘에서 너희 상이 큼이라 그들의 조상들이 선지자들에게 이와 같이 하였느니라.』 (눅 6:27-28) 『[27] 그러나 너희 듣는 자에게 내가 이르노니 너희 원수를 사랑하며 너희를 미워하는 자를 선대하며 [28] 너희를 저주하는 자를 위하여 축복하며 너희를 모욕하는 자를 위하여 기도하라.』

위에서 로마서 12장 14절이 마태복음 5장 44절, 누가복음 6장 27f절을 반영하고 있다는 사실에 거의 모든 학자들이 동의한다. 여기에 대하여 J. 파이퍼Piper가 내린 결론은 대단히 설득력이 있다: "예수가 '너희 원수를 사랑하라'고 명했다는 데는 의심의 여지가 없다…예수의 주변을 살펴본 결과 그토록 분명하고 뚜렷한 말씀은 찾아볼 수가 없었다. 또 초대교회가 그 말씀을 지어내어 그런 고통스러운 요구를 자기들에게 스스

로 부과하였다고 생각할 수도 없는 것이다."[134] 그러므로, 바울이 예수의 가르침을 충실하게 반영하였다고 볼 근거는 충분하다.

(8) 율법에 대한 시각이 동일하다.

율법에 대한 바울의 가르침(롬 13:8-10; 갈 5:14)은 예수의 가르침(막 12:28-34)을 그대로 반영하였다.[135] 율법의 중요한 가치에 대하여 바울과 예수는 시각을 같이 한다.

〈율법에 대한 바울과 예수의 시각이 동일하다〉

(롬 13: 8-10)		(막 12:28-34)
「[8] 피차 사랑의 빚 외에는 아무에게든지 아무 빚도 지지 말라 남을 사랑하는 자는 율법을 다 이루었느니라 [9] 간음하지 말라, 살인하지 말라, 도둑질하지 말라, 탐내지 말라 한 것과 그 외에 다른 계명이 있을지라도 네 이웃을 네 자신과 같이 사랑하라 하신 그 말씀 가운데 다 들었느니라 [10] 사랑은 이웃에게 악을 행하지 아니하나니 그러므로 사랑은 율법의 완성이니라」 (갈 5:14) 「온 율법은 네 이웃 사랑하기를 네 자신 같이 하라 하신 한 말씀에 이루어졌나니」	율법에 대한 예수의 말씀들이 바울의 가르침에 그대로 반영되었다.	「[28] 서기관 중 한 사람이 그들이 변론하는 것을 듣고 예수께서 잘 대답하신 줄을 알고 나아와 묻되 모든 계명 중에 첫째가 무엇이니이까 [29] 예수께서 대답하시되 첫째는 이것이니 이스라엘아 들으라 주 곧 우리 하나님은 유일한 주시라 [30] 네 마음을 다하고 목숨을 다하고 뜻을 다하고 힘을 다하여 주 너의 하나님을 사랑하라 하신 것이요 [31] 둘째는 이것이니 네 이웃을 네 자신과 같이 사랑하라 하신 것이라 이보다 더 큰 계명이 없느니라 [32] 서기관이 이르되 선생님이여 옳소이다 하나님은 한 분이시요 그 외에 다른 이가 없다 하신 말씀이 참이니이다 [33] 또 마음을 다하고 지혜를 다하고 힘을 다하여 하나님을 사랑하는 것과 또 이웃을 자기 자신과 같이 사랑하는 것이 전체로 드리는 모든 번제물과 기타 제물보다 나으니이다 [34] 예수께서 그 지혜 있게 대답함을 보시고 이르시되 네가 하나님의 나라에서 멀지 않도다 하시니 그 후에 감히 묻는 자가 없더라」

---

134 J. Piper, "Love Your Enemies," Jesus's Love Command in the Synoptic Gospels and in the Early Church(Cambridge, 1979), 56: 김세윤, 예수와 바울, 358에서 재인용.
135 김세윤, 예수와 바울, 363-364.

(9) 세상 권세에 대한 의무에 대한 일치성

세상 권세에 대한 의무에 대하여 바울의 가르침(롬 13:7)과 예수의 가르침(막 12:7)이 내용적으로 일치한다.[136]

〈세상 권세에 대한 의무〉

(롬 13:7)	바울의 권면과 예수의 말씀이 내용적으로 일치한다.	(막 12:17)
『모든 자에게 줄 것을 주되 조세를 받을 자에게 조세를 바치고 관세 받을 자에게 관세를 바치고 두려워할 자를 두려워하며 존경할 자를 존경하라』		『이에 예수께서 가라사대 가이사의 것은 가이사에게, 하나님의 것은 하나님께 바치라 하시니 그들이 예수께 대하여 매우 놀랍게 여기더라』

(10) 하나님을 '아빠'라고 호칭함

바울이 하나님을 두 번 '아빠'abba 라고 호칭한 것은(롬 8:15; 갈 4:6), 예수의 가르침(막 24:32-42)에서 기인한다.[137] 예수께서 하나님을 향하여 '아빠'라고 부른 것은 매우 독특한 표현이며, 바울은 이 독특한 표현을 그대로 사용하였다.

〈하나님을 '아빠'라고 호칭함〉

(롬 8:15)	바울은 예수가 하나님을 향하여 '아빠'라고 부른 그 호칭을 그대로 사용하였다.	(막 14:36)
『너희는 다시 무서워하는 종의 영을 받지 아니하였고 양자의 영을 받았으므로 **아빠 아버지**라고 부르짖느니라』 (갈 4:6) 『너희가 아들이므로 하나님이 그 아들의 영을 우리 마음 가운데 보내사 **아빠 아버지**라 부르게 하셨느니라』		[36] 이르시되 **아빠 아버지**여 아버지께서는 모든 것이 가능하오니 이 잔을 내게서 옮기시옵소서 그러나 나의 원대로 마시옵고 아버지의 원대로 하옵소서 하시고

---

136 위의 책, 363-364.
137 위의 책, 365-366.

지금까지 우리는 바울이 예수의 가르침을 직접적으로 반영한 본문 열 군데를 살펴보았다. 앞의 본문을 보면, 비록 바울이 예수의 말씀을 문자 그대로 인용하지는 않았으나, 그가 예수의 가르침을 모르고서 그런 가르침을 주었다고 판단하기에는 많은 무리가 있다. 게다가 바울과 예수의 연속성을 나타내는 열 군데의 본문은 많은 학자들에게 타당성을 인정받고 있다. 그러므로 바울이 실제 역사적 예수의 삶과 가르침을 전혀 알지 못했다면, 그의 서신을 통하여 이러한 가르침을 줄 수 없었을 것이다.

4. 바울과 예수의 연속성을 간접적으로 반영하는 본문들

이제 우리는 바울이 예수의 가르침을 간접적으로 반영한 본문을 살펴볼 차례이다. 다음에 소개하는 본문들은 바울 서신들 중에서 예수의 말씀을 직접적으로 반영했다고 보기는 어려우나 예수의 가르침이 온전히 녹아 있다고 판단된다. 이러한 본문들은 때로는 예수의 말씀과 내용상 유사성이 있기도 하고, 어휘나 문법, 대구 형식에서 유사성을 보이기도 한다. 따라서 그 유사성에 대해 보다 자세한 내용을 일일이 열거하면서 설명할 필요가 있지만, 지면 관계상 구체적인 내용의 설명은 생략하겠다. 아래에 소개할 본문의 내용은 바울신학의 세계적인 권위자 김세윤이 그의 책 『예수와 바울』에서 자세하게 다루고 있다.[138] 다음의 내용은 바울이 예수의 말씀을 간접적으로 반영하였다고 평가한 김세윤의 자료를 필자가 도표로 정리한 것이다.

---

[138] 여기에 대한 구체적인 자료와 설명이 필요할 경우, 김세윤, 예수와 바울, 368-387을 참조하라.

1) 로마서

로마서에는 다음 열 군데에서 바울은 예수의 말씀을 반영하고 있다.

롬 13:7, 8-10; 12:1-2 = 마 12:17; 막 12:29f	
롬 14:14, 20 = 막 7:6; 마 15:7	
롬 13:7 = 막 12:15, 17; 마 22:18	
롬 13:11 = 눅 12:56	
롬 14:13a; 롬 2:1 = 마 7:1, 5; 눅 6:37, 42	
롬 13:11 = 눅 21:28	
롬 13:12 = 눅 21:31	
롬 13:13 = 눅 21:34; 막 9:42	
롬 15:8-9 = 마 15:24; 8:11; 막 10:45	
롬 16:19 = 마 10:16	

2) 고린도전서

고린도전서는 열 군데 이상 예수의 말씀을 반영하고 있다.

고전 1:18-2:16 = 눅 10:21-24; 마 11:25, 27; 13:16-17
고전 1:23 = 마 11:6; 눅 7:23
고전 4:1-5 = 눅 12:41-46; 마 24:45-51; cf 마 25:14-30; 눅 19:12-27; 눅 12:37
고전 7:7 = 마 19:12
고전 10:27 = 눅 10:8
고전 13:2b = 마 17:20; 막 11:22f; 마 21:21
고전 5:6; 6:2, 3; 6:9 = 막 8:15f; 마 19:28; 눅 22:29f; 마 5:20
고전 11:23f; 10:16; 6:15-16 = 예수의 가르침에 근거해서 그리스도의 몸과 이혼에 대하여 가르쳤다.
고린도전서에서 "너희는…이다는 것을 알지 못하느냐"의 형식이 나오는 모든 경우(예외 9:13, 24)과 그것의 변이 형식들이 나오는 경우(10:16; 고후5:1)는 바울이 고린도 교회를 설립할 당시 그 교회에 예수의 가르침을 전해 주었음을 시사한다.

3) 고린도후서

고린도후서는 다음의 네 군데에서 예수의 말씀을 반영하고 있다.

고후 2:12 = 막 6:7; cf 막 16:17f

고후 4:10-11 = 막 9:31; 10:33; 14:21, 41; 10:45

고후 5:1; 고후 6:16-7:1 = 예수가 그의 하나님 나라 선포와 밀접하게 연결시켜 제자들에게 베푸신 성전에 관한 독특한 가르침에 기초하고 있으며, 교회 설립 당시에 그것에 관하여 고린도 교인들에게 예수의 가르침을 전해 주었음을 분명히 시사해 준다.

---

4) 갈라디아서

갈라디아서에서 바울은 여섯 군데에서 예수의 말씀을 반영하고 있다.

갈 1:4 = 막 10:45

갈 2:20 = 막 9:31; 10:33; 14:21, 41; 10:45

갈 3:5(cf. 롬 15:18; 고전2:4; 살전 1:5) = 막 6:7; 16:17f

갈 5:14 = 막 12: 28-34

갈 1-2장 = 마 16:17

갈 1:12-16 = 마 16:16f (바울의 사도적 소명과 베드로의 소명 유비)

---

5) 에베소서

에베소서는 두 군데에서 예수의 말씀을 반영한다.

엡 2:19-21 = 예수의 성전 가르침을 반영

엡 6: 10(롬 13:11-14, 살전 5) = 눅 21: 28, 31, 34-36

---

6) 빌립보서

빌립보서는 1:27-2:11절에서 광범위하게 예수의 말씀을 간접적으로 반영하고 있다.

> 빌 1:27-2:11에서 바울이 예수 그리스도를 모범으로 내세우면서 겸손, 사랑, 섬김을 권면하는 것은 대강 공관복음서에 있는 예수의 유사한 권면들(막 10:43-45; 마 12:39; 눅 14:11; 마 23:14; 눅 18:14; 마 18:4)을 생각나게 한다. 384-385

7) 골로새서

골로새서에는 세 군데에서 예수의 말씀을 반영하고 있다.

골 3:13	=	마 6: 9-15; 눅 11:2-4
골 3:5	=	막 9:43-48
골 4:6a	=	막 9:50a

8) 데살로니가전서

데살로니가전서는 다섯 군데에 예수의 말씀을 반영하고 있다.

살전 2:2-9(cf. 고전 9:14)	=	마 10:10; 눅 10:7
살전 4:8	=	눅 10:16(cf. 마 10:4; 요 13:40)
살전 5:13b	=	막 9:50cb
살전 5:15(롬 12:17)	=	마 5:39f; 눅 6:27-29
살전 2:16	=	마 23:32f, 13f

9) 데살로니가후서

데살로니가후서는 한 군데에서 예수의 말씀을 반영하고 있다.

살후 2:1-12에서 '불법의 사람'에 대하여 기술하고 있는 것은 분명히 예수의 감람산 강화에 대한 폭넓은 반영을 포함하고 있다(막 13장).

이상과 같이 바울 서신 전반에 걸쳐서, 바울은 예수의 가르침에 근거하여 선교 현장의 교회들을 가르쳤다. 따라서 이러한 자료들은 바울이 역사적 예수를 몰랐던 것이 아니라, 오히려 예수의 말씀을 잘 소화하여 자신의 언어로 다시 표현했음을 알려준다.

5. 바울과 예수의 신학적 연속성

바울과 예수의 신학적 연속성에 대한 예는 몇 가지로 요약할 수 있다. 그러나 그중에서 '하나님의 나라'에 대한 것과 '예수를 본받음'에 대해서만 살펴보도록 하겠다.

1) 바울과 예수의 신학적 연속성 : '하나님의 나라'

바울과 예수의 신학적 연속성은 '하나님의 나라'에 대한 선포에서 찾을 수 있다. 대부분의 성경학자들은 공관복음에서 역사적 예수가 선포한 핵심적인 주제는 '하나님의 나라'라는 것에 동의한다. 예수는 그의 사역을 통하여 하나님의 나라를 선포하였다. 그런데 바울은 하나님의 나라에 관하여 많이 언급하지 않는다. 이러한 점 때문에, 비평가들은 바울이 예수의 하나님 나라 선포를 잘 알지 못하였다고 비판한다. 한마디로, 바울은 예수의 하나님 나라 선포에 대한 신학적 연속성이 없다고 평가한다.

그러나 이러한 비판은 신약성경 전반에 걸쳐서 나타나는 하나님 나라 선포에 관한 본문을 자세히 살펴보지 못한 결과에서 비롯된 오해라고 할 수 있다. 사실 '하나님 나라'라는 용어는 당시 헬레니즘에서 흔히 찾아볼 수 없는 단어이다. 또한 '하나님 나라'로 표현된 사상은 유대교의 핵심 사상이긴 하였지만, 유대 사회에서도 그 용어 자체는 결코 흔한 단어가 아니었다.[139] 따라서 AD 1세기 당시 헬라 세계는 물론 유대 사회에서도 흔히 사용되는 용어는 아니었다.

　더욱이 바울 서신을 제외한, 신약의 일반 서신들 가운데서 '하나님의 나라'라는 용어가 쓰인 건 단 한 군데(계 12:10)에 불과하다. 그와 비슷한 개념의 용어를 사용한 곳은 세 군데뿐이다(히 1:8; 약 2:5; 벧후 1:11). 다시 말해서, 예수의 수제자인 베드로가 쓴 베드로전·후서에는 '하나님의 나라'라는 용어가 단 한 번도 언급되지 않으며, 겨우 '예수 그리스도의 영원한 나라'(벧후 1:11)라는 표현이 한 번 나온다. 사도 요한은 요한계시록 한 곳을 제외하고, 그의 일반서신에서 하나님의 나라에 관해 전혀 언급하지 않았다. 기껏해야 히브리서에 '주의 나라'(1:8)라는 표현이 나오며, 야고보서에서 '약속하신 나라'(2:5)에 관해서 언급하고 있을 뿐이다.

　따라서 이러한 사실들을 근거로 해서, 우리는 베드로, 야고보, 그리고 요한이 예수의 하나님 나라 선포에 관하여 전혀 알지 못하였다고 평가할 수 있겠는가? 그들은 분명히 예수의 하나님 나라 선포에 관하여 들었고 보았고 충분히 알고 있었다. 그러나 그들의 서신에서 그것을 표현하는 것은 흔한 일이 아니었다.

　예수의 직제자들도 이렇게 드물게 '하나님의 나라'라는 용어를 사용하였다면, 사도 바울은 과연 몇 번 정도 '하나님의 나라'에 관해서 언급했겠는가? 사도 바울은 그의 서신들을 통하여 '하나님의 나라'라는 정확한 표현을 무려 9번이나 사용했다(롬 14:17; 고전 4:20; 6:9, 10; 15:50; 갈 5:21;

139　김세윤, 예수와 바울, 366.

엡 5:5; 골 4:11; 살후 1:5). 또한 바울의 서신에는 '아들의 나라'(골 1:13)가 한 번 나오고, '그의 나라'(딤후 4:1)라는 표현이 한 번 나온다. 따라서 '하나님 나라'에 관련된 용어를 거의 11번이나 사용했다고 볼 수 있다.[140]

이러한 사실은 무엇을 말해 주고 있는가? 다른 사도들과 비교해 볼 때, 바울이 이처럼 많은 횟수로 '하나님 나라'에 관하여 언급하고 있다는 사실은 무엇을 말해 주고 있는가? 이것은 바울이 분명하게 예수의 하나님 나라 선포에 관하여 잘 알고 있었다는 것을 방증해 준다. 다시 말해, 바울은 예수의 하나님 나라 사상을 매우 잘 이해하였으며, 바울의 가르침에서 그것을 명확히 강조하였다.

이러한 사실은 예수의 하나님 나라 선포와 바울의 칭의 교리 사이에 연속성이 존재한다는 사실을 통해서도 확인할 수 있다. 더 나아가 김세윤은 "하나님 나라를 중심으로 한 예수의 가르침은 바울의 칭의 교리

---

140 (롬 14:17)『하나님의 나라는 먹는 것과 마시는 것이 아니요 오직 성령 안에서 의와 평강과 희락이라』
(고전 4:20)『하나님의 나라는 말에 있지 아니하고 오직 능력에 있음이라』
(고전 6:9)『불의한 자가 하나님의 나라를 유업으로 받지 못할 줄을 알지 못하느냐 미혹을 받지 말라 음행하는 자나 우상 숭배하는 자나 간음하는 자나 탐색하는 자나 남색하는 자나』
(고전 6:10)『도적이나 탐욕을 부리는 자나 술 취하는 자나 모욕하는 자나 속여 빼앗는 자들은 하나님의 나라를 유업으로 받지 못하리라』
(갈 5:21)『투기와 술 취함과 방탕함과 또 그와 같은 것들이라 전에 너희에게 경계한 것 같이 경계하노니 이런 일을 하는 자들은 하나님의 나라를 유업으로 받지 못할 것이요』
(살후 1:5)『이는 하나님의 공의로운 심판의 표요 너희로 하여금 하나님의 나라에 합당한 자로 여김을 받게 하려 함이니 그 나라를 위하여 너희가 또한 고난을 받느니라』
(고전 15:50)『형제들아 내가 이것을 말하노니 혈과 육은 하나님 나라를 이어 받을 수 없고 또한 썩는 것은 썩지 아니하는 것을 유업으로 받지 못하느니라』
(엡 5:5)『너희도 정녕 이것을 알거니와 음행하는 자나 더러운 자나 탐하는 자 곧 우상 숭배자는 다 그리스도와 하나님의 나라에서 기업을 얻지 못하리니』
(골 4:11)『유스도라 하는 예수도 너희에게 문안하느니라 그들은 할례파이나 이들은 하나님의 나라를 위하여 함께 역사하는 자들이니 이런 사람들이 나의 위로가 되었느니라』
(골 1:13)『그가 우리를 흑암의 권세에서 건져내사 그의 사랑의 아들의 나라로 옮기셨으니』
(딤후 4:1)『하나님 앞과 살아 있는 자와 죽은 자를 심판하실 그리스도 예수 앞에서 그가 나타나실 것과 그의 나라를 두고 엄히 명하노니』

만이 아니라 바울신학 전체와 긴밀히 상응한다고 보는 것이 더 타당하다"[141]고 주장한다. 그 이유에 대해 그는 다음과 같이 자세히 설명한다.

> 부활 이후의 교회의 일반적인 관점에서 볼 때, 예수가 하나님 나라 선포를 통하여 하셨던 약속, 즉, 우리를 하나님의 사랑과 부요함 속에서 사는 하나님의 백성(또는 자녀들)으로 만들겠다는 약속은 그의 대속과 언약을 세우는 죽음으로 실현되었으며, 이것은 하나님께서 예수를 부활시킴으로써 확증된 것이다. 따라서 부활 이후의 교회는 기본적으로 약속과 초청의 성격을 지닌 예수의 하나님 나라 선포를 계속 반복하기보다는 자연히 예수의 죽음(과 부활)으로 이미 완성된 구원의 복된 소식을 선포하는 일에 전념할 수 있었다. 따라서 바울도 예수의 십자가 상의 죽음을 자신의 선포의 핵심으로 삼으며, 칭의, 화해, 양자됨, 새 창조, 성령 안에서의 삶, 변화 등과 같은 다양한 범주들과 그림언어들을 동원하여 예수의 죽음으로 완성된 구원을 해설하고, 의, 평화, 기쁨, 자유, 희망, 생명 등으로 구원의 축복을 설명한다. 이러한 범주들과 그림언어, 축복들은 예수의 하나님 나라 선포 가운데 명확히 또는 함축적으로 약속되었던 것들이다. 그것들은 이제 예수의 죽음으로 말미암아 유효하게 되었다. 이와 같이 바울 서신들 안에서 예수의 죽음과 부활이 하나님 나라를 대치하고 선포의 핵심이 된 사실은 예수와 바울 사이에 어떤 불연속성을 의미하는 것이 아니다. 오히려 그 반대이다. 하나님 나라의 복음은 이처럼 그리스도의 죽음과 부활의 복음으로 대치되어야만 했던 것이다![142]

여기서 김세윤은 '바울이 예수의 하나님 나라 선포를 예수의 죽음으

---

141 김세윤, 예수와 바울, 389.
142 위의 책, 389-390.

로써 실현된 것으로, 또한 그의 부활을 통하여 확증된 것으로 여겼음'을 알려준다.

바울은 예수의 죽음을 통하여 주어진 죄사함과 칭의가 '하나님과의 올바른 관계'와 '하나님의 통치'를 표현하는 것으로 이해하였다고 볼 수 있다. 따라서 그는 예수의 죽음을 통하여 모든 사람을 의롭게 하는 하나님의 의와 통치가 실현되었고, 부활을 통하여 확증되었다고 선포하였다. 이러한 의미에서 바울은 예수가 선포한 하나님의 나라가 예수의 죽음과 부활을 통하여 현재 우리에게 실현되었음을 강조하였다고 볼 수 있다. 이것은 곧 예수의 하나님 나라 선포가 바울의 복음으로 계속적으로 이어져 왔음을 보여준다. 이러한 사실에 대하여 김세윤은 다음과 같이 결론 맺고 있다.

> 따라서 예수의 하나님 나라의 복음과 바울의 예수 그리스도의 죽음과 부활의 복음 사이에 있는 내용적으로 밀접한 연결뿐 아니라, 바울이 의(칭의)를 예수 그리스도로 인한 구원을 해석하는 주요 범주로 선택했다는 사실도 그가 예수의 하나님 나라 선포에 대해 그리고 예수의 자신의 죽음에 대한 견해에 대해 상세히 알고 있었음을 드러내 준다.[143]

지금까지 살펴본 내용을 고려해 볼 때, 우리는 하나님의 나라를 선포한 예수의 복음이 바울의 복음 선포에 그대로 반영되었다고 결론지을 수 있다. 우리는 여기서 바울과 예수의 신학적 연속성을 볼 수 있다. 사실 1세기에 살았던 예수의 모든 제자들 중에서 바울만큼 예수의 하나님 나라를 잘 이해하고 분명하게 적용한 사람은 없을 것이다. 바울은 예수

---

143 위의 책, 392.

의 독특한 하나님 나라 선포를 그의 복음 선포에 그대로 반영하였다.

2) 바울과 예수의 신학적 연속성 : '본받음의 대상으로서 예수'

바울과 예수의 신학적 연속성은 바울이 예수를 본받음의 대상으로 삼았다는 사실을 통하여 드러난다. 바울은 모든 그리스도인들이 모든 면에서 본받아야 할 대상으로서 예수의 삶을 강조하였다(고전 11:1; 고후 8:9; 10:1; 롬 15:2-3; 엡 5:1; 빌 2:5-7; 3:8-10).[144] 바울은 고린도에 사는 그리스도인들에게 다음과 같이 담대하게 권유하였다.

> 『내가 그리스도를 본받는 사람인 것과 같이, 여러분은 나를 본받는 사람이 되십시오.』(고전 11:1,표준새번역)

---

144 Gregory A. Boyd and Paul Rhodes Eddy, *Lord or Legend: Wrestling with the Jesus Dilemma*, 48. 여기에 대한 대표적인 성경 구절은 다음과 같다.
(고전 11:1)『내가 그리스도를 본받는 자가 된 것 같이 너희는 나를 본받는 자가 되라』
(고후 10:1)『나 바울은 그리스도의 온유하심과 관대하심을 힘입어서 여러분을 권면합니다...』(새번역)
(고후 10:1)『너희를 대면하면 유순하고 떠나 있으면 너희에 대하여 담대한 나 바울은 이제 그리스도의 온유와 관용으로 친히 너희를 권하고』
(롬 15:2-3)『[2] 우리는 저마다 자기 이웃의 마음에 들게 행동하면서, 유익을 주고 덕을 세워야 합니다. [3] 그리스도께서도 자기에게 좋을 대로만 하지 않으셨습니다. 성경에 기록되기를 "주님을 비방하는 자들의 비방이 내게 떨어졌다"한 것과 같습니다.』
(엡 5:1)『그러므로 여러분은 사랑을 받는 자녀답게 하나님을 본받는 사람이 되십시오.』
(빌 2:5-7)『[5] 너희 안에 이 마음을 품으라 곧 그리스도 예수의 마음이니 [6] 그는 근본 하나님의 본체시나 하나님과 동등됨을 취할 것으로 여기지 아니하시고 [7] 오히려 자기를 비워 종의 형체를 가져 사람들과 같이 되셨고』
(빌 3:8-10)『[8] 그뿐만 아니라, 나의 주 예수 그리스도를 아는 지식이 가장 고귀하므로, 나는 그 밖의 모든 것은 해로 여깁니다. 나는 그리스도 때문에 모든 것을 잃었고 그것들을 오물로 여깁니다. 그것은 내가 그리스도를 얻고, [9] 그리스도 안에 있음을 인정받으려는 것입니다. 그리고 율법에서 오는 나 스스로의 의가 아니라 그리스도를 믿는 믿음으로 말미암아 오는 의, 곧 믿음에 근거하여 하나님께로부터 오는 의를 가지려는 것입니다. [10] 내가 바라는 것은 그리스도를 알고 그분의 부활의 능력을 깨닫고 그분의 고난에 동참하여 그분의 죽으심을 본받는 것입니다.』
(살전 1:6)『또한 여러분은 많은 환난 가운데서도 성령이 주는 기쁨으로 말씀을 받아들여서 우리와 주님을 본받는 사람이 되었습니다.』

여기서 바울은 자신이 그리스도를 본받는 것처럼 고린도에 사는 '여러분도 나를 본받는 사람이 되라'고 권면하였다. 만일 바울이 역사적 예수의 삶이나 성품을 몰랐다면, 어떻게 자신이 예수를 본받는다고 말할 수 있었겠는가? 또 그가 가르친 공동체에 예수의 성품과 삶을 본받으라고 담대하게 말할 수 있었던 근거는 무엇이었겠는가?

이에 대해 사도 바울 자신이 역사적 예수 그리스도의 성품과 삶에 대하여 자세히 알고 이해하였기 때문에 예수의 삶을 본받으려고 노력하였다고 보는 것이 타당한 설명일 것이다. 이 사실에 대하여 바울신학의 권위자 김세윤은 다음과 같이 설득력 있는 근거를 제시한다.

> 로마서 15:3, 8f, 고린도전서 10장 33절-11장 1절, 고린도후서 4장 5절, 8장 9절, 빌립보서 2장6-8절과 같은 본문들은 바울이 가난과 겸비한 섬김의 사람으로서의 예수의 삶에 대하여 알고 있음을 분명히 보여준다. 고린도전서 13장 4-7절, 갈라디아서 5장 22f절 등에서 그리스도인의 삶에 대하여 권면한 자질들의 목록들은 예수의 '성격 묘사들'이다. 바울은 그리스도인들에게 '그리스도를 옷 입으라'(롬 13:14; 갈 3:27)고 권면하며 그리스도를 '본받음'(고전 11:1; 살전 1:6)에 대해 말한다. 그가 윤리적 가르침을 주는 이런 경우들에서 그는 자주 그리스도의 모범에 관하여 생각하는데, "바울이 이해한 (모범적인) 그리스도의 품성은 복음서들에 그려진 그의 품성과 완전히 일치한다."[145]

역사적 예수의 삶과 성품에 관하여 실제적으로는 아무것도 아는 것이 없으면서 바울이 그러한 뛰어난 자질들을 단순히 그의 '그리스도'에게 덮

---

145 김세윤, 예수와 바울, 402.

어 씌웠다고 상상할 수 있을지도 모르겠다. 그러나 앞서 살펴본 바와 같이, 예수와 바울이 단순히 스스로 상상해낸 허구의 인물을 위하여 가난, 섬김, 핍박의 삶에 자신을 그토록 전적으로 내어 주었다고 생각하는 것보다는, 바울이 역사적 예수의 생애와 성품에 관하여 실제로 배워 알게 된 후 그의 사도로서 그를 본받으려 애썼다고 생각하는 것이 보다 더 현실적임을 시사한다.[146]

따라서 바울이 예수를 본받아야 할 모범으로 삼고 성도들에게 제시한 것은, 그가 예수의 삶과 가르침, 성품에 관한 광범위한 지식이 있었음을 전제로 할 때 가장 잘 이해할 수 있다. 그러므로 바울이 예수를 모든 면에서 본받음의 대상으로 삼았다는 것은 예수의 사상을 그대로 이어받았다는 것을 확증한다고 볼 수 있다. 이와 같이 바울과 예수의 신학적, 사상적 연속성은 '하나님 나라' 선포의 복음과 '예수를 본받음의 대상'으로 삼았다는데서 명확히 드러난다.

6. 결론 : 바울은 역사적 예수에 관해 거의 모든 것을 알고 있었다

우리는 지금까지 바울과 예수의 관계에 대한 고찰을 통하여 다음과 같은 결론에 도달할 수 있다. 첫째, 바울 서신들을 통하여 역사적 예수를 알 수 없다는 도올의 주장은 설득력이 없으며 그것을 받아들일 만한 타당한 이유가 없다.

둘째, 바울과 예수의 연속성을 지지하는 바울 서신 열 군데의 분석을 통하여 바울이 예수의 말씀을 명확하게 반영하고 있음을 확인하였다.

146　위의 책, 402-403.

셋째, 우리는 바울과 예수의 연속성을 간접적으로 증거 하는 본문을 통하여, 바울 서신 전반에 걸쳐서 바울은 예수의 가르침에 근거하여 선교 현장의 교회들을 가르쳤다는 것을 알 수 있다.

넷째, 바울과 예수의 신학적 연결성은 "하나님의 나라"와 "본받음의 대상으로서 예수"에 대한 강조를 통하여 명확히 발견할 수 있다. 하나님 나라를 중심으로 한 예수의 가르침은 바울 신학 전체를 통하여 명확하게 드러난다. 또한 예수를 알고 본받기를 강조하였던 바울의 태도에서 역사적 예수에 대한 깊은 이해를 볼 수 있다.

이와 같이 바울이 예수의 가르침을 충실히 반영하였다는 명확한 증거가 '바울이 역사적 예수에 대한 관심을 표명한 적이 없다'는 도올의 주장을 훨씬 능가한다. 바울은 역사적 예수를 명확히 알고 있었으며, 그는 예수의 삶과 가르침을 충실히 따랐다고 결론지을 수 있다. 이러한 사실을 부인하면서 바울과 역사적 예수의 무관함을 주장하는 사람들은 바울 서신을 통하여 명백히 드러난 증거들을 모두 무력화할 수 있는, AD 1세기의 강력한 증거를 내세워야만 할 것이다.

바울과 예수의 관계성에 관한 세계적인 권위자 김세윤이 이 주제에 대한 그의 오랜 연구 결과를 그의 책 『예수와 바울』에 발표했다. 필자는 바울과 예수에 관한 김세윤의 결론을 다음과 같이 소개하면서 본 장을 끝맺고자 한다.

> 바울서신들에서 주님의 말씀이 반영되어 있는가가 논쟁될 때, 입증의 부담은 그것을 받아들이는 자들보다도 오히려 그것을 거부하는 자들이 더욱 무겁게 져야 한다.[147]

---

147 위의 책, 414.

우리의 기대를 저버리고 바울이 예수의 말씀을 언급하지 않는 문맥들의 수는 실제로 극소수에 불과하며, 그 예들은 모두가 자연스럽게 이해할 만한 것들이다.[148]

그러므로 바울이 예수의 말씀들에 대해 언급하는 경우들이 드물고 또 그들이 대개 암시적인 성격을 가지고 있음은 일부는 필연적인 것이었으며 일부는 자연스러운 것이었음이 판명되었다고 결론내리는 바이다. 따라서 그것들은 이제 더 이상 바울이 예수의 전승이나 또는 역사적 예수에 관하여 무지했다거나 아니면 무관심했다는 증거로 제시되어서는 안 된다.[149]

바울이 소개한 바로 그 예수가 실제 역사 속에 살았던 예수님의 모습이다!

---

148 위의 책, 415.
149 위의 책, 416. 혹자는 필자가 김세윤의 견해에만 너무 치우치지 않았는가라고 반문할 수 있다. 그러나 김세윤은 예수와 바울 관련 연구에서 탁월한 학자임에 틀림없다. 또한 그가 결론으로 제시하는 주장은 신약 성경 본문에 충실한 증거들을 제시할 뿐만 아니라, 이와 관련된 수많은 학자들의 견해를 소개하면서 가장 합리적인 결론을 도출해 낸다고 여겨진다. 따라서 우리는 예수와 바울의 관계에 대해서 매우 탁월한 식견을 가진 김세윤의 의견에 귀 기울이는 것이 타당하다고 생각된다. 필자는 이 주제와 관련하여 아직까지 김세윤의 견해를 반대하는 입장에서 합리적인 근거를 내세운 학자를 만나보지 못했다. 그는 이 주제와 관련하여 권위자로 인정받을 만한 충분한 이유를 가지고 있다고 본다.

3장

도올의 큐복음서와 도마복음서에서 진짜 예수를 만날 수 있나요?

REAL
JESUS

'예수 세미나'Jesus Seminar라는 급진적 자유주의 학파의 학자들은 역사적 예수의 정체성을 '지혜로운 선생'으로 규정한다. 예수는 신적인 존재가 아니라 단순히 한 인간에 불과하다는 것이다. 그들은 그것의 논리적 근거로써 Q 자료와 도마복음의 유사성을 내세우며, Q 자료와 도마복음이 4복음서 보다 먼저 쓰였다고 주장한다. 매우 이른 시기에 쓰인 이 두 자료를 분석해 보면, 예수의 정체성은 단순히 '지혜로운 교사'에 불과하다고 그들은 주장한다.

이러한 급진적인 신학 성향을 재빨리 파악한 도올은 그의 저서, 『큐복음서』와 『도마복음이야기1』를 통하여 '예수 세미나'의 견해를 그대로 주장한다. 연전에 감리교신학대학교에서 〈Q 복음서와 한국교회〉라는 심포지엄이 있었다.

이 심포지엄에서 도올은 여러 학자들과 토론하면서 다음과 같은 요지로 발제하였다. '큐복음서가 예수의 말씀을 담은 최초의 어록이기 때문에 한국교회는 큐복음서의 메시지에 귀 기울여야 한다. 또한 큐복음서는 예수의 부활에 관하여 일절 언급하지 않기 때문에 부활 신앙은 버려야 한다. 그리고 실제 인간 예수가 진짜 예수의 모습이기 때문에 그 인간 예수의 말씀에 귀 기울여야 한다'는 것이 그 발제의 기본 내용

이었다.[150]

여기서 도올은 예수를 지혜로운 한 '인간'으로 내세우는데, 그 논리적 근거를 Q 자료와 도마복음서에 둔다.[151] 이 두 문서에는 예수의 동정녀 탄생, 이적 행함, 죽음, 그리고 부활 등의 사건이 빠져 있다. 이로 보건대 이러한 사건들은 하나의 신화적 이야기일 뿐이며, 실제 예수의 모습이 아니었다고 주장한다.[152] 그래서 도올은 지혜자 인간 예수의 가르침으로 시작된 예수교가 인간 예수를 신적인 존재로 섬기는 기독교로 변질되었다고 주장한다.[153] 이러한 견해를 다시 한 번 확인시켜 주는 문서가 바로 도마복음서라고 한다.

그렇다면, 과연 Q 자료와 도마복음서를 근거로 해서 역사적 예수의 모습을 '인간 예수'로만 규정할 수 있는가? 또한 도올의 사상적 근원인 예수 세미나 학파의 주장은 과연 타당한가? 우리는 역사적 예수에 관한 진실을 알기 위해서 이 질문에 대한 합리적인 답변을 모색할 필요가 있다.

따라서 본장에서는 첫째, 도올의 Q 복음서와 그 문제점에 대해서 살펴보겠다. 둘째, Q 자료와 도마복음에 대한 급진주의자들의 주장에서 문제점을 파악하도록 하겠다. 셋째, Q 자료와 도마복음에 대한 올바른 이해를 모색할 것이다. 넷째, 도마복음의 예수와 신약성경의 예수를 비교하여 그 차이점을 제시하여 보겠다. 이와 같은 연구는 우리들에게 보다 객관적인 진짜 예수에 대한 이해를 제공해 줄 것이다.

---

150 〈Q 복음서와 한국교회〉라는 주제로 2008년 5월 27일 오후 5시 감리교신학대학교 백주년 기념관 중강당에서 열렸다. 도올의 발제 전문은 〈당당뉴스〉(http://www.dangdangnews.com/news/articleView.html?idxno=7355)를 통하여 볼 수 있다.
151 이 주장에 대해 보다 자세한 내용은 다음의 책들을 참조하라: 도올 김용옥, 큐복음서: 신약성서 속의 예수의 참 모습, 참 말씀 (서울: 통나무, 2008), 11-58; 그리고 김용옥, 도마복음이야기 1 (서울: 통나무, 2008), 321-354를 참조하라.
152 도올 김용옥, 큐복음서, 27-30.
153 위의 책, 43.

1. 도올의 큐복음서와 그 문제점

먼저 "큐"$_Q$란 무엇인지를 살펴볼 필요가 있다. 'Q'란 "자료"$_{source}$를 뜻하는 독일어 크벨레$_{Quelle}$의 첫 글자에서 따온 말이다.[154] 그래서 학자들은 대개 'Q 자료'라고 부른다. Q 자료는 마가복음에는 없지만, 마태복음과 누가복음에 겹쳐서 나오는 예수의 말씀(sayings, 어록)을 말한다. 실제로 이런 문서가 단독으로 발견된 적은 없다. 하지만, 학자들은 '마태복음과 누가복음에 공통으로 소개되어 나오는 예수의 말씀이 초기 교회 당시에 문서나 구전 암송의 형태로 존재하고 있지 않았겠는가'라고 추측하고 있다. 아직까지 Q 자료가 문서로 발견된 것이 없어서 이것은 어디까지나 가설적인 측면이 강하다. 그러나 Q 자료는 우리가 이미 읽고 있는 마태와 누가에 예수의 말씀으로 공통적으로 존재하기 때문에 존재 가능성을 굳이 부인할 필요는 없다. Q 자료는 예수의 말씀임에 틀림없다. Q 자료는 암기문화가 뛰어난 유대 사회에서 구전 암송의 형태나 쪽지 형태로 존재했을 가능성이 다분하다 할 수 있다.

1) Q 복음서

Q 자료의 존재를 강하게 믿는 학자들 중에서는 Q와 동일한 어록$_{sayings}$ 형태로 구성된 도마복음의 발견을 근거로 하여 Q 자료를 하나의 독립된 'Q 복음서'$_{a\ sayings\ gospel}$ 라고 부르고 있다.[155] 그래서 도올은 "도마복음서의 출현으로 Q 자료는 Q 복음서로서 승격되어 갈 수밖에

---

154 Robert J. Miller, *The Complete Gospels: Annotated Scholars Version*. Rev. ed. (Santa Rosa: Polebridge, 1994), 249.
155 위의 책.

없었다"라고 말한다.[156] 게다가 어떤 Q 연구학자들은 Q 자료를 하나의 독립된 Q 복음서로 설정할 뿐만 아니라, Q 복음서를 창출해낸 Q공동체가 존재했을 것으로 추측하기도 한다. 그들은 그러한 추측을 근거로 해서 Q 복음서를 창출해낸 Q공동체의 성격에 대해서 대단한 상상력을 발휘하여 매우 기발한 설명을 제시한다.[157]

그러나 Q 자료를 4복음서와 분리된 하나의 완전한 복음서라고 명명하는 것에는 많은 무리가 따른다. 왜냐하면 Q 자료는 비록 그 존재의 가능성이 높다고 할지라도, 아직까지 문서 형태로 발견된 적이 없는 가상의 자료임이 분명하기 때문이다. 우리는 Q 자료의 크기, 형태, 성격 등에 대하여 지금 우리가 보고 있는 복음서 안의 Q 자료 외에 다른 어떠한 정보도 가지고 있지 않다. 또한 도마복음서가 Q 자료와 동일한 어록sayings 형태의 복음서라는 점이 Q 자료가 복음서 형태로 반드시 존재해야만 한다는 필연성을 제공해 주지 않는다.

그뿐만 아니라, Q공동체의 성격에 대한 추측은 어디까지나 상상력에 근거해 있다. 또한 최근에 두드러진 구전 연구학자들의 연구 결과에 따르면, 한 공동체에 의해서 전달되는 구술 전통은 수많은 세월 동안, 수 세대의 공동체들을 통하여 전달된다고 하더라도 그 내용은 정확하게 보존되어 후대에 전달된다는 사실이 밝혀졌다.[158] 다시 말해서, 예수

---

156 도올 김용옥, 큐복음서, 25.
157 추측에 바탕을 둔 Q공동체의 성격에 대한 논의는 다음의 책들을 참고하라. John S. Kloppenborg, *The Formation of Q: Trajectories in Ancient Wisdom Collections* (Harrisburg: Trinity Press International, 1999); 그리고 Burton L. Mack, *The Lost Gospel: The Book of Q and Christian Origins* (San Francisco: Harper Collins, 1993).
158 이 주장에 대한 자세한 내용은 본서 상권 제5장에서 자세하게 다루었다. 구전 연구에 대한 가장 좋은 자료 중의 하나는 Jan Vansina, *Oral Tradition As History* (Madison: The University of Wisconsin Press, 1985)이다. 그리고 다음의 책들을 참조하라. Richard Bauckham, *Jesus and the Eyewitnesses: The Gospels as Eyewitness Testimony* (Grand Rapids: William B. Eerdmans Publishing Company, 2006). 고대 세계의 교육에 있어서

의 말씀은 공동체의 필요성을 반영하는 것이 아니라, 도리어 예수의 본래적 말씀이 후대에 그대로 전달됐다는 사실이 구전 연구학자들에 의해서 밝혀졌다. 따라서 Q 자료의 성격상, 예수의 죽음 이후 불과 10년 내지 20년 이내에 만들어진 Q 자료가 그 공동체의 필요에 따라 핵심 내용이 변화되었거나 공동체의 상황을 대변했다는 주장을 뒷받침하는 실제적인 연구결과는 전혀 없다. 오히려 구전 공동체에 관한 최신 연구결과는 그 반대 입장을 지지한다.[159]

그러므로 Q 자료의 존재는 인정할 수도 있다. 그러나 Q가 하나의 독립된 복음서로서 공동체의 정황을 반영하고 있다는 주장은 역사적 근거가 없는 상상에 불과하다고 판단할 수 있다. 따라서 필자는 Q 복음서 대신에 Q 자료라고 명명하는 것을 선호한다.

2) Q 자료의 특징

Q 자료의 특징은 다음과 같다. 첫째, Q 자료는 마가복음에는 나오지 않지만, 마태복음과 누가복음에 중복되어 나타나는 예수의 말씀이다.

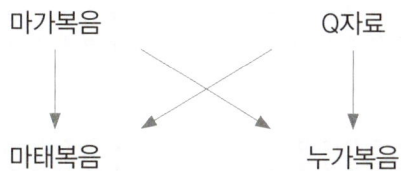

암기의 중요성에 대해서는 다음의 책을 참조하라. B. Gerhardsson, *Memory and Manuscript: Oral Transmission and Written Transmission in Rabbinic Judaism and Early Christianity* (Lund: Gleerup, 1961) 123-126. Lauri Honko, "Introduction: Oral and Semiliterary Epics," in *The Epic: Oral and Written*, ed. L. Honko, J. Handoo, and J. M. Foley (Mysore, India: Central Institute of Indian Languages, 1998).
159 여기에 대한 자세한 내용은 본 저서 상권 제5장을 참조하라.

둘째, Q 자료는 예수의 말씀 모음집 sayings collection 형식을 띠고 있다. 그래서 예수의 탄생, 수난, 부활 등에 관한 이야기들은 나타나지 않는다. 셋째, Q 자료는 크게 세 가지의 유형으로 분류될 수 있다: 지혜로운 가르침, 종말론적 심판의 말씀, 그리고 기독론적인 말씀이다.[160]

① 예수의 지혜로운 가르침은 Q 자료 중에서 제법 많은 부분을 차지한다. 예수는 하나님의 나라의 삶에 관하여 지혜의 말씀을 제시하였다. ② 예언적 또는 종말론적 심판에 관한 예수의 말씀도 지혜 말씀만큼이나 많이 등장하고 있다. 여기서 예수는 하나님의 심판과 세상 끝에 대하여 강조하고 있다. 또한 이 부분에서 심판자로서 예수의 모습을 볼 수 있다. ③ 예수 자신의 정체성을 드러내는 기독론적인 말씀이 나온다. 이 부분에서 예수의 정체성은 평범한 인간이 아니라, 신적인 능력을 가진 "하나님의 아들" the Son of God 또는 심판의 주主로서 "인자" the Son of Man 의 모습을 드러낸다. 이것은 매우 중요한 사실이다. 대부분의 극좌적인 성향의 학자들은 Q 자료에서 예수의 신성을 드러내는 기독론을 의도적으로 무시한다. 그러나 Q 자료에서도 예수는 평범한 한 인간이 아님이 분명히 나타난다.

---

160 존 클로펜보그(John Kloppenborg)는 Q 자료를 Q1/Q2/Q3으로 분류한다. Q1부분이 지혜의 말씀, Q2가 종말론적 심판에 관한 말씀, 그리고 Q3이 율법의 가치와 기독론적 말씀 부분에 해당한다. 필자는 클로펜보그의 Q 자료 분류에는 동의하지만, Q 자료가 세 단계에 걸쳐서 발전하였으며, 편집되었다는 그의 이론을 받아들이지 않는다. 오히려 Q 자료 전체가 통전적으로 구전 전승된 예수의 말씀으로 보는 것이 합리적이다. 아래의 자료는 감리교신학대학의 <Q 복음서와 한국교회>라는 심포지엄에서 감신대 유태엽 교수의 "복음서 Q에 대한 이해"라는 발제문에서 인용하였음을 밝힌다. 다음에 제시된 Q본문은 누가복음을 따른 것이다.

Q^1 - 3:7-9, 16-17; 6:20-21, 27-37, 39-44, 46-49; 9:57-62; 10:2-11; 11:2-4, 9-13; 12:2-7, 13-14, 16-34; 13:18-21, 24-30; 14:11, 16-24, 26-27, 34-35.

Q^2 - 6:22-23; 7:1-10, 18-20, 22-28, 31-35; 10:12-16, 23-24; 11:14-26, 29-35, 42-54; 12:8-12, 39-40, 42-46, 49, 51-59; 15:4-10; 16:13; 17:1-4, 6, 23-24, 26-30, 34-35, 37; 19:11-27

Q^3 - 4:1-13; 10:21-22; 11:27-28; 13:34-35; 16:16-18; 22:28-30.

3) Q 자료에 대한 잘못된 주장

Q 자료는 정경 복음서 안에 나타나는 예수의 말씀이다. 이 어록들은 역사적 예수의 말씀을 직접 들었던 사람들의 암기와 메모로 기억되었고 전달되었다. 따라서 Q 자료는 예수의 직접적인 말씀으로서 매우 가치 있는 자료임에 틀림없다. 그런데 급진적 성향의 학자들은 Q 자료에 대하여 매우 잘못된 주장을 펼치고 있다. 그들의 대표적인 잘못된 견해 중 두 가지만 간추려서 살펴보겠다.

(1) 잘못된 주장1 : Q 자료만이 예수의 진정한 말씀이요, 그의 참 모습이다?

어떤 사람들은 Q 자료만이 예수의 진정한 말씀이라는 잘못된 주장을 펼친다. 그들은 오로지 Q 자료만이 예수의 진정한 모습을 우리에게 알려준다고 한다. 대표적인 사람이 바로 도올이다. 그는 그의 책 『큐복음서』를 출간하면서 그 책의 부제목을 "신약성서 속의 예수의 참 모습, 참 말씀"이라고 붙였다. 그 부제목이 알려주듯이, 그 책을 통하여 도올은 Q 자료만이 예수의 진정한 모습을 보여준다고 강변한다.[161] 그는 "역사적 예수를 믿는다고 하는 것은 곧 역사적 예수의 말씀 로기아, logia 을 믿는 것이다"라고 강조한다.[162] 그러면서 그는 다음과 같이 주장한다.

> 큐복음서는 역사적 예수의 살아 있는 예수의 말씀을 모아놓은 것이다. 기독교를 생각할 때 예수에관한 이야기를 믿는 것보다 예수의 말씀을 믿어야 하지 않는가? 큐복음서를 통해 새로운 시각을 갖는 것이 중요하다. 예수에 대한 이야기복음서(설화복음서)와 어록복음서를 놓고 볼 때 어록

---

161 도올 김용옥, 큐복음서, 11-58.
162 위의 책, 11

복음서에 분명히 진정성이 있다.[163]

본本을 먼저 정확히 확립하는 것이 중요하다. 어록복음서는 설화복음서의 본이다. 말末을 가지고 본을 흐리게 할 수는 없다. 예수의 말씀이 본이라는 것은 너무도 당연하다. 예수에 관한 이야기(내러티브)가 본이 될 수는 없는 것이다…"예수를 믿는다" 할 때 과연 "예수의 말씀을 믿는다"는 것이 옳은가, "예수에 관한 이야기를 믿는다"는 것이 옳은가? 독자들이 스스로 판단해보라.[164]

여기서 도올은 Q 자료만이 예수의 진정한 모습을 보여 줄 수 있으며, Q 자료를 담고 있는 복음서의 내러티브들은 예수에 관한 이야기이기 때문에 참 예수의 모습을 알려줄 수 없다고 주장하고 있다.

그렇다면 그는 왜 예수의 말씀인 Q 자료만이 예수의 진정한 모습이라고 하면서, 예수에 관한 이야기(내러티브)들은 모조리 부인해 버리는 것일까? 그 이유는 간단하다. 예수의 말씀만 모아놓은 Q 자료에는 예수의 탄생, 수난, 죽음, 그리고 부활에 관한 이야기들이 나오지 않는다. 따라서 그는 이런 이야기들은 하나의 소설에 불과하거나 신화적 이야기일 뿐이라고 그 역사성을 부정해 버린다.[165] 그리고 예수의 가르침을 모아놓은 어록Q만이 예수의 진정한 모습이라고 주장한다.

Q 자료만이 진정한 예수의 모습을 보여준다는 그의 주장은 결국 역

---

163 〈Q 복음서와 한국교회〉라는 주제의 심포지움에서 도올의 발제이다. 그 내용에 대한 전문은 〈당당뉴스〉(http://www.dangdangnews.com/news/articleView.html?idxno=7355)를 통하여 볼 수 있다.
164 심포지움 〈Q 복음서와 한국교회〉에서 도올의 발제문에서 인용함. 그 내용에 대한 전문은 〈당당뉴스〉(http://www.dangdangnews.com/news/articleView.html?idxno=7355)를 통하여 볼 수 있다.
165 도올 김용옥, 큐복음서, 28-29.

사적 예수는 어떠한 기적도 일으키지 않은 인물이요, 죽음에서 신비스럽게 부활한 신적 존재가 아니라는 것이다. 도올에게 예수는 단순히 지혜로운 가르침을 주었던 한 인간일 뿐이다. 바로 이러한 인간 예수의 말씀을 믿는 것이 예수교이며, 거짓 이야기들로 꾸며놓은 허구의 신적인 구원자 예수를 믿는 것이 기독교라고 그는 강조한다.[166] 그에게 예수는 단순히 한 인간일 뿐이다. 지혜로운 가르침을 준 인간 예수! 이것이 Q 자료에서 볼 수 있는 예수의 참된 모습이라고 그는 강변한다. 따라서 하나님의 아들로서 예수를 믿지 말고, 한 지혜자로서 인간 예수의 가르침을 믿어야 한다는 것이 그의 결론이다. 이러한 결론은 '예수 세미나'와 같은 급진적 성서학자들의 견해와 동일하다.

그렇다면, 과연 예수의 말씀만 모아놓은 Q 자료만이 예수의 참 모습을 보여주고 있겠는가? 과연 한 역사적 인물의 정체성을 올바르게 파악하는 합리적인 방법을 그의 어록만으로 제한할 수 있겠는가? 그렇지 않다. 어록만으로 역사적 인물의 정체성을 올바르게 파악할 수 없다. 그 이유가 무엇이겠는가?

첫째, 한 사람의 역사적 인물을 평가하기 위해 그의 어록뿐만 아니라 그 사람을 경험한 목격자들의 증언을 참조할 때 더욱 올바른 평가를 내릴 수 있다. 상식적으로 볼 때, 한 역사적 인물의 어록만을 가지고 그의 생애 전체를 올바르게 파악할 수 없다는 것은 자명하다. 예를 들어, 어느 한 사기꾼 교주가 매우 도덕적인 말만 그럴 듯하게 골라서 하면서도, 실제 생활에서는 부도덕한 악행만을 일삼는다고 가정해 보자. 그러면 그 교주의 말만 믿고 그 사람의 참모습을 파악할 수 있겠는가? 그 사람의 정체성은 그의 말뿐만 아니라 그의 행동과 삶을 지켜본 여러 목격자

---

166 심포지엄 〈Q 복음서와 한국교회〉, 도올의 발제문

들의 진술을 함께 분석해 볼 때 훨씬 더 정확하게 파악하지 않겠는가?

이처럼 예수의 생애와 그의 정체성을 파악하는 가장 효과적인 방법은 그의 어록과 함께 그 어록의 상황적 배경을 설명해주는 이야기를 함께 살펴보는 것이다. 따라서 Q 자료와 함께, 예수의 삶을 가까이서 지켜본 목격자의 증언인 4복음서를 통해 상황 설명과 그 분의 삶 전체를 고려하여 진정한 예수의 정체성을 파악하는 것이 가장 정확하다. 도올의 주장처럼 Q 자료만 진짜이며, Q를 담고 있는 마태복음과 누가복음의 다른 이야기는 모두 가짜라고 평가하고 결론을 내릴 수 있는 적합한 기준이 없다. 만약 Q 자료를 인정한다면, Q 자료의 뜻을 분명히 설명해 줄 수 있는 내러티브도 인정해야만 한다. 예수의 말씀이 그를 목격한 증인들에 의하여 암기되고 구전되었다면, 그의 생애를 지켜본 목격담도 충분히 기억할 수 있다. 더 나아가, 그 목격자들의 목격담(내러티브)은 Q 자료보다 더욱더 쉽게 기억할 수 있었고 구전 전승될 수 있었다는 사실을 간과할 수 없다. 따라서 예수의 정체성은 Q 자료와 내러티브를 모두 함께 고려할 때, 더 정확하게 파악할 수 있다.

둘째, 도올은 Q 자료에 관한 자신의 주장을 스스로 부정하고 있다. 그는 어록의 말씀만 가지고는 한 인간의 정체성을 제대로 파악할 수 없다는 사실을 매우 강조하고 있다. 그의 책 『기독교 성서의 이해』에서 그는 다음과 같이 분명하게 주장하고 있다.

> 복음서가 태어나기 이전에는 예수라는 역사적 인물에 관한 단편적 이야기들이나 그의 말씀, 그러니까 로기온$_{logion}$이라고 부르는 설법토막들이 전승되어 오고 있었다. 아마도 교회 내에서 암송이나 독송의 형태로 내려오는 구전자료들, 그리고 신도들 앞에서 크게 공적으로 낭독하는 어떤 예수어록집 같은 문서기록이 있었을 것이라고 생각된다. 그런데 이러한 어

록의 말씀은 역사적. 상황적. 감정적 맥락이 단절된 단편적인 것이었다. 그런 것은 아무리 들어도 포괄적이고 전체적인. 한인간에 대한 심상이 떠오르지 않는다. 어록에는 그 인간의 라이프 스토리라든가 그 말을 의미있게 만드는 전후 내러티브narrative, 서술적 담론가 없는 것이다.[167] (필자의 강조)

일례를 들면 우리가 아무리 『논어』를 열심히 읽어도 공자孔子라는 인간 자체에 대한 정보를 얻기는 힘들다. 그의 생애에 관한 정보로부터는 우리는 차단될 수밖에 없는 것이다.[168] (필자의 강조)

도올은 자신의 책에서 Q라는 예수 어록집을 통해서는 예수에 대한 전체적인 이해를 도모할 수 없다고 명확히 밝히고 있다. 공자의 말씀만을 모아놓은 『논어』를 아무리 읽어도 공자가 누구인가에 대한 올바른 정보를 얻기 힘들듯이, Q 자료만 가지고 진정한 예수의 모습을 파악하기 힘들다는 사실을 그 자신이 분명히 밝히고 있다. 왜냐하면 "어록의 말씀은 역사적, 상황적, 감정적 맥락이 단절된 단편적인 것"이기 때문이다. 또한 그 어록은 "아무리 들어도 포괄적이고 전체적인, 한 인간에 대한 심상이 떠오르지 않기" 때문이다.[169] 도올의 주장처럼 오히려 한 "인간의 라이프 스토리든가 그 말을 의미 있게 만드는 전후 내러티브narrative, 서술적 담론"가 있을 때 우리는 그 인물에 대한 올바른 이해를 도모할 수 있다.[170] 바로 이것이 도올이 그의 책 『기독교 성서의 이해』에서 강조한 내용이었다.

---

167 김용옥, 기독교 성서의 이해, 184.
168 위의 책.
169 위의 책.
170 위의 책.

그런데, 그는 연이어 출간한 『큐복음서 : 신약성서 속의 예수의 참 모습, 참 말씀』에서는 완전히 상반된 주장을 하고 있다. 그는 하르낙과 같은 학자를 인용하면서 "Q야말로 진정한 예수의 모습"이라고 한다.[171] 게다가 〈Q 복음서와 한국교회〉라는 주제의 심포지엄에서 도올은 설화복음서와 비교해 볼 때, Q어록이 더 진정성이 있으며, 진정한 예수의 말씀과 참 모습을 나타낸다고 주장하였다.[172]

이러한 그의 주장은 "어록의 말씀은 역사적, 상황적, 감정적 맥락이 단절된 단편적인 것이었다. 그런 것은 아무리 들어도 포괄적이고 전체적인, 한 인간에 대한 심상이 떠오르지 않는다"[173]는 그의 또 다른 주장과 매우 다르며 심지어 상반된 논리를 펴고 있다.

사실 한 역사적 인물에 대해 통전적으로 이해하기 위해서 그가 남긴 어록과 그 주변 인물들의 증언을 함께 놓고 판단해 볼 때 올바른 시각을 가질 수 있다. 어록과 내러티브가 모두 필요하다. 따라서 도올은 예수의 어록만으로 예수의 진정한 정체성을 파악하기 어렵다는 사실을 잘 알고 있으면서도 의도적으로 그 사실을 숨기고 있다는 의혹을 지울 수 없다.

그러므로 Q 자료만이 예수의 진정한 모습을 담고 있다는 잘못된 주장은 설득력이 결여되어 있다. 우리는 Q 자료와 더불어 그 자료의 상황적, 역사적, 의미적 맥락을 함께 알려주는 목격자들의 증언인 4복음서를 통하여 진정한 예수의 모습을 발견할 수 있다고 결론지을 수 있다.

---

171 도올 김용옥, 큐복음서, 28.
172 심포지엄 〈Q 복음서와 한국교회〉, 도올의 발제문
173 김용옥, 기독교 성서의 이해, 184.

(2) 잘못된 주장2 : Q 자료는 순전히 '인간' 예수만 보여주고 있다?

급진적인 학자들은 Q 자료만이 진정한 예수의 모습을 보여줄 수 있다고 믿는데 그 자료가 제시하는 예수상은 인간 예수이다. 지혜로운 말씀을 가르치는 순전한 인간 예수만이 진짜 역사적 예수의 모습이라고 주장한다. 이러한 인간 예수 외의 신적인 예수, 메시아 예수, 그리고 기적을 일으키는 초자연적인 예수는 Q 자료에서 찾아볼 수 없으며, 그것은 교리로 포장된 신앙의 예수라고 주장한다. 학자들은 Q 자료가 AD 50-60년대에 이미 존재하였다고 볼 수 있기 때문에 AD 60-70년대에 기록된 마가복음보다 먼저 Q가 존재하였다고 본다. 그래서 Q를 통하여 볼 수 있는 아주 초기의 예수상은 인간 예수뿐이라고 '예수 세미나' 소속 학자들은 주장한다.

그렇다면, 과연 Q 자료만을 분석해 볼 때, 순전히 인간 예수의 모습만 발견할 수 있는가? Q는 오직 예수의 인간적인 모습만 보여주고 있는가? 이 질문에 답하기 전에 한 가지 확실히 해두고 싶은 점은 Q에 나타난 예수의 모습만이 온전한 예수의 모습을 보여주는 것은 아니라는 것이다. 예수의 말씀과 예수에 관한 증언을 함께 고려해 볼 때 우리는 보다 온전한 예수의 정체성을 파악할 수 있다.

그럼에도 불구하고, 우리는 Q 자료 자체만 살펴보아도 '신적인 예수'의 모습을 볼 수 있다는 점을 확실히 알아야 한다. Q 자료에 나타난 예수의 정체성은 인간 예수만이 아니라 하나님의 아들로서 신적인 측면을 분명히 보여주고 있다. Q를 통해서도 예수의 신성을 볼 수 있다는 점은 다음과 같은 몇 가지 이유로 증명할 수 있다.

첫째, Q 자료에서도 '고등 기독론'_high Christology_ 의 증거를 발견할 수 있다. 고등 기독론이란, 예수를 한 인간으로만 보는 것이 아니라 메시아로서 신적인 존재로 보며, 적어도 하나님과 관련하여 예수가 아주 특별한 존재임을 나타내는 신학 용어이다.

①이렇게 예수의 신성을 드러내는 어록은 마태복음 4장 1-11절과 누가복음 4장 1-13절에 나오고 있다. 이 Q 자료는 '예수가 광야에서 사탄에 의해 시험을 받는 장면'이다. 다음의 Q 구절에 주목해 보라.

[3] 마귀가 이르되 네가 만일 **하나님의 아들**이어든 이 돌들에게 명하여 떡이 되게 하라…[9] 또 이끌고 예루살렘으로 가서 성전 꼭대기에 세우고 이르되 네가 만일 **하나님의 아들**이어든 여기서 뛰어내리라…[12] 예수께서 대답하여 이르시되 주 너의 **하나님**을 시험하지 말라 하였느니라. (눅 4:3-12에 해당하는 Q 구절, 강조 필자첨가)

예수께서 사탄으로부터 시험을 받는 이 장면에서, 예수는 '하나님의 아들'로 불린다. 여기에 나타난 예수는 단순히 한 인간 예수가 아니라, 신적인 권능을 가진 하나님의 아들로서 사탄으로부터 그 능력을 증명해 보라는 시험을 받고 있다. 따라서 이 본문에서 예수는 단순히 한 인간으로서 예수가 아니라, 신적인 존재로서 예수의 모습을 보여주고 있다. 또한 4복음서에서 "하나님의 아들"이란 용어는 언제나 예수의 신성과 연결되어 있다는 사실을 직시해야 한다.

②이뿐 아니라 하나님의 아들로서 예수의 정체성은 '아버지 하나님과 아들 예수 간의 특별한 관계'를 통하여 드러난다. 누가복음 10장 21-24절과 마태복음 11장 25-27에서 예수는 자신을 "하나님의 아들"로서 규정하는 자기 인식과 하나님과의 특별한 관계가 있음을 명확히 보여주고 있다.

『[21]…천지의 주재이신 아버지여 이것을 지혜롭고 슬기 있는 자들에게는 숨기시고 어린 아이들에게는 나타내심을 감사하나이다 옳소이다. 이렇게 된 것이 아버지의 뜻이니이다. [22] **내 아버지께서 모든 것을 내게 주셨으니 아버지 외에는 아들이 누구인지 아는 자가 없고** 아들과 또 아들의 소원대로 계시를 받는 자 외에는 아버지가 누구인지 아는 자가 없나이다 하시고』(눅 10:21-22,강조 필자 첨가)

여기서 예수는 자신을 '하나님의 아들'로 아는 자기 인식을 가지고 있다. 그뿐만 아니라, 그 아버지와 아들의 관계는 이 세상 모든 인간들과는 질적으로 다른 차원의 배타적 관계를 보여준다. 또한 아버지 하나님과 아들 예수가 서로 공유하는 지식도 이 세상 모든 인간들의 지식으로 도저히 알 수 없는 배타적 지식을 공유하고 있다.

유일신을 섬기는 유대적 신 개념에서 볼 때, 예수와 하나님의 관계는 평범한 인간의 관계와는 다른 차원의 관계를 맺고 있음을 알 수 있다. 이러한 관점에서 볼 때, 예수는 자기 자신에 대하여 깊은 신적인 자기의 식divine self-consciousness을 가지고 있었다고 명확히 말할 수 있다.[174] 그러므로 우리는 초기의 예수 어록을 통하여 예수는 자기 자신에 대하여 평범한 한 인간이 아니라, "하나님의 아들"로서 신적인 자기 인식을 가지고 있었다고 명확히 결론 내릴 수 있다.

둘째, Q를 통해서 역사적 예수는 병 고침과 귀신 축출의 이적을 행하였다는 사실을 알 수 있다. 많은 사람들이 예수 어록에서는 예수의 기적 사역을 알 수 없다고 생각한다. 그러나 우리는 실제로 Q를 통해서도 기적을 행하는 예수의 모습을 충분히 엿볼 수 있다. 예수의 기적 사역의 흔적을 뒷받침하는 Q 본문을 간략히 살펴보겠다.

① 누가복음 7장 1-10과 마태복음 8장 5-13절에 보면 '병든 하인을 둔 이방인 백부장의 믿음'에 관한 말씀이 나온다. 여기서 예수는 그 이

---

174 Michael J. Wilkins, "Matthew" *The NIV Application Commentary* (Grand Rapids: Zondervan, 2004), 421.

방인 백부장의 병든 종을 고쳐주신다. 그 본문을 직접 살펴보자.

[2] 어떤 백부장의 사랑하는 **종이 병들어 죽게 되었더니** [3] 예수의 소문을 듣고 유대인의 장로 몇 사람을 예수께 보내어 오셔서 그 종을 구해 주시기를 청한지라…[6] **예수께서 함께 가실새** 이에 그 집이 멀지 아니하여 백부장이 벗들을 보내어 이르되 주여 수고하시지 마옵소서 내 집에 들어오심을 나는 감당하지 못하겠나이다 [7] 그러므로 내가 주께 나아가기도 감당하지 못할 줄을 알았나이다 **말씀만 하사 내 하인을 낫게 하소서**…[9] 예수께서 들으시고 그를 놀랍게 여겨 돌이키사 따르는 무리에게 이르시되 내가 너희에게 이르노니 이스라엘 중에서도 이만한 믿음은 만나보지 못하였노라 하시더라 [10] 보내었던 사람들이 집으로 돌아가 보매 **종이 이미 나아 있었더라**」(Q 7:2-10)

여기서 예수는 병을 기적같이 고치시는 치유자의 모습을 보여준다. 예수는 병을 말씀으로 명령하여 고치시는 분임을 Q 본문은 증언하고 있다. 이 본문과 병행구절인 마태복음에서는 예수께서 그 하인의 병을 고쳐달라는 백부장의 요청에 "내가 가서 고쳐주리라"(8:7)라고 명확하게 말씀하고 있다. 이것은 분명히 예수가 병을 치유하는 기적을 행하였다는 사실을 알려주고 있다. 이 세상에 어느 평범한 인간이 말씀으로만 병자를 치유할 수 있겠는가? 여기서 우리는 예수의 신적인 면을 볼 수 있다.

② 예수의 신적인 권능은 누가복음 11장 14-23절과 마태복음 12장 22-30절에서도 볼 수 있다. 여기서 예수는 자신의 권능으로 귀신을 내쫓고 말 못하는 사람이 말을 할 수 있도록 고쳐주었다. 이와 같이 예수가 초자연적인 이적을 행하였기 때문에 어떤 사람들은 예수를 비방하며 '그가 귀신의 왕 바알세불을 힘입어 귀신을 쫓아낸다'고 말하였다. 여기서 우리는 아주 초기의 자료인 Q 본문을 읽어볼 필요가 있다.

[14] 예수께서 한 말 못하게 하는 귀신을 쫓아내시니 귀신이 나가매 말 못하는 사람이 말하는지라 무리들이 놀랍게 여겼으나 [15] 그 중에 더러는 말하기를 그가 귀신의 왕 바알세불을 힘입어 귀신을 쫓아낸다 하고…[17] 예수께서 그들의 생각을 아시고 이르시되 스스로 분쟁하는 나라마다 황폐하여지며 스스로 분쟁하는 집은 무너지느니라 [18] 너희 말이 **내가 바알세불을 힘입어 귀신을 쫓아낸다** 하니 만일 사탄이 스스로 분쟁하면 그의 나라가 어떻게 서겠느냐(Q 11:14-18)

예수의 귀신 축출과 병 고치는 기적 행함은 예수가 귀신 두목의 힘을 빌려 능력을 행한다는 비난을 받게 하였다. 이러한 이상한 비난은 예수가 한 사람의 평범한 인간으로서 실행할 수 없는 특별한 이적을 하였기 때문인 게 확실하다. 따라서 여기서 우리는 예수의 신적인 권능을 보게 된다.

③ 그뿐만 아니라, 우리는 예수의 정체성을 묻는 '세례 요한의 질문과 예수의 대답'을 통하여 예수의 기적 사역과 메시아 사역에 관해서 분명히 알 수 있다. 헤롯 안티파스에게 붙잡힌 세례 요한은 감옥에서 자신의 제자들을 예수께 보내서 '예수 당신이 오시리라고 예언된 바로 그 메시아가 맞는지' 질문한다. 그런데 그 질문에 대하여 예수는 조금 다른 각도로 대답한다. 여기에 관한 Q 본문을 살펴보자.

[18] 요한의 제자들이 이 모든 일을 그에게 알리니 [19] 요한이 그 제자 중 둘을 불러 주께 보내어 이르되 **오실 그이가 당신이오니이까** 우리가 다른 이를 기다리오리이까 하라 하매 [20] 그들이 예수께 나아가 이르되 세례 요한이 우리를 보내어 당신께 여쭈어 보라고 하기를 오실 그이가 당신이오니이까 우리가 다른 이를 기다리오리이까 하더이다 하니 [21] 마침 그 때에 예수께서 질병과 고통과 및 악귀 들린 자를 많이 고치시며 또 많은 맹인을 보게 하신지라 [22] 예수께서 대답하여 이르시

되 너희가 가서 보고 들은 것을 요한에게 알리되 맹인이 보며 못 걷는 사람이 걸으며 나병환자가 깨끗함을 받으며 귀먹은 사람이 들으며 죽은 자가 살아나며 가난한 자에게 복음이 전파된다 하라 [23] 누구든지 나로 말미암아 실족하지 아니하는 자는 복이 있도다 하시니라. (Q 7:18-23; 21절은 마태복음에는 빠져있음; 필자의 강조)

우선 위의 본문을 통하여 분명히 알 수 있는 것은, 예수의 기적 사역은 Q 자료를 통해서도 분명하게 드러난다는 사실이다. 예수의 초기 어록인 Q도 예수가 평범한 인간이 할 수 없는 병 고침의 기적을 베풀었다는 사실을 증언하고 있다.

게다가 세례 요한은 예수에게 '당신이 오실 그 메시아인지' 직설적으로 질문을 하였다. 왜냐하면, 세례 요한은 예수가 메시아라고 확신하고 외쳤었다. 세례 요한은 그 메시아가 불로써 심판하실 줄 알았다(마 3:7-12). 그런데 메시아인 줄 알았던 예수는 불로써 심판하지 않는다. 요한의 기대와는 달리 예수는 심판 대신에 치유와 도움과 가르침을 주었다. 그러기에 세례 요한은 그의 제자들을 시켜서 예수의 정체성에 대하여 다시 질문하고 있다. 그때 예수께서 메시아로서 자신의 사역을 명확히 강조하며 다음과 같이 대답하였다.

[22] 예수께서 대답하여 이르시되 너희가 가서 보고 들은 것을 요한에게 알리되 맹인이 보며 못 걷는 사람이 걸으며 나병환자가 깨끗함을 받으며 귀먹은 사람이 들으며 죽은 자가 살아나며 가난한 자에게 복음이 전파된다 하라 [23] 누구든지 나로 말미암아 실족하지 아니하는 자는 복이 있도다 하시니라(눅 7:22-23)

여기서 왜 예수는 자신의 정체성을 기적 행함과 연결시키고 있는가? 그 이유는 수백 년 전에 이사야 선지자가 메시아에 대해서 예언했을 때,

메시아의 사역으로 말미암아 맹인이 보게 되고(사 29:18), 저는 자는 걷고(사 35:6), 못 듣는 사람이 듣게 되고(사 29:18-19), 죽은 사람이 살아나고(사 26:18-19) 가난한 사람이 복음을 듣게 되는(사 61:1) 일들을 할 것이라고 하였다.[175] 바로 이러한 메시아 사역이 예수 자신으로 인해 이루어지고 있음을 분명히 말씀하고 있다.

이러한 예수의 사역은 축복인 동시에 심판이다. 예수의 말씀과 치유 사역을 통하여 그 말씀을 받아들이는 사람들은 하나님의 나라에 참여하는 축복받은 사람들이다. 그러나 예수의 말씀과 사역을 거절하는 사람들에게는 그 거절 자체가 곧 하나님의 심판이 되었기 때문이다. 이와 같이 세례 요한과 그의 제자들은 메시아의 사역에 대한 보다 더 큰 그림을 보는 것이 필요하였다.[176]

그래서 예수는 세례 요한의 제자들에게 "누구든지 나로 말미암아 실족하지 아니하는 자는 복이 있도다"라고 말하였다(눅 7:23). 예수의 이 말씀은 무슨 뜻인가? 이것은 예수의 경고와 도전으로 이해된다. 예수의 정체와 사역을 올바르게 이해하지 못한 사람은 결국 하나님의 나라에 들어갈 수 없다. 따라서 예수의 사역은 그 사람들에게 심판의 경고가 된다. 그러나 예수의 메시아 사역을 올바르게 이해한 사람은 하나님의 나라가 이루어지고 있다는 사실을 보고 믿음에 굳게 설 수 있는 도전이 된다.[177]

바로 이러한 배경을 이해하고 올바르게 본문을 본다면, 우리는 '세례 요한의 질문에 대답하는 예수의 말씀'을 통하여 예수가 기적을 행한 인물일 뿐만 아니라, 신적인 존재로서 메시아의 사역을 실행하고 있다는 사실을 분명히 알 수 있다. 이와 같이 예수가 행한 치유와 기적 사역은

---

175 Michael J. Wilkins, "Matthew" *The NIV Application Commentary*.
176 위의 책.
177 위의 책.

일반 마술사들이 눈속임으로 하는 것과는 근본적으로 다른 의미를 보여주고 있다. 예수는 자신이 일으키는 치유와 기적 사역을 통하여 하나님 나라의 도래를 보여주고 있다(Q 11:20). 여기에 대하여, 저명한 신학자 벤 위더링턴 Ben Witherington 은 다음과 같이 설명해 준다.

> 예수님의 기적은 전에 없던 것, 즉 하나님의 통치를 이 땅에 임하게 하셨습니다. 예수님께서는 자신을 단지 마술사로 여긴 것이 아니라 자신 안에서 그리고 자신을 통해서 하나님의 약속이 실현된다고 생각하셨습니다. 이처럼 기적에는 예수님이 보통 사람과는 다른 초월적인 분이라는 의미가 내포되어 있습니다.[178]

이처럼 Q 자료에는 예수의 기적 행함이 나타난다. 그리고 그 기적들은 '예수가 보통 사람과는 달리 초월적인 분'이라는 사실을 나타내고 있다. 그러므로 우리는 위에서 살펴본 몇 군데의 본문을 통하여, 예수에 관한 아주 초기 자료인 Q에서도 예수는 단순히 평범한 한 인간에 불과한 것이 아니라 각종 병자를 말씀으로 고치고, 귀신을 내쫓고, 메시아로서 자신의 사역을 선포하고 행한 신적인 존재였음을 분명히 알 수 있다.

셋째, 예수의 신적인 권능은 그 자신이 '종말론적 심판의 주主'와 '인자(人子)'가 되심을 선포하는 말씀을 통하여 알 수 있다. 예수는 그의 말씀 속에서 종말의 날이 반드시 올 것이라고 말씀하신다. 그리고 그 심판의 날에 예수 자신이 '인자' Son of Man 로서 심판자 되심을 선포하고 있다. Q 본문을 살펴보자.

---

178 리 스트로벨, 예수 사건 윤관희, 박중렬 역 (서울: 두란노, 2000), 177.

『[39] 너희도 아는 바니 집 주인이 만일 도둑이 어느 때에 이를 줄 알았더라면 그 집을 뚫지 못하게 하였으리라 [40] 그러므로 너희도 준비하고 있으라 **생각하지 않은 때에 인자가 오리라** 하시니라…[46] 생각하지 않은 날 알지 못하는 시각에 그 종의 주인이 이르러 엄히 때리고 신실하지 아니한 자의 받는 벌에 처하리니』(Q 12:39-46)

『[23] 사람이 너희에게 말하되 보라 저기 있다 보라 여기 있다 하리라 그러나 너희는 가지도 말고 따르지도 말라 [24] 번개가 하늘 아래 이쪽에서 번쩍이어 하늘 아래 저쪽까지 비침 같이 **인자도 자기 날에** 그러하리라』(Q 17:23-24)

『예수께서 이르시되 내가 진실로 너희에게 이르노니 세상이 새롭게 되어 **인자가 자기 영광의 보좌에 앉을 때에** 나를 따르는 너희도 열두 보좌에 앉아 이스라엘 열두 지파를 **심판하리라**』(마19:28; 참조 Q 22:28-30)

    위의 말씀들은 예수가 종말의 날에 대한 예언적 선언을 하고 있음을 분명히 보여준다. 여기서 예수는 평범한 인간으로서 자신을 나타내지 않고, 하늘의 권능을 가진 초월적 존재로 자신을 묘사하고 있다. 이 예수는 종말의 날에 심판자로서 권위를 가지고 있는 '인자'이시다.
    여기서 우리는 '인자'Son of Man에 대해서 정확히 이해할 필요가 있다. '인자'Son of Man란 단순히 예수가 자신을 가리켜 평범한 '사람의 아들'임을 말하려고 하는 것이 아니다. '인자'는 예수 자신의 신성을 나타내는 말이다. 구약성경 다니엘서 7장 13-14절에는 '인자'가 구름을 타고 오는데, 세상을 다스릴 권세를 부여받고, 경배 받는 초월자의 모습으로 나온다.

『[13] 내가 또 밤 환상 중에 보니 인자 같은 이가 하늘 구름을 타고 와서 옛적부터 항상 계신 이에게 나아가 그 앞으로 인도되매 [14] 그에게 권세와 영광과 나라를 주고 모든 백성과 나라들과 다른 언어를 말하는 모든 자들이 그를 섬기게 하였으니 그의 권세는 소멸되지 아니하는 영원한 권세요 그의 나라는 멸망하지 아니할 것이니라』(단 7:13-14)

여기서 "인자는 하늘의 보좌에 앉아 있는 하나님께 나아가서 전 우주적인 권세와 지배권을 부여받는 분"[179]임이 틀림없다. 그 인자는 이 땅에 올 신성을 지닌 인물이다. 그래서 Q 본문에서 예수가 자신을 인자라고 주장한 것은 사실상 자신이 초월적 존재로서 심판의 주$_{Lord}$가 되심을 명확히 나타낸 것으로 이해하는 것이 가장 합당하다. Q에 나타난 '인자' 예수는 신성을 지닌 심판의 주로서 자신을 드러내고 있다.[180] 이것은 4복음서 전반에 걸쳐서 확인할 수 있는 사실이다.

지금까지 우리는 Q 자료를 올바로 이해하기 위해 Q 자료에 대한 잘못된 주장과 맹점을 살펴보았다. Q 자료에 대한 잘못된 주장으로 먼저 'Q 자료만이 예수의 진정한 말씀이요, 예수의 참 모습이다'라는 주장을 검토해 보았다. Q 자료는 예수의 말씀으로 아주 초기의 형태가 잘 보존되었다고 볼 수 있지만, Q 자료만이 예수의 참 모습을 보여주는 유일한

---

179 위의 책, 38.
180 이외에도 Q에는 예수의 제자로서 십자가의 길을 따르는 삶의 자세가 나오고 있다. 『누구든지 자기 십자가를 지고 나를 따르지 않는 자도 능히 내 제자가 되지 못하리라』(눅 14:27). 이러한 십자가를 지고 따르는 삶은 사도 바울이 예수와 함께 십자가에 못 박혔음을 고백하는 말씀 속에서 잘 드러난다. 이것은 Q 자료도 예수의 십자가를 말씀하고 있음을 반영해준다. 『내가 그리스도와 함께 십자가에 못 박혔나니 그런즉 이제는 내가 산 것이 아니요 오직 내 안에 그리스도께서 사신 것이라 이제 내가 육체 가운데 사는 것은 나를 사랑하사 나를 위하여 자기 몸을 버리신 하나님의 아들을 믿는 믿음 안에서 사는 것이라』(갈 2:20)

것이라는 주장은 설득력이 없다. 왜냐하면, 예수의 어록에는 그 말씀의 의미를 명확하게 해주는 상황적 설명이 결여되어 있기 때문이다. 따라서 예수의 정체성을 보다 잘 파악하기 위해서는 Q 자료와 더불어 그 자료의 상황적, 역사적, 의미적 맥락을 알려주는 목격자들의 증언인 4복음서를 함께 살펴봐야 한다. 그럴 때 말씀의 참 의미와 진정한 예수의 모습을 발견할 수 있다.

둘째, Q 자료에 대한 또 하나의 잘못된 주장은 'Q 자료는 순전히 인간 예수만 보여 준다'는 것이다. 사실 Q 자료를 자세히 살펴보면, 우리는 '하나님의 아들'이신 예수에 대한 말씀을 곳곳에서 찾을 수 있다. 또 예수는 병 고침과 귀신 축출 같은 이적을 행하였다는 사실을 발견할 수 있다. 그러한 본문은 예수의 신성을 잘 뒷받침해 준다. 그뿐만 아니라, Q 자료는 예수가 자신을 종말적 심판자이며 왕권을 소유한 초월자로 인식하는 모습을 보여준다. 우리는 예수가 '인자'로서 종말의 날에 심판의 권한을 가졌음을 선포하는 본문을 통하여 예수의 신성을 충분히 발견할 수 있다.

그렇다면, 이러한 사실들은 우리에게 무엇을 말해 주는 것인가? 그것은 역사적 예수의 모습이 단순히 한 인간에 불과한 것이 아니라, 신성을 가진 초월자의 모습을 보였다는 사실을 말해 준다. 예수의 죽음과 부활 후 불과 10-20년 안에 예수의 가르침이 구전 전승이나 쪽지 메모의 형태로 존재하였을 수 있다. 이것이 바로 예수의 말씀을 담은 Q 자료이다. 비록 우리가 이 초기 어록에서 예수의 온전한 모습을 발견할 수 없겠지만, 어느 정도 예수에 관한 기본 정보를 알 수 있다. 첫째, 예수는 지혜로운 스승이었다. 그는 하나님의 나라를 선포하였다. 둘째, 예수는 지혜로운 스승이었을 뿐만 아니라 병을 고치고 기적을 행하였던 초월적인 존재였고, 하나님의 아들로 불렸다. 또한 예수의 기적 사역을 통하여 우리는 메시아로서 예수의 초자연적인 모습을 볼 수 있다. 셋째, Q에 나타난 '인자'로서 예수는 '종말의 날에 심판의 주가 되심'을 보여주고 있다. 예수는 마지막 날에 심판자의 권능을 가진 초월자로 자신을 나타내었음을 알 수 있다. 이러한 사실이 우리에게 명확하게 말해 주는 것은, 예수에 관한 아주 초기의 자료들은 예수의 인간적인 정체성뿐만 아니라 메시아로서 신성을 가진 초월자의 정체성도 함께 보여주고 있다는 사실이다. 따라서 Q 자료는 역사적 예수가 단순히 한 인간이었음을 보여주는 것이 아니라 신성을 가진 초자연적 존재였다는 사실을 알려주고 있다. 이것은 4복음서에서 알려주는 '하나님의 아들', 메시아 예수와 동일한 모습이다. 그러므로 예수에 관한 초기 자료인 Q는 예수의 인성과 신성을 모두 지지하고 있다.

2. Q 자료와 도마복음, 무엇이 문제인가?

이제 도마복음서 The Gospel of Thomas 에 대해서 살펴보도록 하겠다. '예수 세미나' 소속의 학자들은 도마복음서를 4복음서와 대등한 위치에 올려놓는다.[181] 심지어 도마복음서가 4복음서보다 훨씬 더 역사적 예수와 가깝다고 주장한다. 이러한 주장은 과연 합당한 것인가? 우리가 도마복음을 검토해 보면 그 해답을 발견할 수 있을 것이다.

---

181 Robert W. Funk, Roy W. Hoover, and The Jesus Seminar, *The Five Gospels: The Search for the Authentic Words of Jesus* (Harper San Francisco: Harper Collins Publishers, 1993). 이 책을 통해 예수 세미나 소속학자들은 4복음서에 도마복음서를 더하여 5복음서를 만들었다. 그리고 어떤 말씀이 역사적 예수가 한 말씀인지를 그 회원들 간의 투표로 결정하여 4가지 색깔로 구분하고 있다.

1) 도마복음서란 무엇인가?

도마복음은 1945년에 이집트에서 발견된 나그함마디 문서The Nag Hammadi Library 중의 하나이다.[182] 나그함마디 문서는 주로 AD 2-3세기의 영지주의 문서들로서 초기 교회들에서 정경canon으로 인정받지 못한 외경apocrypha들로 구성되어 있다. 대략 52개의 문서가 포함된 나그함마디 문서 중에서, 일반적으로 잘 알려진 것은 진리복음서, 도마복음서, 빌립복음서, 이집트인복음서, 베드로복음서, 마리아복음서 등이다.

외경 문서 중의 하나인 도마복음은 114개의 예수 어록들로 구성되어 있다.[183] 그러니까 도마복음은 Q 자료와 동일한 형태를 띠고 있다. 즉 예수의 행적에 대한 이야기는 존재하지 않고, 오직 예수의 말씀들만 모아 놓은 어록 복음서Sayings Gospel이다. 도마복음서라는 이름은 이 문서의 제일 끝부분에 명시되어 있다. 그러나 도마복음서의 저자는 예수의 제자였던 도마가 아니라는 데 학자들 모두가 동의하고 있다.

나그함마디 문서 속에 발견된 도마복음 사본은 콥트어 즉, 고대 이집트 언어로 쓰여 있으며, 대략 AD 4세기 전반에 쓰인 것으로 추정된다.[184] 그러나 대개 많은 학자들은 초기의 도마복음서는 헬라어로 써졌으며, 헬라어 사본이 콥트어로 번역되었다고 추정한다. 헬라어로 쓰인 도마복음서는 나그함마디 문서의 콥트어 도마복음보다 50년 전에 발견되었다. 헬라어 도마복음은 콥트어 도마복음서의 20% 정도의 분량에 해당하는 부분적인 파편들이다. 나그함마디 도마복음이 발견되기 전에는 아무도

---

182 Robert J. Miller, *The Complete Gospels: Annotated Scholars Version*, 301.
183 James M. Robinson, *The Nag Hammadi Library* (Harper San Francisco, 1990), 124.
184 Craig Evans, *Fabricating Jesus: How Modern Scholars Distort the Gospel* (Downers Grove: IVP Books, 2006), 67.

그 헬라어 파편들이 무슨 문서인지를 알지 못하였다.[185]

헬라어 파편들을 옥시링쿠스Oxyrhynchus, 약칭으로 POxy라고 함 헬라어 도마복음이라 하는데, 이것은 3개의 파편으로 되어 있다: POxy 1, 654, 그리고 655이다. 이 세 개의 헬라어 파편들은 제각기 다른 시기에 성립된 것들이다.[186] POxy 1은 AD 200년 초에 써졌을 것으로 추정되며, POxy 654와 655는 각각 3세기 초반과 중반에 써졌을 것으로 추정된다.[187] 그런데 문제는 POxy 헬라어 도마복음과 나그함마디 콥트어 도마복음의 내용을 서로 비교해 보면 중요한 차이점이 드러난다는 것이다.[188] 이러한 상이점은 도마복음서가 한 가지 동일한 내용을 가진 복음서로 존재한 것이 아니라, 여러 다양한 종류의 도마복음서로 존재하였을 가능성을 보여 준다.

또한 도마복음에 나오는 말씀을 분석하면, 여러 다양한 형태들을 볼 수 있다. 헬무트 쾨스터Helmut Koester 는 도마복음의 형태를 지혜의 말씀, 비유, 종말론적 말씀, 그리고 공동체의 규범으로 분류하고 있다.[189] 이러한 구성을 지닌 도마복음서는 Q 자료와 그 형식에 있어서 매우 흡사하다고 할 수 있다.

2) Q 자료와 도마복음이 왜 문제시되는가?

그러면 예수의 말씀만 모아놓은 도마복음서의 발견이 왜 화제가 되고 있는가? 왜 '예수 세미나'와 같은 일부 급진적인 학자들은 도마복음을

---

185 Darrell L. Bock & Daniel B. Wallace, *Dethroning Jesus: Exposing Popular Culture's Quest to Unseat the Biblical Christ* (Nashville: Thomas Nelson, 2007), 108.
186 James M. Robinson, *The Nag Hammadi Library*, 124.
187 Craig Evans, *Fabricating Jesus*, 67.
188 Darrell L. Bock & Daniel B. Wallace, *Dethroning Jesus*, 108.
189 James M. Robinson, *The Nag Hammadi Library*, 124.

4복음서보다 더 중요하게 생각하는가? 여기에 대하여 그들은 다음과 같이 주장한다.

첫째, 몇몇 학자들은 도마복음이 4복음서보다 더 이른 시기에 써졌다고 주장한다. 왜냐하면, 도마복음은 Q 자료와 동일한 형태인 어록 복음서이기 때문에 Q와 동일한 시기에 존재하였다고 추정한다. 예수 세미나의 대표자 중 한 사람인 존 도미닉 크로산은 도마복음의 첫 번째 편집은 AD 50년대이며, AD 60-70년대에는 실제로 도마복음의 본문이 존재하였을 것이라고 주장한다.[190] 이러한 크로산의 견해를 수용한 도올은 그의 책 『도마복음 이야기1』에서, "나는 도마복음서의 프로토텍스트proto-text의 성립연대를 AD 50년경, 느슨하게 잡아도 AD 50-70이라고 확언한 것이다"[191]라고 말한다. 이로써 예수의 생애를 기록한 4복음서보다 빠른 시기에 도마복음이 존재하였다고 추정하고 있다. 여기에 대해서 도올은 다시 한번 더 자세하게 설명해 주고 있다.

> 도마복음서에 의하여 Q는 Q 복음서로서 실존하였던 독립자료라는 것이 입증되고 따라서 역으로 Q 복음서에 의하여 도마복음서의 가치가 입증되는 것이다. 다시 말해서 Q 복음서와 도마복음서는 모두 설화복음서 이전에 실존하였던 예수논어의 다양한 작품들이 되는 것이다.[192]

---

190 John Dominic Crossan, *Historical Jesus: The Life of a Mediterranean Jewish Peasant* (New York: Harper Collins Publishers, 1991) 427.
191 김용옥, 도마복음 이야기1, 352-353.
192 도올 김용옥, 큐복음서, 33. 사실 위의 인용문에 나타난 도올 주장은 '순환논리의 오류'에 빠진다. 도올의 논지를 요약하면 다음과 같다: 1 도마복음의 실존적 가치는 Q가 실존적 독립자료라는 것을 입증한다; 2 Q의 실존은 도마복음의 가치를 입증한다; 3. 따라서 Q와 도마복음 모두는 4복음보다 이전에 실존하였다. 이러한 논리를 자세히 분석해 보면, 1. Q의 가치는 도마복음에 의존한다. 2. 도마복음의 가치는 Q에 의존한다는 형태를 취한다. 이것은 Q의 가치는 도마복음에 근거하고, 도마복음의 가치는 Q 자료에 근거한다는 순환논리의 오류를 드러내고 있다.

이와 같이 도올은 크로산과 같은 급진적인 학자의 견해를 그대로 수용한다. 그렇다면 과연 Q 자료와 도마복음서가 동일한 형태를 지닌 예수 어록이기 때문에 4복음서보다 먼저 존재하였다고 보는 급진적 주장은 타당한 근거를 가지고 있는가? 여기에 대해서 면밀히 검토하는 것이 필요하다.

둘째, 급진적인 학자들은 도마복음이 매우 초기의 문서이기 때문에 4복음서보다 더 원시적인 예수의 말씀이며, 4복음서에 영향을 받지 않은 독립된 형태로 존재하였다고 주장한다.[193] 그들에 따르면, 도마복음서는 4복음서 이전에 존재하였고 예수의 말씀을 그대로 담은 독립적인 복음서로 존재하였다. 그렇다면 과연 114개의 콥트어로 된 도마복음서는 4복음서와 전혀 상관없이 독립적인 복음서로서 예수의 말씀을 그대로 보존하고 있는가? 이 점에 대해서도 명확히 살펴볼 필요가 있다.

셋째, 도마복음서가 초기 역사적 예수의 말씀을 그대로 보존하고 있기 때문에 도마복음서에 나타난 예수의 모습이 역사적 예수에 가깝다고 주장한다. 그들은 4복음서보다 도마복음서가 훨씬 앞선 기록이기 때문에 4복음서의 예수보다 Q와 도마복음서의 예수가 실제 역사적 예수의 모습이라고 주장한다.[194]

그렇다면, 도마복음서의 예수는 과연 어떤 모습인가? 도마복음 속

---

[193] 도마복음서가 4복음서보다 앞서며, 훨씬 더 원시적인 예수의 말씀을 담았다고 보는 학자들의 견해에 대해서는 다음의 자료들을 참조하라. Gilles Quispel, "the Gospel of Thomas and the New Testament," VC 11 (1957) 189-207; Helmut Koester, "Q and Its Relatives," in *Gospel Origins & Christian Beginnings*, ed. James E. Goehring et al. (Sonoma: Polebridge, 1990), 49-63; R. D. Cameron, "The Gospel of Thomas: A Forschungsbericht and Analysis," ANRW 2.25.6 (1988): 4195-251; Stevan L. Davies, *The Gospel of Thomas and Christian Wisdom* (New York: Seabury, 1983). 이상의 자료들은 Craig Evans, *Fabricating Jesus*, 253-254를 참조하였다.

[194] Darrell L. Bock & Daniel B. Wallace, *Dethroning Jesus*, 110.

의 예수는 기적도 행하지 않고, 병도 고치지 않고, 귀신도 내쫓지 않는다.[195] 도마의 예수는 예언적으로 말하지도 않는다. 도마의 예수는 사람들의 죄를 위해서 죽지도 않는다. 그는 경배를 받지도 않으며, 오직 한 제자에게만 지혜의 비밀을 말해준다.[196] 그래서 급진적 학자들은 지혜를 가르친 선생으로 도마복음의 예수를 규정한다. 역사적 예수의 모습은 오직 지혜자였다고 한다.[197] 그렇다면 과연 급진적 학자들이 주장하는 것처럼 역사적 예수는 한 사람의 지혜자였는가?

요약하면, 급진적 학자들은 ① 도마복음이 Q와 동일한 형태의 어록복음서이기 때문에 1세기 중반에 기록된 문서라는 것, ② 도마복음은 매우 초기의 문서이기 때문에 원시적인 예수의 말씀을 독립적으로 보존하였다는 것, 그리고 ③ 도마복음에 나타난 역사적 예수의 모습은 초월자가 아닌 지혜로운 인간의 모습이라는 것을 주장한다.

따라서 급진적 학자들이 제기한 주장의 타당성을 검토하기 위해서, ① 도마복음의 기록연대를 조사해 보고, ② 도마복음의 독립성 여부를 고찰해 보고, ③ Q 자료와 도마복음을 비교, 분석해 봄으로써 도마복음서에 대한 올바른 평가를 하는 것이 바람직하다 하겠다.

3. Q 자료와 도마복음에 대한 올바른 이해

이제 우리는 도마복음서에 대한 올바른 평가를 하기 위해서 도마복음서의 저작 시기, 자료의 의존성, Q 자료와 도마복음의 관계, 그리고 그

---

195 위의 책, 108.
196 위의 책, 129-130.
197 Darrell L. Bock, *The Missing Gospel: Unearthing The Truth Behind Alternative Christianities* (Nashville: Thomas Nelson, 2006), 39.

고찰을 토대로 한 도마복음에 대한 올바른 평가 등을 살펴보도록 하겠다.

1) 도마복음의 연대 문제

도마복음은 언제 기록되었는가? 도마복음의 저술 시기에 대하여 학자들 간에 뚜렷한 견해 차이가 있다. 도마복음이 4복음서보다 먼저 써졌다는 입장을 취하는 소수의 학자들은 도마복음의 저술 연대를 1세기 중반으로 보고 있다. 존 도미닉 크로산은 도마복음의 첫 번째 편집 시기를 AD 50년대로 보고 있고, 늦어도 60-70년대에 실제 도마복음의 본문이 존재하였을 것으로 추정한다. 그래서 도마복음의 후기 편집조차도 4복음서보다 빠른 시기에 성립되었을 것으로 추정한다.[198] 또한 스테반 데이비스Stevan L. Davies는 도마복음은 "전적으로 신약 복음서들과는 별개로 독립적이다; 아마도 도마복음은 4복음서들이 기록되기 전에 존재하였다. 그래서 그 저술 연도는 AD 50-70이다"[199]라고 주장한다. 이처럼 도마복음의 저작연대를 AD 50년에서 70년 사이로 보는 학자들은 주로 도마복음이 Q 자료와 동일한 예수 어록의 형태를 가지고 있다는 점에 그 근거를 두고 있다.

반면에 도마복음을 연구한 더 많은 학자들이 도마복음의 저술 연대를 AD 120년경으로부터 180년 사이로 보고 있다. 일반적으로 도마복음의 저술 연대는 AD 140년에서 160년경으로 보아왔다. 복음주의 학자 데럴 복Darrell L. Bock은 도마복음의 저술 시기를 AD 120년에서 140년 사이

---

[198] John Dominic Crossan, *Historical Jesus: The Life of a Mediterranean Jewish Peasant*, 427.

[199] Stevan L. Davies, *The Gospel of Thomas and Christian Wisdom* (New York: Seabury, 1983), 146; Darrell L. Bock & Daniel B. Wallace, *Dethroning Jesus*, 112에서 재인용.

로 보며²⁰⁰, 크레이그 에반스Craig A. Evans는 AD 180년경의 저술로 본다.²⁰¹ 비교적 최근에 도마복음 연구로 박사학위를 받은 니콜라스 페린Nicholas Perrin은 도마복음이 시리아 지역에서 써졌으며, AD 170년경에 써진 시리아 지역의 복음서인 디아테사론Diatessaron에 의존한다는 강력한 증거들을 밝혀냈다. 그래서 그는 도마복음의 저술 연대를 AD 180년으로 주장한다.²⁰²

이렇게 도마복음의 저작 연대를 2세기로 추정하는 학자들은 복음주의 학자들뿐만이 아니다. 급진적 자유주의 학자들 중에도 도마복음의 2세기 저작설을 지지하는 학자들이 있다. 그 대표적인 예를 들면, 예수의 신성을 부인하고, 인간 예수만을 주장하는 자유주의 학자 바트 어만Bart D. Ehrman은 도마복음의 저작 시기를 4복음서가 기록된 후, 2세기 초라고 주장한다.²⁰³

위와 같이, 도마복음의 저작 시기를 확정하기란 매우 어렵다. 도마복음의 연대를 확정하는 것이 매우 어려운 이유 중의 하나는 도마복음에 서술식 이야기가 없기 때문이다. 어떤 서술식 이야기 없이는 그 어록의 전후 사정을 파악하기가 매우 힘들다. 그리고 도마복음은 주제별로 말씀을 모아놓은 책이 아니다. 주제별로 묶여 있지도 않고, 시간 순서별로 분류되지도 않는다. 서로 연결되지 않는 독립적인 예수의 말씀들이 한

---

200 Darrell L. Bock & Daniel B. Wallace, *Dethroning Jesus*, 112.
201 Craig Evans, *Fabricating Jesus*, 61.
202 Nicholas Perrin, *Thomas and Tatian: The Relationship Between the Gospel of Thomas and the Diatessaron* (Atlanta: Society of Biblical Literature, 2002): 이 논문에 대한 자세한 사항과 평가는 다음의 자료들을 참조하라. Darrell L. Bock & Daniel B. Wallace, Dethroning Jesus, 112; Craig Evans, Fabricating Jesus, 73-75; Craig L. Blomberg, *The Historical Reliability of the Gospels* 2ed. (Downers Grove: IVP Academic, 2007), 266-267.
203 Bart D. Ehrman, *Lost Scriptures: Books that Did Not Make It into the New Testament* (Oxford: Oxford University Press, 2003), 20.

책에 기록되어 있다. 그러므로 이렇게 구성된 도마복음서는 후일 편집자의 뜻에 따라서 매우 손쉽게 내용을 첨가하거나 삭제할 가능성이 다분하다고 볼 수 있다.

우리는 그러한 첨가와 삭제의 실례를 헬라어로 된 도마복음과 콥트어로 된 도마복음의 내용에 매우 중요한 차이점이 발견된다는 사실을 통하여 확인할 수 있다.[204] 이러한 사실은 도마복음의 연대 산정의 어려움을 말해줄 뿐만 아니라, 도마복음서가 여러 통제되지 않은 편집자들을 거치면서 나그함마디 문서의 판본이 될 때까지 계속적으로 수정되고 첨가되었을 가능성을 내포하고 있음을 보여준다.[205]

따라서 지금 이 단계에서 도마복음의 저작 연대는 1세기 중반과 2세기 중반으로 두 가지 가능성을 모두 열어두겠다. 더욱 확실한 도마복음의 저작연대는 도마복음과 공관복음의 관계 그리고 Q 자료와 도마복음의 차이점에 대해서 자세히 살펴보는 가운데 명확하게 드러날 것이다. 이제 도마복음이 신약성경에 매우 의존적이라는 사실을 확인해 보도록 하겠다.

2) 도마복음은 신약성경에 매우 의존적이다

도마복음은 신약성경과 상관없이 독립적인가? 아니면, 신약성경을 참조하였는가? 이 문제는 매우 중요한 문제이다. 만약 도마복음이 신약성경과 관련 없이 독립적이었다고 한다면, 도마복음은 신약성경보다 먼저 기록된 최초의 어록복음서가 틀림없다. 그러나 만일 도마복음서 저자가 신약성경을 알고 있었고 신약성경의 내용을 베꼈다copy면, 도마복음서는 최소한 2세기 초나 중반 이후의 작품인 게 확실하다.

존 도미닉 크로산은 도마복음이 1세기 중반의 작품이며, 공관복음서

---

204 Darrell L. Bock & Daniel B. Wallace, *Dethroning Jesus*, 113.
205 위의 책.

와 상관없이 독립적인 복음서라고 주장한다.[206] 그는 도마복음서가 독립적인 복음서란 증거로서 '전체적으로 조합된 디자인이 발견되지 않는다'고 한다. 다시 말해 도마복음에는 일정한 구성적 순서가 없기 때문에 공관복음과 상관없이 독립적인 복음서로 볼 수 있다고 주장한다.[207] 사실 크로산의 주장처럼 도마복음에는 일정한 주제별 구성이나 시차적 구성은 발견되지 않는다. 114개의 예수 어록들은 서로 연결되지 않는 말씀들을 무작위로 모아놓은 것과 같다. 그렇다면, 이러한 증거가 과연 도마복음의 독립성을 확보해 줄 수 있는가?

우리가 도마복음을 자세하게 분석해 보면, 도마복음이 독립적인 복음서가 아니라 신약성경의 말씀을 참조하였다는 강력한 증거들을 발견할 수 있다. 따라서 필자는 도마복음이 신약성경에 매우 의존적이며 신약성경을 참조하여 써졌다는 사실을 보다 적극적으로 설명하고자 한다. 도마복음이 신약성경에 의존적이라는 사실은 다음의 여러 가지 이유로 증명할 수 있다.

(1) 도마복음은 수많은 신약성경의 문서들을 알고 있다.

도마복음과 신약성경 사이에는 많은 평행구절이 존재한다. '평행구절'이란 한 책에 나오는 말이 다른 책에 나오는 말과 거의 똑같거나 상당히 비슷한 점을 나타내는 것을 말한다. 따라서 평행구절은 언어적으로, 개념적으로, 또는 내용적으로 거의 일치하는 것이라고 말할 수 있다. "도마복음서의 내용은 절반 이상이 직·간접적으로 현행 정경 복음서의 내용과 겹친다. 구체적으로 공관복음서와 도마복음서는 70개조 이

---

[206] John Dominic Crossan, *Historical Jesus: The Life of a Mediterranean Jewish Peasant*, 427.
[207] Craig Evans, *Fabricating Jesus*, 73, 255.

상의 병행관계가 있다."[208] 따라서 도마복음과 공관복음서의 일부 내용은 어느 한 쪽이 다른 쪽의 내용을 거의 베꼈다고 말할 수 있다.

게다가, 도마복음의 내용에서 신약성경의 다른 책들을 베낀 증거들을 무수히 발견할 수 있다. 도마복음은 마태복음, 마가복음, 누가복음뿐만 아니라 요한복음, 사도행전, 로마서, 고린도전서, 빌립보서, 갈라디아서, 디모데전서, 요한일서, 요한이서, 히브리서, 요한계시록 등 최소한 신약성경 14권과 평행구절을 나타내고 있다.[209] 이것은 도마복음이 신약성경의 절반 이상의 책을 이미 알고 있었다는 사실을 의미한다. 이렇게 많은 평행구절은 도마복음의 독립성은커녕 의존성을 명백히 드러내는 증거이다.

---

208 김용옥, 도마복음 이야기1, 342.
209 도마복음과 신약성경에 나타나는 평행구절에 대해서는 다음의 자료를 참조하라. Craig A. Evans, Robert L. Webb, and Richard A. Wiebe, *Nag Hammadi Texts And the Bible: A Synopsis and Index*. New Testament Tools and Studies 18. (Leiden: Brill, 1993), 88-144. 아래에 소개하는 내용들은 필자가 그 책의 내용 일부를 요약한 것이다. 도마복음서 114개 모두의 평행구절을 설명하기엔 지면이 허락하지 않아서 도마복음 1절에서 20절까지만 평행구절을 보여주고자 한다. 실제 이 책에서는 114개 어록 전체의 평행구절을 자세하게 소개하고 있다. 이 평행구절의 선별기준은 다음과 같다. 1) 그 두 본문이 언어적으로 얼마나 가까운가?; 2) 두 본문이 개념적으로 얼마나 가까운가?; 3) 그 본문의 내용이 그 두 본문의 관계를 지지하는가?

도마 1	요 8:51; 요 8:52; 마 16:28; 막 9:1; 눅 9:27	도마 11	마 24:35; 막 13:31; 눅 21:33; 마 5:18; 눅 16:17; 창 2:21-22, 24
도마 2	마 7:7; 눅 11:9; cf 마 19:27-28	도마 12	막 9:31-34; 눅 9:43b-46; 눅 22:22-24
도마 3	신 30:12-14; 롬 10:6-8; 눅 17:20-22; 마 24:4-5, 23-26; 막 13:5-6, 21-23; 고전 8:1-3; 갈 4:6-9; 고전 13:12; 요 6:57; 롬 9:26	도마 13	마 16:13-16; 막 8:27-29; 눅 9:18-20; 요 15:15
도마 4	마 19:30; 막 10:31; 마 20:16; 눅 13:30	도마 14	마 6:1-18; 눅 10:8-9; 마 15:11, 18, 20; 막 7:15, 18, 20
도마 5	마 10:26; 막 4:22; 눅 8:17; 눅 12:2	도마 16	눅 12:49, 51-53; 마 10:34-36
도마 6	마 6:1-2, 5, 16; 눅 11:1; 마 10:26; 막 4:22; 눅 8:17; 눅 12:2	도마 17	고전 2:9; cf 눅 24:39; cf 요 20:25, 27; 요일 1:1
도마 8	마 13:47-48; 마 11:15; 마 13:9; 마 13:43; 막 4:23; 막 7:16; 눅 14:35b; 계 2:7a, 계 2:11a, 계 2:17a, 계 2:29; 계 3:6; 계 3:13; 계 3:22; 마 13:9	도마 18	마 24:3; 마 16:28; 막 9:1; 눅 9:27; 요 8:51; 요 8:52b
도마 9	마 13:3-8; 막 4:3-8; 눅 8:5-8; 신 28:38;39	도마 19	마 16:28; 막 9:1; 눅 9:27; 요 8:51; 요 8:52b; 요 6:50; 요 11:26a
도마 10	눅 12:49;	도마 20	막 4:30-32; 마 13:31-32; 눅13:18-19

그런데 여기서 혹자는 이러한 증거들로 인해 도마복음이 신약성경을 참조한 것이 아니라, 도리어 14권의 신약성경이 모두 다 도마복음서를 그대로 참조하였다는 억지 주장을 펼칠 수 있다. 그렇다면, 도마복음이 AD 1세기 내에 완성된 14권의 신약성경을 참조하였을 가능성이 많겠는가? 아니면, 14권의 신약 성서가 각기 도마복음을 베껴 적었을 가능성이 더 많겠는가? 간단히 말해서 도마복음이 신약성경을 베낀 것인가? 아니면, 신약성경이 도마복음을 베낀 것인가? 선택은 둘 중 하나뿐이다. 필자의 견해로는 도마복음 저자가 신약성경을 이미 알고 있었고 신약성경을 자신의 저술에 활용하였다고 보는 것이 더욱 타당해 보인다. 그 이유는 다음과 같다.

첫째, 만약 14권의 신약성경이 도마복음을 참조하였다면, 그 도마복음은 최소한 AD 40년대 초·중반에 한 권의 책으로 완성되어 있어야만 한다. 왜냐하면, 바울의 서신서 중에 갈라디아서는 AD 48년경에 기록되었고, 고린도전서는 AD 55년경에 기록되었다. 사도 바울이 도마복음서의 내용을 활용하기 위해서는 바울이 그 서신을 쓰기 전에 이미 한 권의 완전한 책으로 존재해야만 한다.[210]

고대 세계는 오늘날보다 교통 사정이 매우 열악했다. 그래서 누군가 도마복음을 책으로 기록하였다고 해도, 그 책이 세상에 알려져서 많은 사람들에게 읽히고 많은 교회에 알려지기까지 적게는 수년에서 많게는 수십 년 이상이 걸린다. 또한 그 기간에 그 문서는 실질적인 권위를 인정받아야만 한다. 실제로 4복음서와 신약성경의 각 책이 모두 다 그런 과정을 거쳤다. 따라서 이런 점을 고려해 볼 때, 도마복음은 최소한 AD 40년 중반까지는 한권의 책으로 존재해야만 하고, 그것이 권위 있는 문서로서 교회들 사이에 어느 정도 널리 알려져 있어야만 가능한 일이다.

---

210 Darrell L. Bock & Daniel B. Wallace, *Dethroning Jesus*, 113.

그런데 이런 관점을 받아들이는 학자는 아무도 없다. 심지어 에이프릴 데코닉April D. DeConick과 같이 도마복음의 초기 형태가 AD 40년에 존재했다고 믿는 급진적인 학자마저도 도마복음의 완성본이 AD 40년에 존재하였다고 생각하지는 않는다.[211] 왜냐하면, AD 40년에 도마복음의 완성본이 존재했다고 믿을 수 있는 합당한 근거가 전혀 없기 때문이다.

둘째, 신약성경이 도마복음을 베껴 적었다고 볼 수 없는 이유는, 도마복음은 AD 3세기 이전의 교부들에게 읽힌 흔적이 전혀 없다. 사실 2세기 모든 교부들은 도마복음서에 대해서 침묵하고 있다.[212] 그 어떠한 속사도 시대의 문헌에도 도마복음에 관한 언급은 일절 찾을 수 없다.

영지주의 성향의 이단자 마르시온Marcion은 AD 140년경에 최초의 정경canon 목록을 제시하였다. 그는 누가복음과 자기 나름대로 편집한 10권의 사도 바울의 편지를 정경 목록에 포함시켰다. 그런데 영지주의 사상가 마르시온은 영지주의적 성향을 지닌 도마복음서, 마리아복음서, 베드로행전 등을 정경으로 포함시키지 않았고 심지어 언급조차 하지 않았다.[213]

이것은 무엇을 말해 주는가? 일단 그때까지 도마복음이 존재하지 않았을 가능성이 크다. 또 다른 가능성은 도마복음이 존재하였다고 해도 영지주의 성향의 마르시온에게 그 권위를 인정받지 못하였거나 그 존재를 알 수 없을 정도로 중요하지 않았다는 점을 말해 준다. 따라서 신약성경의 절반 이상의 책이 인용할 만큼 권위 있는 책으로 도마복음이 존재하였다면, 그 존재는 정경 작업에 관심이 많았던 마르시온에게 반드시 알려졌을 것이다. 그런데 마르시온마저 도마복음서에 대해서 침묵하

---

211 April D. Deconick, *Recovering the Original Gospel of Thomas: A History of the Gospel and Its Growth* (London: T&T Clark, 2005); Darrell L. Bock & Daniel B. Wallace, *Dethroning Jesus*, 113.
212 Darrell L. Bock & Daniel B. Wallace, *Dethroning Jesus*, 114.
213 J. Ed Komoszewski, M. James Sawyer, & Daniel B. Wallace, *Reinventing Jesus*, 126.

였다는 사실은 그때까지 도마복음이 존재하지 않았거나, 존재하였다고 해도 신약성경에 전혀 영향을 주지 않았고 도리어 영향을 받았을 가능성이 훨씬 더 크다는 것이 더 설득력 있다.

게다가 AD 3세기와 4세기의 교회 교부들에 와서야 겨우 사도 도마의 이름으로 기록된 복음서가 존재한다는 것을 언급하고 있다.[214] 3세기 교부 오리겐이 제시한 정경 목록에는 정경을 세 집단으로 분류하였다: 1) 이론의 여지가 없는 저술들, 2) 논란의 여지가 있는 저술들; 그리고 3) 허위 저술들이다. 이 분류 중에서 도마복음서는 '허위 저술들'의 목록에 포함되어 있다.[215] 그뿐만 아니라 4세기 초 동방교회의 정경적 상황에 대해 자세한 설명을 제공해 주는 유세비우스도 오리겐과 마찬가지로 성경을 세 부류로 분류하였다. 그는 1) 보편수납서, 2) 논쟁 대상서, 그리고 3) 완전배격서로 나누었다. 그중에서 도마복음은 엉터리이며 불경건한 서적으로 분류되어 완전히 배격해야만 하는 '완전 배격서'에 포함되었다.[216]

그러나 도마복음과는 대조적으로 신약성경은 속사도 시대부터 교부들의 문헌에 계속적으로 인용되어 왔다. 예를 들어, 이그나티우스(AD 70~110년)는 안디옥의 주교였고 순교자인데 사도들을 매우 잘 알고 있었다. "그가 남긴 7개의 서신은 마태복음, 요한복음, 사도행전, 로마서, 고린도전서, 갈라디아서, 에베소서, 빌립보서, 골로새서, 데살로니가전·후서, 디모데전·후서 야고보서, 베드로전서를 인용했다."[217] 폴리캅(AD 70~156년)은 86세에 순교를 당하였는데 사도 요한의 제자로서 서머나의 주교였다. 그는 그의 서신에 신약성경을 많이 인용하였다. 초기 교회에

---

214 Craig Evans, *Fabricating Jesus*, 63.
215 A.B. 듀 토잇, 신약 정경론 권성수 역 (서울: 도서출판 엠마오, 2000), 264-265.
216 위의 책, 267.
217 조시 맥도웰, 기독교변증 총서 1, 182.

서 신약을 인용한 다른 사람들로 바나바(AD 70년경), 허마(AD 95년경) 그리고 이레니우스가 있다.[218] 좀더 후대의 교부들은 더 많이 신약 성경을 인용하였다. 교부들의 신약성경 인용에 관하여 조시 맥도웰은 다음과 같이 정리하고 있다.

> 알렉산드리아의 클레멘트(AD 150~212년)는 2,400여회 신약을 인용했는데 신약성경 가운데 3권을 제외한 모든 책에서 인용했다. 터툴리안(AD 160~220년)은 카르타고 교회의 장로였는데 신약성경을 7,000회 이상 인용했으며 그 가운데 3,800회는 복음서에서 인용했다. 히폴리투스(AD 170~235년)는 1,300회 이상 인용했다. 오리겐(AD 185~235 또는 254년), 이 대단한 작가는 6,000권 이상의 저술을 남겼다. 그는 18,000회 이상 신약을 인용했다.[219]

이와 같이 초기 교부들은 니케아 종교회의(AD 325년) 이전에만 3만2천 번 이상 신약성경을 인용하였다.[220]

그런데, 신약성경은 이렇게 많은 횟수와 분량으로 초기 교부들의 저

---

218 조시 맥도웰, 기독교변증 총서 1, 183.
219 위의 책.
220 위의 책. 다음은 초대 교부들의 신약 인용을 분석해 놓은 도표이다. 조시 맥도웰, 기독교변증 총서 1, p. 180. 도표 참조

저자	복음서	사도행전	바울서신	일반서신	계시록	합계
순교자 저스틴	268	10	43	6	3(266회 암시)	330
이레니우스	1,038	194	499	23	65	1,819
클레멘트(알렉산드리아)	1,107	44	1,127	207	11	2,406
오리겐	9,231	349	7,778	399	165	17,992
터툴리안	3,882	502	2,609	120	205	7,258
히폴리투스	734	42	387	27	188	1,378
유세비우스	3,258	211	1,592	88	27	5,176
총계	19,368	1,352	14,035	870	664	36,289

작에 인용되었지만, 도마복음서는 1세기 말부터 3세기에 이르기까지 단 한 번도 동·서방 교부들의 책에 언급되거나 그 내용이 인용된 적이 없다. 도마복음서로부터 인용된 글의 흔적은 전혀 없다. 단지 3세기 이후 교부들로부터 이단적 배격서로 분류되었을 뿐이다.

신약성경의 저자들이 도마복음서를 귀중히 여겼고 그 권위를 인정하여 베껴 적었다면, 속사도들과 초기 교부들의 기록에 전혀 나타나지 않을 이유가 없다. 이러한 사실은 도마복음이 2세기 초 이후에 기록되었으며 서서히 그 존재가 드러났다는 사실을 방증해 준다.

셋째, 2세기 중반의 도마복음 저자가 당시 널리 퍼져 있었던 신약성경을 참조하여 도마복음을 기록했다는 것이 훨씬 더 믿을 만하다. 왜냐하면 현재 우리는 AD 1세기 중반에 도마복음이 존재하였다는 그 어떠한 증거도 가지고 있지 않다. 도마복음이 1세기 중반에 기록되었다는 추정은 일종의 상상력에 기초를 두고 있다. 그 이론은 학문적 근거를 제시할 수 없다. 따라서 AD 40년대에 도마복음의 완성본이 존재하였고, 신약 성경의 저자들이 모두 그 도마복음서를 참조하였다는 가정을 믿기보다는 2세기 도마복음의 저자가 신약성경을 참조하였다고 믿는 것이 훨씬 더 타당하다.

앞에서도 언급했듯이, 도마복음은 예수의 말씀만 모아놓았고, 그 구성에 있어서 어떠한 흐름이 있는 것도 아니다. 말씀만 마구잡이로 모아 놓았다는 것은 누구나 자기 뜻대로 손쉽게 편집이 가능하다는 것을 뒷받침해 준다. 신약 성경의 내용과 구전의 내용, 기타 여러 가지 자료를 이용하여 자기의 신학적 입장에 맞게 편집하기가 매우 용이한 환경을 가졌다.

이러한 점은 헬라어로 된 도마복음과 콥트어로 된 도마복음의 내용에 차이가 드러난다는 점을 미루어보아도 그 가능성을 충분히 엿볼 수 있다. 그러므로 이 모든 증거를 종합해 볼 때, 도마복음서의 저자가 2세기 당시에 널리 퍼져 있었던 신약성경을 참조하였다고 보는 것이 훨씬 더 합리적이라고 판단된다.

자! 이제 계속해서 도마복음이 신약성경에 의존하였다는 사실을 검증하기 위해서 좀더 구체적인 증거를 살펴보겠다.

(2) 도마복음은 신약성경뿐만 아니라 마태의 특수 자료, 누가의 특수 자료, 그리고 요한의 특별 자료들도 포함하고 있다.[221]

이러한 특별한 자료 모두를 도마가 한꺼번에 사용하고 있다는 사실은 도마복음이 그 복음서들을 참조하였다는 점을 강력하게 시사해 주고 있다. 이것은 매우 중요한 사실이다. 대개 성경학자들은 Q 자료와 마가복음이 예수의 초기 자료라고 여긴다. 그리고 이들 자료보다 좀더 후대의 자료로 마태가 자신의 복음서에만 사용한 마태의 특수자료(M자료)와 누가만이 사용한 누가의 특수자료(L자료)가 있다. 또 요한복음에만 나오는 요한의 특별한 자료들도 있다. 그런데 이 특별한 자료들이 도마복음서에 한꺼번에 등장하고 있다. 도마복음서와 이 복음서들의 평행구절은 다음과 같다. 독자의 이해를 돕기 위하여 몇 가지 예만 필자가 번역하여 소개해 본다.[222]

마태복음과 도마복음의 평행구절들

마 5:10-의를 위하여 박해를 받은 자는 복이 있나니 천국이 그들의 것임이라.	도마 69a- 예수가 말하였다. "박해를 받은 그들은 복이 있다…"
마 5:14-너희는 세상의 빛이라. 산 위에 있는 동네가 숨겨지지 못할 것이요.	도마 32- 예수가 말하였다. "높은 산 위에 세워진 마을(그리고 요새화된 마을)은 무너지지 않고, 숨길 수 없다."
마 6:3-너는 구제할 때에 오른손이 하는 것을 왼손이 모르게 하여(또는 '하라')	도마 62-예수가 말하였다…."오른손이 하는 일을 왼손이 모르게 하라."

---

221 Craig Evans, *Fabricating Jesus*, 68.
222 위의 책, 69. 위의 번역은 필자의 번역이다. 도마복음의 본문은 나그함마디 라이브러리(*The Nag Hammadi Library*)를 참조하였다.

마 6:2-4	도마 6, 14
마 7:6	도마 93
마 10:16	도마 39
마 11:30	도마 90
마 13:24-30	도마 57
마 13:44	도마 109
마 13:45-46	도마 76
마 13:47-50	도마 8
마 15:13	도마 40
마 18:20	도마 30
마 23:13	도마 39, 102

누가복음과 도마복음의 평행구절들

눅 11:27-28 + 23:29 [27] 이 말씀을 하실 때에 무리 중에서 한 여자가 음성을 높여 이르되 당신을 밴 태와 당신을 먹인 젖이 복이 있나이다 하니 [28] 예수께서 이르시되 오히려 하나님의 말씀을 듣고 지키는 자가 복이 있느니라 하시니라 23:29-보라 날이 이르면 사람이 말하기를 잉태하지 못하는 이와 해산하지 못한 배와 먹이지 못한 젖이 복이 있다 하리라	도마 79-무리로부터 한 여자가 그에게 말하기를, "당신을 밴 태와 당신을 먹인 젖이 복이 있습니다." 예수께서 그녀에게 말하였다. "아버지의 말씀을 들은 자와 그 말씀을 진실로 지키는 자가 복이 있다. 보아라, 사람들이 임신하지 못한 태와 젖을 먹이지 않은 가슴이 복되다고 말할 날이 올 것이다."
눅 12:13-14 (13) 무리 중에 한 사람이 이르되 선생님 내 형을 명하여 유산을 나와 나누게 하소서 하니 (14) 이르시되 이 사람아 누가 나를 너희의 재판장이나 물건 나누는 자로 세웠느냐 하시고	도마 72- 한 사람이 그에게 말했다. "내 형제들에게 아버지의 재산을 나와 나누도록 말해 주소서." 그가 그 사람에게 말했다. "오 이 사람아, 누가 나를 나누는 자로 만들었느냐?" 그가 그의 제자들에게 돌아서서 그들에게 말했다. "나는 분배자가 아니다. 그렇지 않은가?"
눅 12:16-21	도마 63
눅 12:49	도마 10
눅 17:20-21	도마 3, 113

요한복음과 도마복음의 평행구절들

요 1:9–참 빛 곧 세상에 와서 각 사람에게 비추는 빛이 있었나니	도마 24–"…예수께서 제자들에게 말하였다. "누구든지 귀 있는 자는 들어라. 빛의 사람 안에 빛이 있다. 그리고 그가 온 세상에 빛을 비춘다. 만약 그가 비추지 않는다면, 그는 어두움이다."
요 1:14–14 말씀이 육신이 되어 우리 가운데 거하시매 우리가 그의 영광을 보니 아버지의 독생자의 영광이요 은혜와 진리가 충만하더라	도마 28–예수께서 말하였다. "나는 세상 한 가운데 나의 자리를 잡았다. 그리고 나는 그들에게 육체로 나타났다…"
요 4:13–15	도마 13
요 7:32–36	도마 38
요 8:12; 9:5	도마 77

위와 같이, 도마복음에는 마태의 특수 자료, 누가의 특수 자료, 그리고 요한의 특수 자료가 모두 평행구절로 나타나 있다. 만일 도마복음서가 매우 이른 시기의 독립적인 자료라고 한다면, 위의 독특한 특수 자료들이 도마복음에 함께 나타나는 것을 어떻게 설명해야 할 것인가?

도마복음이 1세기 중반에 기록되었다고 믿는 학자들은 이들 특수 자료들을 아주 후기의 자료로 여긴다. 그런데 이러한 후기의 자료들이 도마복음에 평행구절로 나온다는 사실로 미루어 복음서들이 도마복음으로부터 각기 특수 자료를 취했다기보다는 도마복음이 이 복음서들로부터 그 독특한 자료들을 취하였다고 보는 편이 훨씬 더 믿을 만하다. 그러므로 도마복음에 후기 특수 자료들이 등장한다는 것은 4복음서가 널리 퍼져 있는 상황에서 2세기의 도마복음 저자가 그 자료들을 참조하였다고 볼 수 있는 좋은 증거이다.

(3) 도마복음에서 4복음서와 바울서신들을 임의로 편집하여 기록하였다는 증거들을 발견할 수 있다.[223]

도마복음은 신약성경을 참조하여 편집하였다는 편집적 특성을 보여준다. 이에 대해 제시할 수 있는 증거들이 많이 있다. 그러나 여기서는 대표적인 몇 가지 경우만 살펴보도록 하겠다.

첫째, 도마복음이 누가복음의 영향을 받았다는 증거가 있다. 누가는 마가의 좀 서투른 표현, 즉 『드러내려 하지 않고는 숨긴 것이 없고 나타내려 하지 않고는 감추인 것이 없느니라』(막 4:22), 이것을 좀더 세련되게 다음과 같이 바꾸어 표현하였다: 『숨은 것이 장차 드러나지 아니할 것이 없고 감추인 것이 장차 알려지고 나타나지 않을 것이 없느니라』(눅 8:17). 이와 같이 마가의 거친 표현을 누가가 세련되게 바꾸었다는 사실은 모든 성경학자들이 정설로 받아들인다.

바로 이렇게 세련되게 편집된 누가의 내용이 도마복음서에서도 그대로 발견된다. 특히 P.Oxy 654.5의 헬라어 평행구절은 누가복음 본문과 정확히 일치하고 있다. 만약 도마복음서가 진정으로 초기의 문서이고 독립적인 자료였다면, 모든 학자들이 '누가가 나중에 세련되게 편집한 내용'이라고 평가하는 부분이 어떻게 도마복음에 정확히 그대로 나타날 수 있겠는가?[224] 현재 우리가 가진 정보에 의하면, 누가가 마가를 참조하였다는 증거는 많이 있지만, 누가가 도마를 참조하였다는 증거는 없다. 따라서 누가가 마가를 참조하여 세련되게 표현한 내용을 도마가 그대로 수용하였다고 보는 것이 합당하다.[225]

---

223 Craig Evans, Fabricating Jesus, 70-71을 참조하라.
224 위의 책, 70.
225 또 다른 부분에서도 도마복음서가 누가복음을 따랐다는 사실이 나타난다: 예를 들어, 도마복서 10장은 눅 12:49의 영향을 받았고, 도마복음 14장은 눅 10:8-9의 영향을 받았다; 도마복음 16장은 눅 12:51-53절(마 10:34-39)을, 도마복음 55장과 101장은 누가복음 14:26-27과 마태

둘째, 도마복음이 바울서신을 인용하였다는 증거가 있다. 도마복음 17장과 평행구절을 이루는 고린도전서 2장 9절은 도마복음이 바울의 글을 인용하였다는 사실을 잘 보여준다.[226] 사도 바울은 고린도전서 2장 9절을 쓸 때, 이사야 64장 4절을 융통성 있게 인용하였다. 따라서 우리가 이사야와 고린도전서 그리고 도마복음을 비교해 보면 중요한 증거를 발견할 수 있을 것이다.

복음 10:37절을 반영한다. 또한 도마복음 73-75장은 누가복음 10장 2절을 반영한다. 이러한 증거들 때문에 수많은 권위 있는 학자들은 도마복음이 4복음서에서 발췌한 것이라는데 동의하고 있다. Craig Evans, Fabricating Jesus, 70.
도마복음서가 정경복음서들과는 별도로 독립적이라고 주장하는 사람들은 종종 예수의 말씀과 비유들이 축소된 형태로 도마복음서에 많이 나타난다는 사실을 지적한다. 여기에 대해 가장 잘 알려진 예들 중의 하나는 '악한 포도원 소작인의 비유'이다(마 21:33-41; 막 12:1-9; 눅 20:9-16; 도마복음 65). 마가복음에 이 비유를 시작하는 구절에는 대략 11개의 단어를 이 비유의 일반적 배경인 이사야 5:1-7절에서 빌려왔다. 이 단어들의 대부분은 도마복음서에는 나타나지 않는다. 크로산은 이것을 두고 그 비유의 초기 형태가 마가에 나타나는 것이 아니라 도마복음에 나타나는 것이라고 주장했다. 그래서 마가복음이 도리어 2차적인 자료라고 주장한다. 그러나 누가복음에 나타난 동일한 비유의 서문에는 이사야 5장에서 빌려온 단어가 단지 2개만 나타난다. 여기서 우리는 그 비유한 본문에 대한 축약을 명확하게 보게 된다. 다른 학자들은 누가복음에 나타난 그 비유의 본문을 도마복음에서 편집하고 축약시켰다고 결론을 내린다. 위와 동일한 가능성이 '버려진 돌의 비유'(마 21:42; 막 12:10-11; 눅 20:17; 도마복음 66)에서도 적용된다. 마가의 긴 비유는 시편 118:22-23에서 인용하였다. 그러나 누가는 오직 시편 118:22절만 인용한다. 우리는 다시 한 번 마가의 자료를 참고하였던 누가가 마가복음 본문의 본래 형태를 일부 제외시켜 축약한 것을 볼 수 있다. 그 짧은 형태를 또한 도마복음에서도 볼 수 있다. 따라서 어떤 본문의 원형을 파악할 때, 본문의 짧은 형태나 축약되어 나타나는 것을 근거로 하여 그것이 우선순위라고 강하게 단정하는 것은 위험한 주장이다. 따라서 도마복음 65장과 66장은 공관복음 이전 자료이거나 공관복음과는 별도의 자료라고 볼 수 있는 근거가 없다. 오히려 그것은 마가의 비유를 누가가 축약했는데, 누가의 그 본문을 도마가 편집하여 구성했다고 보는 것이 더 합리적이다. Craig Evans, Fabricating Jesus, 70-71.
도마복음이 마태복음을 참조하였다는 증거도 있다. 두 개의 마태 특수자료 본문들(마 15:13; 13:24-30)은 마태의 편집으로 포함되었다. 마태, 마가, 누가에 공통적으로 나오는 본문과 평행구절을 이루는 도마복음의 다른 어록들은 마가복음의 말씀들보다는 오히려 마태복음의 말씀과 일치한다(예, 마 15:11 = 도마복음서 34b; 마 12:50 = 도마복음서 99). 또한, 마태복음에서 구제와 기도 그리고 금식의 독특한 결합은(마 6:1-18), 도마복음의 6장과 14장에 반영되어 나온다. 도마복음 안에서 구제, 기도 그리고 금식은 부정적인 관점에서 논의된다. 아마도 이것은 유대교적 경건에 대한 영지주의적 반감을 반영하고 있는 것이다. 이러한 사실은 도마복음이 마태복음보다 나중의 것이라는 것을 보여주는데 충분한 근거가 된다. Craig Evans, Fabricating Jesus, 70
226 Darrell L. Bock & Daniel B. Wallace, *Dethroning Jesus*, 114.

『이런 일은 예로부터 아무도 들어 본 적이 없습니다. 아무도 귀로 듣거나 눈으로 본 적이 없습니다. 주님 말고 어느 신이 자기를 기다리는 자들에게 이렇게 할 수 있었겠습니까?』 (사 64:4, 표준새번역)

『그러나 성경에 기록한 바 "눈으로 보지 못하고 귀로 듣지 못하고 사람의 마음에 떠오르지 않은 것들을 하나님께서는 자기를 사랑하는 사람들에게 마련해 주셨다" 함과 같습니다.』(고전 2:9, 표준새번역)

『나는 너에게 눈으로 보지 못하였고, 귀가 듣지 못하였고, 손이 만져보지 못하였고, 사람의 마음에 떠오르지 않은 것을 줄 것이다.』(도마복음 17장, 필자 번역)[227]

우선 위의 인용문에서 중요하게 보아야 할 것은, 바울이 고린도전서 2장 9절을 쓰면서 이사야 64장 4절의 말씀을 인용했다는 점이다. 그래서 바울은 그 말씀을 "성경에 기록한 바"라는 표현으로 시작한다. 그 다음 중요한 사실은 고린도전서 2장 9절과 도마복음 17장이 매우 유사하다는 사실이다. 다음의 도표를 살펴보면 도마복음과 고린도전서의 말씀 사이에 놀라운 유사점을 확연히 보게 될 것이다.

---

[227] 도마복음 17장의 영어 번역은 다음과 같다. "I will give you what eye has not seen and what ear has not heard and what hand has not touched and [what] has not arisen in the heart of man." (*The Gospel according to Thomas*, 1959; 이 번역본을 선택한 이유는 이 번역이 공평하게 문자적으로 번역되었기 때문이다.) Darrell L. Bock & Daniel B. Wallace, *Dethroning Jesus*, 114.

이사야 64:4	고린도전서 2:9	도마복음 17
		I Will give you (나는 너에게 줄 것이다)
	What eye has not seen (눈으로 보지 못하고) and ear has not heard (귀로 듣지 못하고)	what eye has not seen (눈으로 보지 못한 것) and what ear has not heard (귀로 듣지 못한 것) and what hand has not touched (손으로 만져보지 못한 것)
We have not heard (우리는 들어본 적이 없고) and our eyes have not seen (우리의 눈으로 본 적이 없고)		
any god besides you. (주님 말고 어느 신이)	and have not arisen in the heart of man. (사람의 마음속에 떠오르지 않은 것을)	and [what] has not arisen in the heart of man. (사람의 마음속에 떠오르지 않은 것을)

위의 도표를 통해 볼 수 있듯이, 고린도전서와 도마복음서의 이 평행 구절은 매우 놀라울 정도로 유사하다.

단지 도마복음에서 "나는 너에게 줄 것이다"와 "손으로 만져보지 못한 것", 이 구절만 제외하면, 거의 똑같다. 이사야서의 말씀과 비교해 볼 때 고린도전서와 도마복음은 서로 매우 흡사하다. 우리는 이러한 유사점을 통해서 도마복음이 고린도전서에서 그 내용과 구성을 빌려왔다고 확증할 수 있다.[228]

그 구체적인 이유는 무엇이겠는가? ① 고린도전서는 AD 55년에 기록되었다. 이것은 도마복음보다 훨씬 이른 시기이며, 도마복음은 그 완성본에 대한 확실한 근거가 없지만 고린도전서는 그 편지가 존재하였다는 사실에 대해서 모든 학자들로부터 이미 공인을 받았다. 따라서 AD 40년대에 도마복음의 완성본이 존재했다는 증거가 드러나지 않는 한,

---

228 Darrell L. Bock & Daniel B. Wallace, *Dethroning Jesus*, 115.

위의 유사점으로 인해 도마복음이 고린도전서를 참조하였다고 보는 것이 더 합당하다. ② 도마복음 17장은 이사야서 64장 4절의 순서보다, 고린도전서 2장 9절의 구성 순서를 따르고 있다. 따라서 도마복음이 이사야서를 참조하였다고 말할 수 없다. ③ 도마복음의 저자는 그 말씀의 출처를 예수에게 두고 있지만, 바울은 그 말씀의 출처를 좀더 막연히 성경('기록된 바')에 두고 있다. 만일 예수가 실제로 그 말씀을 하였다면, 왜 바울은 그 말씀이 구약성경에 근거를 두었다고 진술하고 있겠는가? 고린도전서의 다른 구절에서 바울은 예수가 하신 말씀을 잘 알고 있었으며 그 말씀이 예수께 기인한다고 밝히고 있다(고전 11:23-25). 심지어 예수의 가르침이 구약 성경 속에서 발견된 것일지라도 바울은 그것을 예수의 가르침으로 잘 인식하고 있었다.[229] 따라서 그 본문에 대한 바울의 참고자료는 분명히 이사야 64장 4절이 확실하다. 바울은 도마를 인용한 것이 아니다.

게다가 ④ 만일 바울이 도마복음을 인용하였다면, 당연히 그 인용의 출처를 구약성경이라고 말하지 말고, 예수가 하신 말씀이라고 해야 했다. 왜냐하면, 도마복음은 그것을 예수가 한 말씀이라고 분명히 말하고 있기 때문이다. 그러면 바울은 자료의 출처를 구약성경이라고 했고 도마는 출처를 예수라고 밝혔음에도 불구하고, 바울과 도마 사이에 보이는 놀라운 유사점들이 우리에게 분명히 알려주는 것은 무엇인가? 그것은 최소한 이 평행구절은 초기 도마복음서 이론을 지지하지 않는다는 사실이다.[230] 다시 말해, 바울이 도마복음을 참조한 것이 아니라, 도마복음이 바울의 서신을 참조해 예수의 말씀으로 바꾸어 인용하였다는 사실을 부인할 길이 없다.[231]

---

229 위의 책.
230 위의 책, 116.
231 분명히 고린도전서 2장 9절은 하나의 예에 불과하다. 공관복음서들은 많은 부분이 도마복

따라서 이 모든 증거들을 종합해 볼 때, 도마복음은 신약성경을 참조하였음이 분명하다. 그러나 도마복음이 신약성경에 의존하였다는 증거는 여기서 그치지 않는다. 도마복음이 4복음서와는 독립적으로 1세기 중반에 존재했다는 가설이 불합리하다는 근거를 우리는 도마복음과 시리아 전통의 유사점에서도 찾을 수 있다.

(4) 도마복음서는 2세기 후반의 시리아 전통과 일치한다는 증거들이 있다. 비교적 최근에, 도마복음에 나타나는 여러 가지 특성은 2세기 후반의

과 평행구절을 가지고 있다. 사실 도마복음서의 절반 이상이 공관복음서와 평행구절을 가지고 있다. 이렇게 많은 평행구절로 인해 도마복음이 공관복음서들을 참조하였다고 보는 것이 합리적인 판단이라고 할 수 있다. 그런데 이 평행구절들에 대하여 어떤 학자들은 도마복음은 뿌리이고 공관복음서는 가지들이라고 말한다. 예를 들어, 마빈 메이어(Marvin Meyer)는 "씨 뿌리는 자의 비유"(도마 9; 마 13:3-9; 막 4:3-9; 눅 8:4-8)는 도마복음서 안에 나오는 것이 공관복음 안에 발견되는 것보다 더 본래적인 것이라고 주장한다. 메이어(Meyer)는 공관복음의 씨 뿌리는 자의 비유 뒤에는 항상 그 해설이 따라온다는 점(마 3:18-33; 막 4:13-20; 눅 8:11-15)을 근거로 하여, 공관복음에는 이러한 해설이 나중에 첨가되었지만, 원래의 형태인 도마복음서에는 그런 해설이 나오지 않는다고 주장한다. 따라서 그는 "도마복음서에 나오는 씨 뿌리는 자의 비유는 그 어떠한 신약 성경의 복음서보다 더 원래적 형태이다"라고 주장한다. (Marvin Meyer, The Gnostic Gospels of Jesus: The Definitive Collection of Mystical Gospels and Secret Books about Jesus of Nazareth. San Francisco: Harper San Francisco, 2004, 10) 그러나 이러한 메이어(Meyer)의 확신은 잘못된 것이다. 첫째, 많은 학자들은 비유의 해설이 예수 자신에 기인한 것으로 본다. 따라서 이러한 해설이 예수에게서 나왔다는 사실은 쉽게 받아들일 수 있다. 둘째, 아마도 도마복음서에서 그 해설을 뺀 것은 그것이 도마의 의도와는 다른 것이기 때문인 것으로 이해된다. 공관복음서에서 그 해설은 믿음의 이해와 회개에 대한 믿음으로 연결된다. 그러나 도마복음서에서는 이해하는 것 그 자체만 강조하고 있다. 실제로 공관복음서들이 도마를 카피했다면, 도마의 견해를 거슬러 공관복음서 모두가 다 예수의 입을 빌려 그들의 해석을 동일하게 기록해 놓은 것이 된다. 이것은 더 어울리지 않는 주장이다. 셋째, 도마복음서는 후대에 첨가된 흔적 같은 몇몇 요소들을 가지고 있다: 도마복음서의 예수는 그 씨 뿌리는 자가 "씨앗 한 줌을 가지고"와 가시덤불에 떨어진 씨앗을 "벌레가 먹었다"고 말한다. 그리고 그 곡물을 재어보니 60배, 그리고 재어보니 120배를 거두었다. 메이어(Meyer)가 말한 것처럼, "씨앗 한 줌"이라는 표현의 첨가는 매우 초기 화자의 구체성을 구성하는 것"이라는 것은 가능하다, 그러나 다른 요소들과 결합해 볼 때, 그러한 개념은 가능한 것 같지 않다. 특별히 "재어보니 120배"의 곡식 수확은 공관복음에 나오는 그 어떤 수확량보다 많다. 그리고 이러한 변형, 즉 대개 높은 숫자는 그 전통의 확장을 나타내는 확실한 표시(sign)인 것이다. 그러므로 이러한 평행구절의 증거는 도마복음이 초기의 것이고 독립적이라는 주장에 많은 허점들이 있음을 보여주는 것이다. Darrell L. Bock & Daniel B. Wallace, Dethroning Jesus, 116-117.

시리아 전통과 일치한다는 여러 가지 증거들이 밝혀졌다. 그 증거를 간략하게 소개하겠다. 첫째, 도마복음의 스타일이 고대 시리아 말의 스타일을 그대로 닮았다. 특히 '도마'라는 사도의 이름이 '유다 도마'라는 시리아말의 스타일과 일치한다. 도마복음에서 사도 도마의 이름은 "디두모 유다 도마"Didymos Judas Thomas이다. 4복음서에서는 '도마'라는 이름을 '유다 도마'라고 표현하지 않는다. 복음서에서 열두 제자들의 이름이 소개될 때 도마의 이름은 언제나 그냥 '도마'(마 10:3; 막 3:18; 눅 6:18)라고 불렸다. 요한복음에서는 좀더 자세하게 '디두모라 하는 도마'(요 11:16; 20:24; 21:2)라고 소개되어 나온다. 그러나 4복음서에서는 도마를 '유다 도마'라고 표현하지 않는다.

그런데 요한복음 14장 22절에서 "가룟이 아닌 유다"가 나온다. 이 구절의 시리아 역본에서 "가룟 유다가 아닌 다른 유다"는 "유다 도마"Judas Thomas와 일치한다. 이러한 명명법은 후기 시리아 기독교 전통에서도 계속되고 있다. 예를 들어, 시리아 전통의 문서인 '경쟁자 도마의 책'The Book of Thomas The Contender에서도 도마의 이름은 "유다 도마"로 불린다.²³² 특히 AD 225년경에 동방 시리아 전통위에서 기록했다고 알려진 '도마행전'Acts of Thomas에서도 그 사도의 이름을 "디두모 유다 도마"Didymos Judas Thomas라고 부른다.²³³ 따라서 그 사도의 이름에 대한 2세기 동방 시리아의 특이한 명명 스타일을 도마복음이 그대로 따랐고, 도마의 이름을 "디두모 유다 도마"Didymos Judas Thomas로 칭하고 있다.

만일 4복음서가 도마복음을 참조하여 기록되었다면, 사도 도마의 이름을 단순히 '도마'라고 표현하지 않았을 것이다. 당연히 도마복음의 호

---

232 *Craig Evans, Fabricating Jesus*, 71-72.
233 James M. Robinson, The Nag Hammadi Library, 199; Craig Evans, *Fabricating Jesus*, 72.

칭을 참조하여 도마를 '디두모 유다 도마'라고 불렀어야 했다. 그러나 공관복음서는 도마복음과 수많은 평행구절을 같이하면서도 그 사도의 이름을 단순히 '도마'라고만 표현하였다. 그리고 요한복음서는 조금 더 자세하게 '디두모라고 하는 도마'라고만 불렀다. 그런데 2세기 이후 동방 시리아 지역의 복음서와 다른 후기 시리아의 외경들에서 '유다 도마'와 '디두모 유다 도마'라는 호칭이 나온다. 우리는 이러한 증거들을 어떻게 이해할 수 있겠는가? 이는 도마복음이 2세기 후반의 시리아 전통을 참조하였다는 사실을 입증하는 강력한 증거이다.

둘째, 도마복음이 AD 2세기 시리아 복음서인 디아테사론Diatessaron 과 다른 시리아 복음서들을 알고 있었고 의존하였다는 증거들이 있다.[234] 도마복음이 시리아 문서들을 참조하였다는 증거는 많이 있다. 여기서는 단 한 가지 예만 소개하고자 한다. 예수의 팔복 선포에 나오는 가난한 자에 관한 말씀을 비교해 볼 때, 도마복음이 시리아 전통을 참조하였음을 알 수 있다.

마음이 가난한 사람은 복이 있다. 하늘나라가 그들의 것이다. (마 5:3, 표준새번역)
(Blessed are the poor in spirit, for theirs is the kingdom of heaven.)

너희 가난한 사람은 복이 있다. 하나님의 나라가 너희의 것이다. (눅 6:20, 표준새번역)
(Blessed are you who are poor, for yours is the kingdom of God.)

가난한 사람은 복이 있다. 하늘나라가 너희의 것이다. (도마복음 54, 필자번역)
(Blessed are the poor, for yours is the kingdom of heaven.)

마음이 가난한 사람은 복이 있다. 하늘나라가 너희의 것이다. (시리아본 마 5:3)
(Blessed are the poor in spirit, for yours is the kingdom of heaven)

마음이 가난한 사람은 복이 있다. (디아테사론)
(Blessed are the poor in spirit—)

---

234 니콜라스 페린(Nicholas Perrin)은 그의 논문을 통하여 도마복음이 디아테사론을 잘 알고 있었고, 디아테사론에 의존하였다는 설득력 있는 근거를 제시한다. 이러한 연구결과는 도마복음이 가장 초기의 형태이며 정경복음서들보다 시기적으로 앞선다는 주장이 불가능하다는 사실을 알려주고 있다. Craig L. Blomberg, *The Historical Reliability of the Gospel*, 267.

크로산Crossan은 위의 본문 도마복음 54장을 '도마복음이 4복음서와 관계없이 독립적으로 존재하였다'는 강력한 증거로 삼는다.[235] 크로산은 마태복음에 기록돼 있지만, 불필요한 것처럼 보이는 "마음이"in spirit 가 도마복음에는 빠져 있으며, 그 구절의 형태가 혼합되어 있다고 말한다. 다시 말해서, 도마복음의 첫 부분인 '가난한 사람은'(마태복음에서 볼 수 있듯이)에는 3인칭이 사용되었다. 그리고 두 번째 부분인 '너희의 것'(누가복음에서 볼 수 있듯이)에는 2인칭이 사용되었다. 바로 이런 점을 지적하면서 크로산은 도마복음의 저자가 어떻게 이렇게 했는지 이해할 수 없다고 말한다. 그는 다음과 같이 비판한다.

> 어떤 사람은 (a) 도마복음이 마태복음으로부터 '가난한 사람'the poor 이라는 3인칭을 취했다고 주장한다. 그리고 (b) 누가복음으로부터 '너희의 것'yours 이라는 2인칭을 취했다고 주장한다. 그리고 (c) 다시 마태복음으로 돌아와서 마지막 부분인 '하늘 나라'kingdom of heaven 를 취했다고 주장한다. 이런 주장을 제시하는 것은 '도마가 정신적으로 불안정하다'고 제안하는 좀 바보 같은 사람일 것이다.[236]

그러나 이처럼 한 구절에 2개의 인칭이 혼합되어 나오는 것은 단순히 도마복음이 시리아 전통을 따랐다는 것을 말해 준다.[237] 도마복음 54장은 마태복음의 시리아 판본 형태를 따랐다. 도마복음에서 "마음이"in spirit 라는 표현이 빠진 것은 별로 놀랄 일이 아니다. 누가복음에서도 그 표현은

---

235 Craig Evans, *Fabricating Jesus*, 75.
236 John Dominic Crossan, *Four Other Gospels*, 18-19; Craig Evans, *Fabricating Jesus*, 75-76 재인용.
237 Craig Evans, *Fabricating Jesus*, 76.

빠져 있다. 도마복음에서 그 부분이 빠진 것은 도마의 세계관과 일치한다. 도마의 반물질주의적인 관점을 고려해 볼 때 이것은 설명하기 어려운 문제가 아니다.[238] 도마의 반물질주의적 관점은 시리아 교회의 금욕주의적 관점과 일치한다. 그래서 도마는 마음이 가난한 자가 복이 있는 것이 아니라, 진짜 문자적으로 가난한 자가 복이 있다고 선언했다.[239]

자! 이런 이해를 가지고 다시 크로산 Crossan 의 논점으로 돌아가 보자. 도마는 (a) 시리아 판본에 존재하는 것을 그대로 취했다. 이 시리아 판본에는 3인칭과 2인칭이 함께 섞여 있으며, 또한 '하늘나라'라는 구절도 나타난다. 그리고 (b) 누가복음에서 볼 수 있듯이, 자기의 생각과 맞지 않는 '마음이' in spirit 를 빼버린 것이다.[240] 이렇게 볼 때, 크로산의 문제제기는 쉽게 해결될 수 있다. 이 외에도 도마복음이 2세기 시리아 복음서 디아테사론과 다른 시리아 성경을 참조하였다는 증거는 많이 있다.[241]

---

238 도마의 반물질주의적인 관점은 도마복음 27, 63, 64, 65, 95, 110장에 잘 나타난다.
239 Craig Evans, *Fabricating Jesus*, 76.
240 위의 책.
241 도마복음이 시리아 복음서들을 참조하였다는 또 다른 하나의 예는 도마복음 16a장에서 볼 수 있다.

너희는 내가 세상에 평화를 주려고 온 줄로 생각하지 말아라. 평화가 아니라 칼을 주려고 왔다. (마 10:34, 표준새번역) (Do not think that I have come to bring peace to the earth; I have not come to bring peace, but a sword.)
너희는 내가 세상에 평화를 주러 온 줄로 생각하느냐? 내가 너희에게 말한다. 그렇지 않다. 도리어, 분열을 일으키러 왔다. (눅 12:51, 표준새번역) (Do you think that I have come to bring peace to earth? No, I tell you, but rather division.)
그들은 내가 세상에 분열을 던지려 온 것을 알지 못한다. 즉 불, 칼 그리고 전쟁이다.(도마16a, 필자번역) **(They do not know that it is division I have come to cast upon the earth: fire, sword, and war.)**
나는 평화를 주려 온 것이 아니라, 마음의 분열과 칼을 주려고 왔다 (시리아본 마 10:34b) (I came not to bring peace but division of minds and a sword.) (Curetonian Syriac)
나는 세상에 평화를 던지려고 온 것이 아니다. 오히려 전쟁을 주려고 왔다. (시리아 Recognitions 2, 26, 6) (I have not come that I might cast peace on the earth but rather war.) (시리아 Recognitions 2, 26, 6)

도마복음 16a의 형태는 마태복음과 누가복음의 요소들을 반영하고 있는 것으로 보인다. 도마복음의 "분열"(division)은 누가복음에서 나왔고, 도마의 "칼"(sword)은 마태복음에서 나왔다고

정리하면, 지금까지 우리는 '도마복음이 매우 초기의 문서로서 4복음서와는 별개로 독립적인 복음서였다'는 주장을 반박해 왔다. 도마복음은 4복음서로부터 독립적인 것이 아니라 도리어 4복음서에 매우 의존적이었다고 보아야 한다. 그리고 도마복음의 저술 연대는 1세기 중반이 아니라 최소한 2세기 초 이후에 기록되었다고 보는 것이 합당하다는 사실을 알아보았다.

왜 도마복음이 4복음서에 의존적이며 후대의 작품이라고 볼 수 있는가? 그 이유는 ① 도마복음 저자는 최소한 14권의 신약성경을 알고 있었다. 도마복음과 신약성경에는 너무나 많은 평행구절이 존재한다. 바울 서신들을 비롯한 신약성경이 도마복음을 참조하려고 하면, 최소한 AD 40년대에 도마복음은 완전한 문서로서 존재했어야 했다. 또 4복음서의 저자들이 도마복음서를 각기 독립적으로 참조하였다면, 이미 1세기 이전에 도마복음은 교회들 사이에 널리 보급되어 있어야만 했다. 그러나 실제적으로 이러한 증거는 전혀 찾을 수 없다. 따라서 역으로 도마복음이 14권의 신약성경을 참조하였다고 보는 것이 훨씬 더 합리적이다.

② 도마복음에는 마태의 특수 자료, 누가의 특수 자료, 그리고 요한의 특별 자료도 한꺼번에 나타난다. 이 특수 자료들은 마가복음보다 더 후기의 자료로 여겨진다. 이러한 후기의 자료들이 도마복음에 모두 다 평행구절로 나온다는 사실은, 도마가 이 복음서들로부터 그 독특한 자료들을 취하였다는 것을 보여주는 증거이다.

볼 수 있다. 그런데 이들 두 요소들은 마태복음의 시리아 번역본에 둘 다 나온다. "I came not to bring peace but division of minds and a sword.." 게다가 도마복음의 "전쟁"(war)은 시리아 Recognition 사본에 나오는 예수의 말씀을 반영하고 있다:"I have not come that I might cast peace on the earth but rather war." 이 증거는 도마복음 16a가 시리아 사본 마태복음 10장 34절 Clementine Recognitions과 같은 시리아의 다른 사본을 반영하고 있다는 것을 강하게 드러내고 있다. 이와 같이 도마복음의 내용이나 형태가 시리아에서 인정받았던 타티안의 디아테사론 또는 시리아 복음서들과 일치하는 예는 많이 있다. Craig Evans, *Fabricating Jesus*, 74-75.

③ 도마복음에서 4복음서와 바울서신들을 임의로 편집하여 기록하였다는 증거들을 발견할 수 있다. 그리고 ④ 도마복음서가 2세기 후반의 시리아 전통과 일치한다는 믿을 만한 증거들이 있다. 도마의 명칭을 '디두모 유다 도마'로 표현한 것은 2세기 후반의 시리아 전통과 부합한다. 이 밖에도 도마복음이 2세기 후반의 시리아 복음서들을 참조한 증거를 많이 발견할 수 있다.

이러한 사실들은 도마복음이 2세기의 작품이며, 신약성경에 의존하였다는 사실을 분명하게 확인시켜 주는 증거이다. 지금까지 검증을 통하여, 도마복음은 2세기의 작품이며, 신약성경을 참조하였다고 믿는 것이 훨씬 더 합리적이라는 사실을 알게 되었다. 그러면 이제부터는 도마복음을 좀더 명료하게 이해하기 위하여 Q 자료와 도마복음의 관계에 대해서 살펴보겠다.

3) Q 자료와 도마의 차이점

스티븐 패터슨Stephen Patterson과 제임스 로빈슨(James M. Robinson) 같은 학자들은 도마복음의 문학양식이 초기의 것임을 지지한다. 도마복음은 Q와 같이 말씀으로만 구성되어 있기 때문에 도마복음의 초기 형태는 Q의 시대까지 올라갈 수 있다고 주장한다.[242] 그러나 Q와 도마복음이 동일한 문학양식으로 구성되었기 때문에 두 자료가 동일한 시대에 존재하였다고 추정하는 것은 매우 부당하다.

왜냐하면 도마복음은 2세기 후반의 시리아 전통과 광범위하게 일치성을 보이고 있고, Q를 담고 있는 4복음서의 사상과도 대치되기 때문이다. 게다가 Q와 도마복음을 비교 분석하면, 두 문헌이 동일하게 어록 형

---

242 Craig Evans, *Fabricating Jesus*, 76.

태로 구성되었다는 것을 제외하고는 매우 분명한 차이점을 보인다. 따라서 우리는 Q 자료와 도마복음의 차이점을 살펴봄으로써 도마복음을 명확히 이해할 필요가 있다. Q와 도마복음의 차이점은 다음과 같이 나타난다.

첫째, Q 자료는 이야기 구조 속에서 주제별로 구성되는 특성이 있지만, 도마복음은 어떠한 주제별 장르의 구조도 없이 말씀만 모아 놓았다. 따라서 명확한 주제별 구조를 가진 Q 자료와 주목할 만한 구조가 결여된 편집물을 동일한 장르로 취급하기에는 분명히 한계가 있다.[243] 이러한 차이점은 Q 자료와 도마복음 사이에 어떠한 역사적 연결고리가 존재할 수 있는지에 대한 심각한 질문을 던진다.[244] 따라서 주제별 장르가 있는 어록과 무작위로 구성된 말씀모음집을 동일한 역사적 경로에 있을 것이라고 막연히 추정하는 것은 상상력 위에 세워진 하나의 가설에 불과하다.

둘째, Q 자료에서는 영지주의적 사상을 찾아볼 수 없지만, 도마복음서에는 영지주의Gnostic의 특성이 많이 나타난다. 비록 도마복음을 완전한 영지주의 문서로 규정할 수 없다고 할지라도, 한두 가지 예외적인 요소를 제외하면 도마복음은 영지주의 사상에 매우 잘 들어맞는다.[245] 대부분의 기독교 영지주의 종파는 AD 2세기에 시작되었다. 영지주의는 물질세계를 악으로 보고, 숨겨진 지식을 획득하는 것만을 구원의 유일한 길로 삼았다. 이러한 특성이 도마복음에 잘 나타나 있다.

또한 도마복음은 나그함마디 문서들 안에 포함되어 있는데, 그중 대

---

243 Larry W. Hurtado, *Lord Jesus Christ: Devotion to Jesus in Earliest Christianity* (Grand Rapids: William B. Eerdmans Publishing Company, 2003), 455.
244 위의 책.
245 Darrell L. Bock & Daniel B. Wallace, *Dethroning Jesus*, 120.

부분이 영지주의 문서들이다. 이러한 영지주의 문서들의 일부로 포함되어 있다는 것은 영지주의와 일맥상통하는 것으로 보인다.[246] 이처럼 도마복음서가 영지주의의 영향을 받은 문서라면, 이야기 부분을 빠트리는 경향성이 있을 수 있다.[247] 다시 말해서, 도마복음에는 구원의 관점이 없기 때문에 이야기가 빠져 있다. 여기서 말하는 구원은 역사적 인물에 대한 믿음과는 전혀 상관이 없고, 단지 예수의 말씀의 비밀을 이해하는 것과 관련된 구원이다. 예수가 무엇을 행하였는가에 대한 관심보다는 예수가 무엇을 말했는가에 초점이 맞추어져 있기 때문에, 도마복음서가 아무런 이야기를 전해 주지 않는다는 점을 충분히 이해할 수 있다.[248]

따라서 이렇게 영지주의와 관련하여 도마복음을 이해할 때, 이야기 속에서 예수의 말씀으로 자리 잡고 있는 Q 자료는 이야기가 필요 없는 영지주의 경향의 도마복음과는 확연히 구분될 수 있다. 바로 이러한 차이점 때문에 Q와 도마복음이 같은 어록 형태를 띠고 있지만, 동일한 장르로 보기엔 분명히 한계가 있다. 그리고 이 차이점은 Q와 도마복음이 동일한 시기에 저술되었다고 볼 수 없는 중요한 이유가 된다.

셋째, Q의 예수는 기적 행함과 귀신 축출 사역을 통하여 초자연적인 메시아의 모습을 보여주며, 종말의 날에 심판의 주로서 초월자임을 선포하고 있다. 그러나 도마복음의 예수는 기적을 행하지도 않고, 예언적으로 종말을 선포하지도 않는다.[249] Q의 예수는 자신이 하나님의 아들이라는 자의식을 가지고 신적 권능을 행하며 메시아로서 인식을 가진다. 그러나 도마의 예수는 메시아도 아니고, 종말에 대한 예언자적 목소

---

246 위의 책, 120-121.
247 위의 책, 120.
248 위의 책, 121.
249 위의 책, 129.

리도 내지 않는다.

　다시 말해서, Q의 예수와 도마복음의 예수는 매우 다르다. 만일 Q 자료와 도마복음이 같은 어록 복음서로서 초기 역사적 예수의 실제 모습을 그대로 담았다면, 이렇게 근본적인 대조를 이루는 이유는 무엇인가? 두 문서 모두가 실제 역사적 예수를 그대로 담았다고 한다면, 이러한 근본적인 차이점에 대해서 설명할 길이 없다. 지금까지 살펴본 증거들을 고려해 볼 때, Q 자료는 역사적 예수에 매우 가깝다고 볼 수 있지만 도마복음은 2세기 이후 기독교 영지주의 종파와 아주 관련이 깊다고 판단할 수 있다.

　정리하면, 비록 Q 자료와 도마복음이 동일한 어록 형태를 띠고 있지만, 두 문서의 특성을 비교해 보면 다음과 같은 근본적인 차이점이 발견된다. ① Q 자료는 주제별 장르로 구성되었고, 도마는 그렇지 않다. ② Q는 영지주의 사상보다는 4복음서에 더 부합하지만, 도마복음은 영지주의 사상에 더 일치한다. 그리고 ③ Q의 예수는 기적을 행하고 메시아적 의식과 종말의 날에 심판의 주로 나타나지만, 도마의 예수는 도리어 그 반대의 성향을 띠고 있는 것이 근본적인 차이점이다.

　이러한 근본적인 상이점으로 인해 두 문서가 동일한 예수를 보여줄 수 없으며, 서로 다른 역사적 배경을 지녔다고 볼 수 있다. 다시 말해서 Q는 1세기 문서인 4복음서와 부합하지만, 도마복음은 2세기의 기독교 영지주의 종파의 성향과 매우 일치한다고 결론지을 수 있다.

4. 도마복음의 예수와 신약성경의 예수 비교

　이제 우리는 마지막 단계로 도마복음의 예수와 신약성경의 예수를 비교해 볼 차례이다. 사실 도마복음의 내용 중에서 절반 이상이 신약성경과 평행구절을 이루고 있지만, 도마복음의 예수의 모습과 신약성경의 예수의 모습은 현저한 차이를 보인다. 우리는 이러한 차이점을 살펴봄으로써 실제 역사적 예수의 참 모습을 다시 한 번 확인할 수 있을 것이다. 먼저 도마복음과 4복음서의 예수를 비교해 보고, 그 외 중요한 차이점을 알아보겠다. 그리고 마지막으로 도마복음서의 긍정적인 면을 찾아보겠다.

1) 도마복음의 예수와 4복음서의 예수

과연 도마복음에 나타난 예수의 모습과 4복음서에 나타난 예수의 모습은 동일한가? 이 질문에 대하여 도올은 『도마복음 이야기1』에서 다음과 같이 강조하고 있다.

> 도마복음서의 내용은 현행 공관복음서의 내용과 사상적으로 맥을 같이 하는 것으로, 조금도 이단적이거나 기독교의 권위를 훼손하는 불경스러운 내용을 포함하지 않는다.[250]

과연 도올의 주장대로 도마복음은 4복음서의 내용과 일치하며 사상적으로 맥을 같이하고 있는 것일까? 과연 도마복음의 중심사상이 신약성경의 가르침과 일치하고 있는가? 필자는 도올의 견해에 동의할 수 없다. 왜냐하면, 도마복음의 본문을 제대로 읽고 분석해 보면, 도마복음의 예수와 4복음서의 예수의 모습이 너무도 다르게 나타남을 알 수 있기 때문이다. 우선 필자는 도마복음과 4복음서의 차이점을 간략히 소개한다. 도마복음서 13장을 살펴보자.

---

[250] 김용옥, 도올의 도마복음 이야기 1, 342-343.

예수가 그의 제자들에게 말하였다. "나를 어떤 것과 비교하여보라. 그리고 내가 무엇과 같은지를니에게 말하라."

시몬 베드로가 그에게 말하였다. "당신은 단순히 천사 같습니다."

마태는 그에게 말하였다. "당신은 현명한 철학자 같습니다."

도마가 그에게 말하였다. "선생님. 내 입이 당신이 무엇과 같은지 온전히 말할 능력이 없습니다."

예수가 말하였다. "나는 너의 스승이 아니다. 네가 술을 마셨기 때문에, 너는 내가 돌보던 부글부글 솟는 샘물에 취하게 되었다."

그리고 예수는 도마를 데리고 나갔다. 그리고 그에게 세 가지를 말하였다.

도마가 그의 친구들에게 돌아왔을 때, 그들은 그에게 물었다. "예수께서 너에게 무엇을 말하였느냐?"

도마는 그들에게 말하였다. "만약 내가 너희에게 예수께서 나에게 말한 것들 중에서 하나라도 말한다면, 너희는 바위들을 집어 들어, 나에게 돌 던질 것이다; 그 바위들로부터 나오는 불이 너희를 삼킬 것이다." (도마복음 13장)[251]

우리는 위 도마복음의 본문을 통하여 도마의 예수와 4복음서의 예수에서 많은 차이점을 발견할 수 있다.

첫째, 도마복음의 예수는 메시아가 아닐뿐더러, 심지어 그 제자들의 선생도 아니다. 그러나 복음서의 예수는 메시아이며, 그 제자들의 선생이다.[252] 도마복음 13장은 마태복음 16장과 매우 대조적이다.

『[13] 예수께서 빌립보 가이사랴 지방에 이르러 제자들에게 물어 이르시되 사람들이 인자를 누구라 하느냐 [14] 이르되 더러는 세례 요한, 더러는 엘리야, 어떤 이는

---

251 Robert J. Miller, *The Complete Gospels: Annotated Scholars Version*, 307-308.
252 Darrell L. Bock & Daniel B. Wallace, *Dethroning Jesus*, 123.

예레미야나 선지자 중의 하나라 하나이다 [15] 이르시되 너희는 나를 누구라 하느냐 [16] 시몬 베드로가 대답하여 이르되 주는 그리스도시요 살아계신 하나님의 아들이시니이다 [17] 예수께서 대답하여 이르시되 바요나 시몬아 네가 복이 있도다 이를 네게 알게 한 이는 혈육이 아니요 하늘에 계신 내 아버지시니라.(마16:13-17)

마태복음 16장 16절에서 베드로는 예수의 정체에 대하여 "주는 그리스도시요 살아계신 하나님의 아들이시니이다"라고 고백하였다. 예수가 그리스도라는 베드로의 고백은 마가복음(8:27-30)과 누가복음(18-21)에서도 동일하게 나오는 공통된 고백이다. 이처럼 복음서에서 예수는 언제나 그리스도요, 하나님의 아들로 고백된다.

그러나 도마복음에서 베드로는 예수에 대하여 "단순히 천사와 같다"고 대답한다. 게다가 마태는 현명한 철학자와 같다고 말한다. 이러한 고백은 분명히 복음서에서 볼 수 있는 신앙고백이 아니다. 따라서 도마의 예수와 복음서의 예수는 완전히 다른 예수라고 평가할 수 있다.

둘째, 도마복음에서 예수는 도마에게만 비밀스러운 지식을 전수한다. 그러나 4복음서에서는 12제자들과 들을 귀 있는 자들에게 그 복음의 비밀을 공개한다. 도마복음 13장에 따르면, 예수는 도마만 따로 데리고 가서 그에게 세 가지 비밀한 말씀을 전수한다. 그리고 나머지 제자들은 예수가 도마에게 어떤 지식을 가르쳐 주었는지 알지 못한다.

이처럼 도마복음에서 예수가 도마에게 비밀스러운 가르침을 준 것은 도마복음 서문에서부터 명확히 밝히고 있다: "살아있는 예수가 말씀한 비밀스런 말씀들이 있다. 그리고 디두모 유다 도마가 기록하였다"(도마복음 서문). 이 서문에서 밝히고 있듯이 예수의 은밀한 말씀을 도마가 받아 적었다. 그리고 도마복음 13장에서 본 것처럼, 도마만 그 비밀을 간직하고 다른 사람들에게는 공개하지 않는다. 도마는 열두 제자들 중에서 최고의 위치에 서 있다.

바로 이러한 모습은 4복음서의 이야기와 대조를 이룬다. 4복음서에서 예수는 모든 사람들에게 공개적으로 가르침을 베푼다. 그리고 제자들이 비유로 말씀하신 것의 뜻을 알지 못할 때는 예수는 언제나 12제자들 모두에게 그 비유의 비밀을 알려준다. 또한 4복음서에서는 예수의 12제자들 중에서 베드로, 야고보, 그리고 요한이 예수의 핵심 제자 그룹이었다. 그중에서도 베드로가 예수의 수제자였다. 이것은 도마복음과 대조를 이룬다. 복음을 선포하는 예수의 모습도 도마복음과 4복음서에서 커다란 차이를 나타낸다.

셋째, 도마복음에서 구원은 말씀에 대한 '이해'와 관련이 있지만, 4복음서의 구원은 예수에 대한 '믿음'과 관련이 있다. 도마복음에서 예수는 사람이 죽음을 맛보지 않기 위해서 말씀의 해석을 발견하도록 격려한다.

그리고 그가 말하였다. "누구든지 이 말씀들의 해석을 발견하는 자는 죽음을 맛보지 아니하리라."(도마복음 1장)[253]

예수가 말하였다. "만일 너희가 너희 안에 있는 것을 끄집어낸다면, 너희가 가진 것이 너희를 구원할 것이다. 만일 너희가 너희 속에 가진 것이 없다면, 너희 안에 없는 것이 너희를 죽일 것이다. (도마복음 70장)[254]

---

253 Robert J. Miller, *The Complete Gospels: Annotated Scholars Version*, 305. 한글번역은 필자의 번역이다.
254 위의 책, 한글 필자 번역

도마복음 1장에서 예수가 제시한 구원의 개념은 그의 '말씀에 대한 올바른 이해'를 가지는 것과 관련 있음을 알 수 있다. 여기서 구원은 말씀에 대한 올바른 지식을 가지는 것으로 이해할 수 있다. 그리고 도마복음 70장에서 구원이란 사람 안에 있는 그 무엇과 관련이 있어 보인다. 그러나 4복음서에서 예수는 그를 따르는 자들이 그에 대한 믿음을 갖도록 권유하고 있다. 말씀에 대한 지식이 구원을 가져다주는 것이 아니라, 예수 자신에 대한 믿음이 구원의 근거라고 가르친다.

『[16] 하나님이 세상을 이처럼 사랑하셔서 독생자를 주셨으니, 누구든지 그를 믿으면 멸망하지 않고 영생을 얻을 것이다. [18] 아들을 믿는 사람은 심판을 받지 않는다. 그러나 믿지 않는 사람은 이미 심판을 받았다. 그것은 하나님의 독생자의 이름을 믿지 않았기 때문이다.』(요 3:16, 18 , 표준새번역)

이처럼 신약의 복음서에서 예수가 제시한 구원의 길과 도마복음서에서 예수가 제시한 구원의 길은 확연히 다르다. 4복음서에서 구원은 예수에 대한 신뢰와 믿음이 강조된다. 그러나 도마복음의 구원은 예수에 대한 믿음이 아니라, 지식의 획득을 더 강조한다.[255] 사실 도마복음의 지식에 대한 강조는 AD 2세기 다른 영지주의 문서들과 그 맥을 같이한다. 영지주의는 그 성격상 믿음을 덜 강조하고 지식이나 신비적인 것에 더 초점을 맞춘다. 그래서 영지주의 구원의 목적은 죄의 용서가 아니라, 지

---

255 도마복음에서, 하나님 나라에 대한 핵심은 자기 지식과 자기 이해이다. 이러한 영적인 인식이 생명을 제공한다. 도마복음 3장에 보면, 하나님의 나라는 "너희 안에 있다. 그리고 너희 바깥에 있다. 너희가 너희 자신을 알 때, 너희는 알게 될 것이다. 그리고 너희는 너희가 살아계신 아버지의 자녀라는 것을 이해하게 될 것이다. 그러나 만약 너희가 너희 자신을 알지 못한다면, 너희는 가난하게 산다. 그리고 너희가 그 가난한 자이다"(Robert J. Miller, *The Complete Gospels: Annotated Scholars Version*, 305). 여기서 보는 바와 같이 자기 자신에 대한 인식이 하나님 나라와 구원의 기초가 된다. 이것은 4복음서의 하나님 나라 사상이나 구원관과 매우 다르다.

식의 획득이다. 그 지식의 소유는 타락한 육체와 타락한 세상을 탈출하게 해준다.[256] 이러한 영지주의 사상이 도마복음에 그대로 나타나 있다. 도마복음의 예수는 오직 지혜로운 말씀만을 전해주며, 예배를 받지 않는다.[257] 그러나 4복음서의 예수는 경배의 대상이 된다. 따라서 도마복음의 구원관과 4복음서의 구원관이 다르다.

넷째, 도마복음의 예수는 범신론적인 성향을 보인다. 그러나 4복음서의 예수는 범신론과는 거리가 멀다.[258] 도마복음 77장을 보면 예수는 다음과 같이 말한다.

> 나는 모든 것 위에 있는 빛이다. 나는 모든 것이다: 나로부터 모든 것이 나왔고, 그리고 모든 것이 나에게 이른다. 나무 조각을 쪼개라: 내가 거기에 있다. 바위를 들어 올리라, 그러면 너는 거기서 나를 발견할 것이다. (도마복음 77장)[259]

여기서 "요점은 예수가 단지 모든 것일 뿐만 아니라, 예수는 그 어떠한 장소에서든지 발견되며, 심지어 나무를 쪼개거나, 바위를 들어올려도 그곳에 예수가 있다는 것이다."[260] 이러한 모습은 신약 성경에 나타난 예수의 모습이 아니다. 이것은 범신론적인 진술이다. 이러한 범신론적인 진술은 예수의 유일성을 제거하면서 결국 예수와 제자들이 동일한 신성을 갖게 되는 것으로 나타난다. 도마복음 108장을 함께 보자.

---

256 Craig Evans, *Fabricating Jesus*, 65.
257 Derrell L. Bock, *The Missing Gospels*, 37.
258 위의 책, 124.
259 Robert J. Miller, *The Complete Gospels: Annotated Scholars Version*, 317. 한글은 필자 번역이다.
260 Derrell L. Bock, *The Missing Gospels*, 124.

누구든지 나의 입으로부터 마시는 자는 나처럼 될 것이다; 나는 내 자신이 바로 그 사람이 될 것이다. 그리고 감추어진 것들은 그에게 드러나게 될 것이다.[261]

위의 말씀에 따르면, 비밀스러운 예수의 말씀을 이해하는 그 사람은 예수와 연합하는 자가 되고, 그 결과로 그 둘은 동일한 사람이 될 것이라고 한다. 따라서 도마복음서에서 예수의 신성은 그에게서만 발견되는 유일한 것이 아니다. 예수의 신성을 포함한 모든 것은 예수의 말씀을 이해하는 어느 제자라도 참여할 수 있다. 결국 예수는 모든 만물이 될 뿐만 아니라 그의 말을 이해한 제자와도 동일한 인물이 된다.

이러한 범신론적 성향은 4복음서에서는 찾아볼 수 없다. 신약성경에서는 우리가 예수를 믿고 예수와 연합한 자가 되더라도 우리의 자아와 예수의 자아는 구분되며 일치하지 않는다. 그리스도인은 예수와 함께 죽고 함께 살아나서 예수와 연합되더라도 구분된 자의식을 가지게 된다. 이러한 신약성경의 가르침과 범신론적인 도마복음의 가르침은 엄연히 구분된다.

다섯째, 도마복음은 구원에 있어서 성차별의 성향을 명확히 나타낸다. 그러나 신약성경은 성차별을 지지하지 않는다. 도마복음서의 제일 마지막 부분인 114장을 자세히 살펴보라.

시몬 베드로가 그들에게 말하였다. "마리아를 우리에게서 떠나게 만들라. 왜냐하면 여자들은 생명을 받을 가치가 없기 때문이다." 예수가 말하였다. "보라, 나는 그녀를 남자로 만들도록 그녀를 인도할 것이다. 그리하여 그녀 또한 너희 남자들을 닮은 살아있는 영이 될 것이다. 왜냐하면 그녀스스로를 남자로 만드는 모든 여자

---

261 Robert J. Miller, *The Complete Gospels: Annotated Scholars Version*, 321. 한글은 필자 번역이다.

들은 하늘의 영역에 들어갈 것이다." (도마복음 114장)[262]

이 마지막 어록에서 베드로는 막달라 마리아를 떠나게 하라고 말하면서 '여자들은 생명을 받을 가치가 없다'고 말한다. 이것은 신약성경의 사상과는 전연 다른 모습이다. 게다가 도마복음의 예수는 여자를 하늘의 영역에 들어가게끔 하기 위해서 여자를 남자로 만들도록 인도하겠다고 말한다. 오직 남자가 되어야만 영생에 참여할 수 있다는 사상은 신약성경 어디에서도 찾아볼 수 없다. 도리어 예수는 여성이 차별받는 유대사회 속에서 자신을 따르는 제자들의 무리에 여성을 포함시켰다. 실제로 예수의 공생애 사역을 후원한 그룹은 여인들이었다. 그들은 자신들의 재산으로 예수의 사역을 후원하였다(눅 8:1-3). 또한 예수의 부활을 처음 목격한 사람도 여인들이었다. 당시 유대사회에서 여인들과 아이들은 법적 증인으로 설 수 없었다는 상황을 고려한다면, 4복음서에서 여성들에 대한 예수의 태도는 매우 우호적인 것이라고 평가할 수 있다. 또한 사도 바울의 사역에서도 여인들의 비중은 매우 크고 태도도 호의적이라고 할 수 있다.

신약성경의 가르침과 대조를 이루는 도마복음의 성차별적인 가르침은 현대인들에게도 매우 부적절하다. 아무리 보수적인 교회라고 할지라도 이러한 도마복음의 가르침을 수용할 수 없을 것이다. 왜냐하면 이것은 예수님과 신약의 저자들이 가르친 말씀이 아니기 때문이다.

성경학자 J. K. 엘리엇 Elliott 은 도마복음이 공관복음의 영향을 받았음을 확신하면서 다음과 같이 말하였다. "비록 많은 어록들이 영지주의 경향성을 가지고 있지만, 그 실질적인 영적 가르침은 보편적 기독교 안에

---

262 Robert J. Miller, *The Complete Gospels: Annotated Scholars Version*, 322. 한글은 필자 번역이다.

서 받아들일 수 없는 그런 것이 아니다."[263] 그는 도마복음의 가르침은 보편적 기독교 안에서 받아들일 수 있다고 주장한다.

그러나 지금까지 우리가 도마복음과 신약성경의 차이점을 비교해 본 결과, 과연 우리가 도마복음의 가르침을 정통교회에서 받아들일 수 있다고 말할 수 있겠는가? 필자는 단호하게 '그럴 수 없다'고 답한다. 도마복음의 가르침은 비록 신약성경을 많이 참조하였지만, 그 내용을 영지주의 사상에 맞게 변형시켰다. 그 결과 신약성경의 가르침과 근본적인 차이점을 만들어 내었다. 따라서 도마복음의 가르침은 예수와 신약성경의 가르침이 아니라고 확실하게 말할 수 있다.

2) 그 외 중요한 차이점

도마복음과 신약성경은 여러 면에서 차이점을 드러낸다. 그러나 여기서는 대표적인 차이점 두 가지만 살펴보고자 한다. 그것은 종말론에 관한 관점과 성육신적인 관점에 대한 차이점으로 나타난다.

첫째, 신약성경에는 종말에 대한 예수의 예언자적인 말씀이 자주 나타나지만, 도마복음에는 종말론적 말씀이 빠져 있다.[264] 사실 도마복음의 예수는 묵시적인 환상을 보는 사람이 아니며, 종말에 대한 관심도 4복음서와는 다르다. 한마디로 도마복음서에는 종말에 대한 예수의 예언은 나타나지 않는다. 더 나은 이해를 도모하기 위해 도마복음 18장을 살펴보자.

---

263 Darrell L. Bock & Daniel B. Wallace, *Dethroning Jesus*, 125.
264 위의 책, 127.

그 제자들은 예수께 말하였다. "우리의 종말은 어떻게 옵니까? 우리에게 말하여 주십시오." 예수께서 대답하였다. "너희는 너희가 찾는 그 마지막을 찾기 위해서 시작을 발견하였느냐? 너희는 본다. 그 마지막은 시작이 있는 그곳에 있을 것이다."(도마복음 18장)[265]

여기서 도마복음의 종말에 관한 이해는 윤회사상과 흡사한 면을 보인다. 마치 시작이 있는 곳에 마지막이 있고, 마지막이 있는 곳에 시작이 있는 것처럼 말한다.

그러나 신약성경에 나타난 예수의 종말에 대한 선포는 도마복음과는 다르다. 신약성경에 나타난 종말은 인자로서 신성과 왕권을 가진 예수가 세상의 심판자로서 다시 오신다. 그래서 세상 사람들을 영원한 형벌의 심판과 영원한 생명의 심판으로 다스리신다(막 13:24-27; 눅 21:25-28; 마 25:31-46). 그분은 하나님의 공의로써 세상을 심판하신다. 그 종말의 시기는 아무도 모르지만 그 심판의 날은 반드시 도래한다는 것이 신약성경의 메시지이다. 이러한 종말론적 예언이 도마복음에는 나타나지 않는다.

이것은 매우 중요한 차이점이다. 이러한 차이점은 도마복음이 온전한 역사적 예수의 모습을 우리에게 전달해 주지 않는다는 사실을 알려주는 증거이다. 이것은 급진적 자유주의 성향의 '예수 세미나' Jesus Seminar 에 속한 학자들이 역사적 예수를 평가할 때 사용하는 다중 증명 multiple attestation 의 잣대를 통해서 잘 알 수 있다. 다시 말해서, 예수의 묵시 사상, 즉 종말에 대한 예언자적 선언은 신약성경의 한 군데서만 볼 수 있는 것이 아니라, 신약성경 전체를 통하여 반복적으로 나타난다. ① 예수

---

265 Robert J. Miller, *The Complete Gospels: Annotated Scholars Version*, 308. 한글은 필자 번역이다.

의 말씀으로 가장 이른 시기에 존재하였다고 추정되는 Q 자료에 예수의 묵시사상은 명확히 나타난다. ② 마가복음에도 종말론적 예언이 나타나고, ③ 마태의 특수 자료와 ④ 누가의 특수 자료에도 종말에 대한 가르침은 등장한다. 또한 ⑤ 바울의 서신들과 ⑥ 일반 서신들에서 종말 사상은 분명히 나타난다.[266]

종말에 관한 예수의 가르침은 이렇게 초기의 자료들로부터 아주 광범위하게 분포되어 여러 번 겹쳐서 나타난다. 이러한 이유로 인해서 "역사적 예수를 연구하는 학자 중에서 대부분은 예수가 실제로 그러한 묵시적 사상을 가르쳤다고 본다."[267] 그러나 이렇게 중요한 예수의 종말론적 예언이 유독 도마복음서에만 나타나지 않는다. 이러한 사실은 무엇을 말해 주는가? 도마복음은 예수의 온전한 모습을 보여주지 못한다는 사실이다. 이 때문에 도마복음은 반쪽 예수의 모습만 보여주고 있다고 평가해도 과언이 아니다.

둘째, 도마복음은 "성육신적인 관점"incarnational perspective 이 결여되어 있다.[268] 신약성경의 저자들은 예수를 '성육신한 하나님'으로 보았다. 그래서 예수의 출생과 삶, 죽음, 그리고 부활이 인간의 시·공간 속에서 일어난 실제 사건이라고 믿었다. 특히 4복음서에 따르면, 예수는 구체적인 장소에서 구체적인 사람들을 치유하였고 가르쳤다. 그의 사역은 아무도 모르는 곳에서 은밀하게 이루어진 것이 아니라, 구체적인 지역과 장소 그리고 특정한 시간 속에서 공개적으로 이루어졌다.

기억해야 할 사실은 예수의 죽음과 부활에 대한 구체적인 증언이 1세기 내 매우 이른 시기에 문서화되었다는 것이다. 게다가 사도 바울이 쓴

---

266 Derrell L. Bock, *The Missing Gospels*, 62.
267 위의 책.
268 Darrell L. Bock & Daniel B. Wallace, *Dethroning Jesus*, 127.

서신에는 5백여 명의 사람들이 부활한 예수를 직접 보았다고 증언하고 있다. 상당히 많은 목격자들이 예수 부활사건 후 20년이 지난 당시까지 살아 있었다고 증언한다(고전 15:6). 바로 이러한 역사적 근거들은 고대 인물의 역사상 가장 뛰어난 기록 중의 하나라고 말할 수 있다. 또한 이러한 근거들은 예수의 삶과 행적이 역사적으로 증명할 수 있는 역사적 사건임을 알려준다. 이처럼 인간의 역사 속에서 이루어졌다는 성육신적인 관점이 신약성경에는 분명하게 나타난다.[269]

그러나 도마복음은 이러한 역사적 실증 능력을 상실했다. 그 이유는 ① 도마복음은 이야기식 구조가 결여돼 예수의 역사성을 추적하기가 매우 어렵다. ② 도마복음은 서문과 13장을 통하여 밝히고 있듯이 '도마'라는 한 개인에게만 예수의 '비밀스러운 말씀'이 전달되었기 때문에 공개적인 검증이 거의 불가능하다. 12명의 제자들이 모두 함께 들은 말씀이 아니라 도마 한 사람만이 선별되어 그 비밀스러운 말씀을 전달받았기 때문에 도마복음이 진짜 예수의 말씀인지 아닌지를 검증할 범위를 벗어나 있다.[270]

이와 같은 결점은 예수의 역사성을 추적하는데 처음부터 그 한계를 드러내기에 도마복음에 나타난 예수의 모습은 역사적으로 검증이 불가능하다고 판단할 수 있다. 따라서 이런 결점으로 인해 도마복음은 처음부터 역사적 인물로서 예수의 삶을 증언하고자 기술하였던 신약성경과는 도저히 비교의 대상이 될 수 없었다. 다시 말해, 도마복음은 애초부터 역사적 예수를 파악할 수 있는 정보를 제공하지 않는다. 그러나 신약성경은 처음부터 역사 속에서 실존하였던 예수를 온전하게 전달하고자 하였다.

---

269 위의 책, 127-128.
270 위의 책, 128.

3) 도마복음의 가능성

이제 마지막으로 우리는 도마복음서에서 긍정적인 면을 살펴봄으로써 도마복음에 대한 올바른 평가를 마무리할 차례이다. 우리가 이미 살펴보았듯이, 도마복음과 신약성경을 비교하면 많은 신학적 차이점을 발견할 수 있다. 그럼에도 불구하고 우리는 도마복음에서 다음과 같은 긍정적인 요소들도 발견할 수 있다.

첫째, 도마복음이 영지주의에 속하거나 영지주의의 특성을 많이 나타내는 것은 틀림없는 사실이다. 그러나 도마복음은 극단적인 영지주의 문서는 아니라고 판단된다. 도마복음의 영지주의적 성격은 그 누구도 부인하기 어렵다. 그러나 도마복음은 완벽한 영지주의 문서는 아니다.[271] 왜냐하면 영지주의 문서는 하나님을 창조주로 보지 않는데, 도마복음에는 하나님을 창조주로 넌지시 표현하는 구절이 두 군데 나타난다.

먼저 도마복음 12장에서 예수는 "그 의로운 야고보, 그를 위하여 하늘과 땅이 존재되어 나왔다"[272]라고 말씀하고 있다. 비록 여기서 예수는 하나님을 창조주라고 직접적으로 언급하고 있지는 않지만, 하늘과 땅의 창조에 대해서 언급하고 있는 듯하다. 다음으로 창조주에 관한 표현은 도마복음 89장에 나타난다. 도마복음 89장은 마태복음 23장 25-26절과 누가복음 11장 39-40절과 평행구절을 이루고 있다. 그 내용은 다음과 같다.

예수가 말씀하였다. "왜 너희는 컵의 겉만 깨끗하게 하느냐? 안을 만든 이가 또한

---

271 위의 책, 126.
272 Robert J. Miller, *The Complete Gospels: Annotated Scholars Version*, 306. 한글은 필자 번역이다. 도마복음 89장과 평행구절을 이루는 누가복음의 말씀은 다음과 같다: 『[39] 주께서 이르시되 너희 바리새인은 지금 잔과 대접의 겉은 깨끗이 하나 너희 속에는 탐욕과 악독이 가득하도다 [40] 어리석은 자들아 겉을 만드신 이가 속도 만들지 아니하셨느냐』(눅 11:39-40)

겉도 만든 이인줄 이해하지 못하느냐? (도마복음 89장)[273]

　여기서 "만든 이"라는 표현은 도마복음과 누가복음에서 동시에 발견된다. 그러나 마태복음에는 나오지 않는다. 이 도마복음 89장의 본문에서 "만든 이"라는 표현은 창조주에 대한 언급으로 볼 수 있다. 이러한 창조주와 관련된 언급은 도마복음도 미약하나마 하나님을 창조주로 인식한 것을 보여준다고 할 수 있다. 따라서 비록 도마복음이 강한 영지주의적 경향성을 가지고 있다고 할지라도, 완전한 영지주의 문서라고 단정하기는 좀 어려운 면이 있다.

　둘째, 도마복음은 우리의 고정관념을 깨고, 예수를 신적 인물로 보는 '고등 기독론'을 보여준다.[274] 예수를 한 사람의 인간으로만 보는 관점을 '낮은 기독론'이라고 한다면, 예수를 신적인 존재 또는 하나님과 관련하여 예수를 아주 특별한 존재로 보는 관점을 '고등 기독론'이라고 한다.[275] 도마복음에서는 이러한 고등 기독론의 흔적을 볼 수 있다.

　지금까지 역사적 예수를 단순히 한 인간으로만 보고자 하였던 급진주의적 학자들은 도마복음에 나타난 예수의 모습을 '지혜자 예수'로만 보려고 하였다. 그들은 어떠한 신적인 특성도 가지지 않은 지혜로운 인간으로서 예수를 제시하고 있다.

　그러나 우리가 도마복음의 본문을 자세히 살펴보면, 도마복음에서도 평범한 한 인간의 모습만이 아니라, 신적인 존재로서 예수를 만나볼 수 있다. ① 도마복음 77장을 살펴보자.

273　위의 책, 319. 한글은 필자의 번역이다.
274　Derrell L. Bock, *The Missing Gospels*, 38.
275　위의 책, 98.

나는 모든 것 위에 있는 빛이다. 나는 모든 것이다: 나로부터 모든 것이 나왔고, 그리고 모든 것이 나에게 이른다. 나무 조각을 쪼개라: 내가 거기에 있다. 바위를 들어 올리라, 그러면 너는 거기서 나를 발견할 것이다. (도마복음 77장)[276]

여기서 예수는 자신에 대해서 "나는 모든 것 위에 있는 빛이다"라고 말하였다. 이 말씀은 요한복음 8장 23절과 일맥상통하는 면이 있다.

『예수께서 그들에게 말씀하셨다. "너희는 아래에서 왔고, 나는 위에서 왔다. 너희는 이 세상에 속하여 있지만, 나는 이 세상에 속하여 있지 않다."』(요 8:23, 표준새번역)

요한복음 8장 23절에서 예수는 "나는 위에서 왔다⋯나는 이 세상에 속하여 있지 않다"라고 진술하고 있다. 이것은 예수가 평범한 한 인간과는 달리 초월적인 정체성을 가지고 있다는 사실을 알려준다. 따라서 학자들은 이러한 초월적 요소가 예수의 고등 기독론을 지지하고 있다고 평가한다.

이와 같이 도마복음 77장에 나오는 "나는 모든 것 위에 있는 빛이다"라는 예수의 진술은 요한복음 8장 23절과 동일하게 예수의 고등 기독론을 지지해 준다고 볼 수 있다. 도마복음 77장의 진술은 예수의 정체성을 단순한 한 인간으로만 규정하는데 많은 한계를 느끼게 한다. 도리어 이 진술은 예수를 지혜로운 한 인간으로만 보여주는 것이 아니라, 세상을 초월한 권능자로 암시해 주고 있다. 또한 곧이어 소개되는 범신론적인 진술 즉, "나는 모든 것이다: 나로부터 모든 것이 나왔고, 그리고 모든

---

276 Robert J. Miller, *The Complete Gospels: Annotated Scholars Version*, 317. 한글은 필자 번역이다.

것이 나에게 이른다"(도마복음 77장)는 예수의 진술은 예수 자신이 평범한 한 인간에 불과하다는 것을 강력히 부인한다. 따라서 도마복음 77장의 말씀은 요한복음 8장의 말씀처럼 세상 위의 권능자, 세상을 초월한 권능자의 모습, 즉 고등 기독론을 지지하는 증거를 보여주고 있다.[277]

② 이러한 고등 기독론의 증거는 도마복음 13장에서 예수의 정체성을 천사와 철학자보다 더 나은 존재로 암시하는 말씀을 통해서도 다시 한번 확인할 수 있다.[278] 도마복음 13장에서 베드로는 예수를 천사와 같다고 하였고, 마태는 철학자 같다고 하였다. 그런데 예수의 비밀스러운 말씀을 받은 도마는 예수에 대하여 "선생님, 내 입이 당신이 무엇과 같은지 온전히 말할 능력이 없습니다"라고 말하였다. 도마는 예수의 정체성을 입으로 말할 수 없을 만한 분임을 드러내고 있다. 그리고 도마가 예수에게서 세 가지 비밀스러운 지식을 받은 후 그것을 다른 제자들에게 드러내게 되면, 불이 그 다른 제자들을 집어삼키게 된다고 말한다. 이러한 말씀은 예수의 정체성이 단순히 현명한 철학자나 천사 이상의 어떤 초월적 존재라는 사실을 표현하고 있다.

③ 도마복음 61장에서도 예수의 고등 기독론을 지지하는 증거를 발견할 수 있다.[279] 도마복음 61장에서 예수는 "나는 분리되지 않는 것으로부터 존재하는 그다. 나는 나의 아버지의 것들로부터 받았다"[280]라고 말하였다. 여기서 예수는 하나님과 깊이 연결되어 있음을 알 수 있다. 비록 예수가 그의 권위를 완전히 내세우지는 않지만, 예수의 정체성이 하나님과 깊이 관련되어 있음을 나타낸다는 사실만은 부인하기 어렵다.

---

277 Derrell L. Bock, *The Missing Gospels*, 98.
278 위의 책, 99.
279 위의 책.
280 James M. Robinson, The Nag Hammadi Library, 133.

그러므로 위에서 언급한 도마복음 77장, 13장, 그리고 61장은 예수가 단순한 한 인간에 불과한 것이 아니라 하나님과 깊이 관련되어 있으며, 이 세상을 초월한 초월자의 모습을 보여준다고 할 수 있다. 이것은 예수의 신성을 드러내는 고등 기독론을 지지하는 증거이다. 따라서 Q 자료에서도 예수의 초월적이고 신적인 정체성을 발견할 수 있듯이, 도마복음의 예수 또한 예수의 초월적인 면을 나타내고 있다고 말할 수 있다.

그렇다면, 도마복음에 나타난 초월자로서 예수의 모습은 우리에게 무엇을 말해 주는가? 그것이야말로 급진적 자유주의 학자들이 너무나 경솔하게 주장하였던, '도마복음의 예수는 단순히 한 인간에 불과하다'는 주장이 얼마나 근거 없는 가설에 불과한지를 보여주는 증거가 된다. 비록 Q 자료와 4복음서에 나타난 것만큼 예수의 신성에 관한 풍부한 증거를 명확히 제시할 수 없을지라도, 도마복음도 역시 예수는 단순한 인간 예수가 아니라는 사실만은 확연하게 보여줬다고 말할 수 있다. 우리는 도마복음에서도 예수의 신성을 지지할 가능성을 충분히 볼 수 있다.

5. 결론

급진적 자유주의 학자들은 '역사적 예수의 정체성은 지혜로운 선생'이었다고 주장한다. 그들은 그 주장의 근거로서 Q 자료와 도마복음에 나타난 예수의 모습을 내세운다. Q 자료와 도마복음의 예수가 역사적 예수의 모습에 가깝기 때문에, 이 두 문서에 나타난 예수상이 참된 예수의 모습이라고 주장한다. 또한 Q 자료와 도마복음의 예수는 신성을 가진 초월자 예수가 아니라, 순전히 인간 예수의 모습만 나타낼 뿐이라고 주장하였다.

그러나 지금까지 우리가 살펴본 증거들을 고려해 볼 때, 과연 우리는 어떠한 판단을 내려야 하겠는가? Q와 도마복음에서 우리는 지혜를 가르치는 인간 예수뿐만 아니라, 신성을 가진 초월자 예수의 모습도 분명히 볼 수 있었다. 따라서 역사적 예수에 대한 급진적 성향의 학자들의 주장을 믿어야 할 합리적인 이유가 없다. 우리는 지금까지 연구 결과를 통하여 다음과 같이 명확하게 말할 수 있다.

첫째, Q 자료만을 보아서는 예수의 온전한 모습을 다 알 수 없다. 왜냐하면 예수의 말씀과 예수의 삶을 지켜보았던 목격자들의 증언, 즉 4복음서의 이야기를 함께 고려해 볼 때, 진정한 역사적 예수의 모습을 올바르게 볼 수 있기 때문이다.

둘째, 비록 Q 자료를 통하여 온전한 역사적 예수의 모습을 알 수 없지만, Q 자료를 통해서도 우리는 메시아로서 예수의 신성을 볼 수 있다. 다시 말해서, Q에 나타난 예수는 지혜자일 뿐만 아니라 초자연적인 신성을 가진 분으로서 종말의 날에 심판의 주가 되심을 명확히 알 수 있다. 따라서 Q 자료에 나타난 예수는 메시아로서 초자연적인 신성을 보여주고 있다.

셋째, 급진적 자유주의 학자들은 도마복음이 Q 자료와 같은 어록 형태임을 근거로 하여, 도마복음이 매우 초기의 문서로서 4복음서와 별개로 독립적인 복음서라고 주장하였다. 따라서 도마복음에 나타난 인간 예수가 진정한 역사적 예수의 모습이라고 주장하였다.

그러나 이러한 주장은 다음과 같은 증거로 인하여 설득력을 잃었다. 도마복음이 1세기 중반의 문서로서 신약성경과 별개의 독립적인 자료였다고 볼 수 없는 이유는 다음과 같다: 1) 최소한 14권의 신약성경을 이미 도마복음은 알고 있었다는 점; 2) 비교적 후대의 자료로 알려진 마태와 누가의 특수 자료들과 요한복음의 특별 자료들이 도마복음에 그대로 나타난다는 점; 3) 도마복음이 바울 서신의 내용을 임의로 변형시켜 사용했다는 점 ; 4) 도마복음이 2세기 후반의 시리아 전통과 일치한다는 점 등이다. 이러한 증거들은 도마복음이 빨라야 2세기 초 또는 중반 이후의 문서이며 영지주의적 성향의 문서임을 분명하게 드러내고 있다.

넷째, Q 자료와 도마복음은 비록 동일한 어록 형태를 띠고 있지만, 두 문서는 다음과 같은 근본적인 차이점을 보인다: 1) Q 자료는 주제별 장르로 구성되었고, 도마는 주제별 장르가 없다. 2) Q는 영지주의 사상보다는 4복음서에 가깝지만, 도마복음은 영지주의 사상에 더 부합한다. 그리고 3) Q의 예수는 기적을 행하고 메시아적 의식과 종말의 날에 심판의 주로 나타나지만, 도마의 예수는 그러한 면이 결여되어 있다. 따라서 이러한 근본적인 차이점은 두 문서가 동일한 역사적 배경을 가졌다고 볼 근거를 상실하게 한다. 다시 말해서 Q는 1세기 문서인 4복음서에 부합하지만, 도마복음은 2세기 기독교 영지주의 사상과 매우 일치한다.

다섯째, 도마복음의 예수와 신약성경의 예수를 비교해 볼 때 여러 가지 차이점을 발견할 수 있다: 1) 4복음서에서는 메시아의 모습이 강조되지만, 도마복음은 그렇지 않다; 2) 4복음서의 예수는 12제자와 다른 제자들에게 복음의 비밀을 공개적으로 밝혀주지만, 도마복음은 오직 도마에게만 그 비밀을 은밀히 말해준다; 3) 4복음서는 구원을 위해서 예수에 대한 믿음을 강조하지만, 도마복음은 예수의 말씀에 대한 이해와 지식을 강조한다; 4) 4복음서와는 달리 도마복음서의 예수는 범신론적인 면을 보인다; 5) 4복음서와는 달리 도마복음은 구원에 있어서 성차별적인 면을 명확히 나타낸다; 그리고 6) 도마복음에는 4복음서와 달리 종말론적 심판의 주로서 예수의 모습과 역사적 구체성이 결여되어 있다.

이러한 근본적인 차이점은 신약성경의 말씀을 참조하여 변형시켰다고 볼 수 있다. 따라서 도마복음의 가르침은 신약성경의 가르침과 상반되는 것이 많으며, 정통 기독교에서 그대로 수용하기에 많은 위험요소들이 존재한다.

여섯째, 도마복음은 신약성경의 가르침과 뚜렷한 대조를 보이면서도, 완벽한 영지주의 문서는 아닌 것으로 보인다. 하지만 여전히 영지주의적 성향이 강하게 나타난다. 한편 도마복음은 인간 예수의 모습과 동시에 초월자 예수의 모습을 보여주며 고등 기독론을 지지하는 흔적들을 드러낸다. 이러한 점은 도마복음이 영지주의적 영향을 많이 받았지만, 여전히 예수의 신성과 초월성을 지지하고 있음을 알려주고 있다. 따라서 도마복음에서도 예수의 신성은 완전히 무시되지 않는다.

이 모든 연구 결과들이 우리에게 말해 주는 것은 무엇인가? Q 자료와 도마복음도 예수의 신성을 지지하고 있다는 것을 말해 준다. 특히 Q 자료는 예수의 신성과, 종말론적 심판주와 권능자의 모습을 명확히 보여주고 있다. 도마복음은 2세기 중반의 문서로서 신약성경으로부터 많은 영향을 받은 영지주의 성향을 지닌 문서임을 알 수 있다. 따라서 신약성경보다 역사성이 떨어지는 도마복음을 통하여 참된 역사적 예수의 모습을 발견하기 어렵다. 그러나 도마복음을 통해서도 인간 이상의 신성을 가진 초월자로서 역사적 예수에 대한 흔적을 발견할 수 있다.

4복음서를 비롯한 신약성경에 나타난 예수의 모습이 실제 역사 속에 살았던 참된 예수의 모습이다. 참된 예수의 모습은 진정한 인성을 가졌고, 동시에 참된 신성을 가졌다. 인간의 몸으로 오신 하나님의 아들 예수 그리스도, 그분이야말로 진정한 역사적 예수이다.

나오는 말

믿어야 하는가? 본받아야 하는가?

기독교의 정통적 신앙(보수주의와 복음주의를 포함)을 가진 사람은 다음의 사실을 믿는다.

1. 하나님의 아들, 예수께서 인간의 몸으로 오셨다.
2. 예수께서 나의 죄를 대신해서 십자가에서 돌아가셨다.
3. 예수께서는 죽음을 이기시고 사흘째 되는 날에 육체적으로 부활하셨다.
4. 부활하신 예수께서는 승천하시어 아버지 하나님 우편에 앉으셨다.
5. 종말의 때에 예수께서 심판의 주로 다시 오신다.

이런 기본적인 사실을 인정하는 믿음의 토대 위에 예수님을 나의 주主와 나의 하나님으로 인정하고 받아들인다. 따라서 내가 주인 되어 살았던 삶을 내려놓고, 나를 사랑하시어 나를 대신해서 십자가에서 죄의 형벌을 담당하신 예수 그리스도를 나의 삶의 주인으로 모시며 살아간다. 이때 나의 자아는 내 영혼 속에 거하시는 주님과 새로운 교제를 시작한다. 내 안에 계시는 예수님과 인격적인 교제를 나누며, 나는 날마다 그분과 함께하는 생생한 관계 속에 살아간다. 하나님은 내 삶에서 멀리 계신 분이 아니라 아주 가까이 나와 함께 호흡하시는 분으로 경험된다. 이제 내 삶의 목표는 주님과 깊은 사귐을 통해서 내 삶 속에서 하나님의 사랑을 나누며, 타인에게 그 사랑을 소개하고 하나님의 영광을 드러내는 하나님 나라의 삶을 살아가는 것이다. 이것이 예수 믿는 삶의 보편적인 모습이라고 말할 수 있다.

그런데 도올을 비롯한 자유주의 신학을 받아들이는 사람들은 '예수를 믿지 말고 본받아야 한다'고 강조한다. 예수를 믿지 말고 본받으라는 말의 의미는 무엇인가? 우선 예수를 믿지 말라는 말은, 예수님의 신성, 동정녀 탄생, 대속적 죽음, 부활과 승천 그리고 종말에 심판의 주님으로서 다시 오신다는 사실을 믿지 말라는 것이다. 왜냐하면, 그들의 관점에서 예수님은 신적인 존재로서 하나님의 아들이 아니라, 지혜자이며 인간일 뿐이기 때문이다. 그들은 예수님의 신성을 부인하고 인성을 강조한다. AD 325년 니케아 공의회에서 정치적인 힘으로 인간 예수를 신적인 예수로 만들어 버렸다고 강변하며, 진짜 예수는 인간 예수요, 지혜자 예수라고 주장한다. 인간 예수! 그분은 지혜로웠으며, 이기적인 삶을 내려놓고 이타적인 삶을 살았기 때문에 본받을 대상이라고 한다. 따라서 예수를 믿지 말고, 예수의 정신과 예수의 삶을 본받아 살아야 한다고 역설한다.

전에 필자는 실제로 예수님의 신성을 부인하고 예수의 부활은 역사적 사실이 아니며 예수의 정신을 본받아야 한다는 한국의 어느 신학대학 교수님을 만난 적이 있다. 그 교수님은 '예수님의 정신을 본받아야 한다'고 강조했다. 그 자리에서 필자는 그 교수님께 반문했다. "교수님, 우리가 예수님의 정신만을 본받아야 한다면, 홍익인간의 정신은 어떻습니까? 홍길동 정신은 어떨까요? 그렇다면 굳이 예수님을 믿어야 할 이유가 없겠네요. 다른 훌륭한 위인들의 정신과 삶을 본받는 것과 예수를 본받는 것의 차이는 무엇이지요?"

만일 예수님이 한 사람의 인간이요, 지혜자일 뿐이라면, 기독교인들이 지금처럼 예수님을 믿어서는 안 된다. 그것은 엄청난 종교사기에 해당할 수 있다. 하지만 필자를 비롯한 정통 기독교 신앙을 가진 사람들은 예수님이 인간의 역사 속에서 실제로 사셨던 역사적 인간이었을 뿐만 아니라, 하나님의 아들임에도 인간의 몸으로 이 땅의 구주로 오신 신적인 존재라는 사실을 믿는다.

만일 예수님이 인간의 몸으로 오신 하나님이 아니라면, 2천 년 전에 십자가에서 죽은 예수와 나는 무슨 상관이 있겠는가? 한 젊은 청년의 죽음이 당시 그와 관련된 사람들에게는 슬픔과 추억을 남겼겠지만, 2천 년 후의 나와는 별 상관이 없다고 보아야 맞을 것이다. 하지만 그분이 하나님의 아들이시요, 나의 죄를 대신해서 십자가에 못 박혀 돌아가신 분이라면, 예수님의 대속적 죽음은 2천 년을 지난 나에게도 분명한 효력을 발휘할 것이다. 왜냐하면, 그분이 우주와 인간을 창조하신 하나님이시기 때문에 그분만이 인간의 죄를 용서해 줄 수 있고, 그분이 나를 대신해서 죄의 형벌을 받았기 때문에 내가 죄 사함을 얻게 된다는 것이 논리적으로 말이 된다.

그뿐만 아니라, 예수께서 죽음을 이기시고 부활하셨기 때문에 그분이 하나님의 아들 되심이 증명되었고, 예수님의 부활은 그분을 믿는 모든 사람에게 죽음을 이기고 생명의 부활에 참여할 수 있다는 희망을 실제로 보여주었다. 따라서 정통 기독교 신앙을 가진 사람은 예수님을 참된 하나님이요, 참된 인간으로 믿고, 그분이 나의 죄를 대신해서 십자가에서 죽으시고 사흘째 되는 날에 살아나신 하나님의 아들이심을 믿는다.

이런 믿음에 근거해서, 그리스도인들은 예수님을 본받는 삶을 사는 것이다. 예수님을 믿지 말고 본받는 것이 아니라, 예수님을 믿고 본받는 것이다. 사도 바울은 예수님을 '나의 주와 하나님으로 믿는' 그리스도인들에게 예수님을 본받으라고 권면하였다.

> **너희 안에 이 마음을 품으라 곧 그리스도 예수의 마음이니** 그는 근본 하나님의 본체시나 하나님과 동등됨을 취할 것으로 여기지 아니하시고 오히려 자기를 비워 종의 형체를 가지사 사람들과 같이 되셨고 사람의 모양으로 나타나사 자기를 낮추시고 죽기까지 복종하셨으니 곧 십자가에 죽으심이라. (빌 2:5-8)

> 또 너희는 많은 환난 가운데서 성령의 기쁨으로 말씀을 받아 **우리와 주를 본받은 자가 되었으니** (살전 1:6)

> **내가 그리스도를 본받는 자가 된 것 같이** 너희는 나를 본받는 자가 되라. (고전 11:1)

> 그러므로 사랑을 받는 자녀 같이 **너희는 하나님을 본받는 자가 되고**, 그리스도께서 너희를 사랑하신 것 같이 너희도 사랑 가운데서 행하라 그는 우리를 위하여 자신을 버리사 향기로운 제물과 희생제물로 하나님께 드리셨느니라. (엡 5:1-2)

우리는 예수님을 하나님의 아들로 믿는 믿음 위에서 그분의 정신을 본받고 그분의 삶을 본받아 예수 제자의 삶을 살아가야 한다. 예수님을 인격적으로 믿고 의지하면서 그분의 삶을 본받아 그분과 함께 십자가의 삶을 살아가는 것이 그리스도인의 삶이다.

왜 예수를 믿는가? 왜 기독교인가?

이 글을 마치면서 마지막으로 생각해 볼 질문이 있다.

'우리는 왜 이 시대에 예수를 믿고 기독교 신앙을 가져야 하는가?' '나는 왜 예수를 믿고 예수를 본받는 삶을 살아야 하는가?' 이 질문에 대한 답은 무엇인가?

필자는 '기독교 신앙이 진리이기 때문이다'라고 답한다. 사람은 누구나 진실을 원한다. 모든 사람은 진리에 대한 기본적인 갈망이 있다. 정상적인 사람이라면 누구나 거짓을 싫어하고 진리를 추구한다.

그렇다면 우리는 우주와 인간의 기원에 관한 근본적인 물음에 답하기 위해서 어떤 진실을 알아야 하는 걸까? '우주는 왜 여기에 존재하고 있으며, 인간의 존재 목적은 무엇인가?' 이 거대 담론에 대한 일반적이고 자연주의적인 대답은 '설명 불가'이다. 왜냐하면, '이 세상에 존재하는 모든 것은 물질뿐'이라고 주장하는 자연주의적 세계관에서는 우주의 기원과 인생의 의미, 목적 등에 관한 근본적인 질문에 대해 유의미한 답을 주지 못하기 때문이다.

특히 도올과 같이 무신론적 범신론 또는 동양적 일원론東洋的 一元論을 받아들이는 사람은 기독교의 창조주 하나님의 존재를 부인하고, 인간을 포함한 전 우주 자체가 신이라고 믿기 때문에 우주의 기원에 관해서 설명할 수 없다. 도올은 우주의 기운이나 우주 자체를 신으로 본다. 그는 『도올선생 중용강의』라는 책에서 다음과 같이 말한다.

사막문명에서 나온 모든 사유들은 이렇게 일방적입니다. 알라신을 찾든 여호와를 부르짖든 마찬가지예요. 이에 비해 천지론의 천지는 신을 배제하는 것은 아니지만, 서양처럼 일방적인 갓 God 이 아닙니다. 여러분 자체

가 같이요. 천지입니다.[281]

도올은 기독교의 창조주 하나님은 인간이 만들어 낸 소설에 불과하다고 말하며, 우주가 신이고 우리 인간이 신이라는 범신론적 성향을 보인다. 그는 또한 "자연이란 신이 있다면 인간이라는 우주는 또 하나의 신이에요"[282]라고 말한다. 이러한 생각은 동양적 일원론東洋的 一元論에 근거하고 있다.[283] 이 동양적 일원론은 결국 중국적 일원론 사상인데, '우주와 신은 하나이고, 신은 궁극적으로 비인격적인 존재이며, 인간이 곧 신이다'라고 주장하는 범신론汎神論 사상과 그 맥을 같이하고 있다. 그렇다면 결국 도올이 주장하는 신의 모습은 어떠한가?

신God이란 우주의 신령스러운 기운이 신이고, 인간을 포함한 유기체로서 전 우주 자체가 신이라고 믿는다. 이 우주는 우주 밖의 누군가에 의해서 만들어진 것이 아니며, 우주 스스로의 힘에 의해서 끊임없이 생성되고 변화해 나가는 존재라고 본다. 또한 우주는 시간과 공간 안에 있기 때문에 무한한 존재가 아니며, 시공의 제약을 받는 유한한 존재인 것이다. 이것이 바로 도올이 말하는 신의 모습이다.[284]

도올이 그의 저서들을 통해서 밝힌 신관과 기독교의 신관을 비교하면 다음의 도표로 나타낼 수 있다.

---

281 김용옥, 도올선생 중용강의 (서울: 통나무, 2003), 206.
282 김용옥, 도올선생 중용강의, 26.
283 김용옥, 도올 논문집 (서울: 통나무, 2001), 59.
284 박명룡, 김용옥의 하나님 VS 성경의 하나님 (서울: 도서출판 누가, 2007), 39.

도올의 하나님 VS 성경의 하나님[285]

비교사항	도올 김용옥의 신 God	기독교의 신 God
하나님 정의	유기체적 우주가 하나님이다.[286]	우주를 초월한 창조주 하나님이다.
인격성	비인격체(우주의 기)[287]	인격체(도덕적이며 사랑하는 존재)
형이상학적 실체	우주는 유한하다 (시·공간 안에 있다)[288] 변화한다 changeable.[289]	하나님은 무한하고 영적이며 영원하다 불변하다 unchangeable. 유일하다.
신의 기원	우주는 자족적이다 (스스로 그러하다)[290]	하나님은 자존자다 (스스로 계신분이다)
우주창조	유 something 에서 동양적 무 (something, 무엇인가 있는 것)로 끊임없이 변화한다.[291]	무 nothing 에서 유 something 로의 창조이다.
인간과의 관계성	인간은 궁극적으로 우주에 의존한다.[292]	인간은 궁극적으로 신께 의존한다.

위의 도표에서 보듯이, 도올의 신관과 기독교의 신관은 서로 일치하는 것을 찾을 수 없을 정도로 대조적이다. 결국 도올은 '우주를 만든 창조주 하나님은 존재하지 않으며, 우주는 스스로 자족적이기 때문에 우주의 기원을 말할 수 없으며 우주 자체가 신 God '이라고 주장한다. 따라

---

285 이 도표는 필자의 연구 결과물이며, 자세한 내용은 필자의 저서, 김용옥의 하나님 VS 성경의 하나님 pp. 28-48을 참조하라.
286 김용옥, 도올 논문집, 55-56; 김용옥, 동양학 어떻게 할 것인가 (서울: 통나무, 2003), 267-269.
287 김용옥, 도올 논문집, 56.
288 김용옥, 노자 철학 이것이다 (서울: 통나무, 2000), 110.
289 김용옥, 동양학 어떻게 할 것인가, 269.
290 김용옥, 도올 논문집, 50.
291 김용옥, 동양학 어떻게 할 것인가, 274-275.
292 김용옥, 도올 논문집, 80.

서 도올은 우주 자체가 신_God_이라고 한다. 반면에 기독교는 우주를 만든 초월자 하나님이 존재한다고 주장한다. 그렇다면 어느 주장이 더 믿을 만한 근거를 많이 제시하고 있는가? 이 문제를 비교적 간단히 해결하려면 다음의 질문을 살펴보는 것이 도움이 된다.

우주는 시작도 없고 끝도 없는가? 아니면 우주는 시작이 있고 종말도 있는가?

만일 우주의 시작이 없다면, 우주는 우주 자체를 만들어 냈다고 볼 수 있다. 하지만 우주의 시작이 있다면, 우주는 시작을 일으킨 그 무언가에 의해서 만들어졌다고 보는 것이 타당하다. 우주가 시작도 없고 끝도 없다면 우주는 스스로 존재한다고 말할 수 있다. 그러나 우주의 시작이 있고 끝도 있다면 우주는 우주를 제외한 그 무언가에 의해서 만들어졌다고 믿는 것이 더욱 타당할 것이다.

현대 과학자들에 따르면 현존하는 우주는 시작도 있고 그 종말도 있다고 한다. 천체 물리학자들은 이 거대한 우주가 오래전에 우주 대폭발_Big Bang_ 때문에 생겨났다고 주장한다. 하나님의 우주 창조를 부인한 천체 물리학자 스티븐 호킹도 "거의 모든 사람이 지금 우주와 시간 그 자체는 빅뱅이 일어났을 때 시작점을 가진다고 믿고 있다"[293]고 증언했다. 또한 물리학자 폴 데이비스_Paul Davies_ 는 『코스믹 잭팟』에서 "빅뱅이 일어나기 전에는 아무 것도 없었다"[294]고 말한다. 또한 현대 천체 물리학

---

293 Hawking and Penrose, *Nature of Space and Time*, 20. Paul Copan & William Lane Craig, Creation out of Nothing: *A Biblical, Philosophical, and Scientific Exploration* (Grand Rapids: Baker Academic, 2004), 235 재인용.
294 폴 데이비스, 코스믹 잭팟 (파주시: 도서출판 한승, 2010), 113, 115.

자 중에서 가장 뛰어난 학자로 알려진 알렉스 빌렌킨은 현존하는 우주는 절대적인 무無에서 시작되었다고 강조한다. 그는 우주의 시작이 아무 것도 없는 무無로부터 시작되었다는 사실을 다음과 같이 설명한다.

> 무는 무일뿐입니다. 어떤 물질이 없다는 의미가 아닙니다. 공간도 없고 시간도 존재하지 않는, 정말 아무 것도 없는 상태이죠.[295]

권위 있는 과학자들은 우주의 시작점이 분명히 있으며, 우주가 시작되기 전에는 실제적으로 아무런 물질이나 시간 그리고 공간도 존재하지 않았다고 명확하게 밝히고 있다. 따라서 우주는 영원한 존재가 아니며, 아기가 태어나듯이 우주도 태어난 시작점이 있다는 사실을 알 수 있다. 이것은 도올의 주장과는 달리, 우주가 분명한 시작점을 가지고 있다는 것을 말해 준다.

더욱이 우주는 시작이 있을 뿐만 아니라 끝이 있다. 우주는 종말을 향해 달려가고 있다. 진화론자 아이작 아시모프는 "우주는 계속 무질서한 상태를 향해 나아간다"고 주장한다. 이것은 열역학 제2법칙에 대한 설명이다. 이 법칙에 따르면 우주는 시작 때 100%의 유용한 에너지로 채워져 있었다. 우주는 시작부터 지금까지 그 에너지를 소모하고 있다. 결국, 우주는 모든 에너지를 다 소모하고 무질서 상태로 죽어 갈 것이다. 이러한 과학적 사실 때문에 물리학자 폴 데이비스는 우주의 죽음에 관해 이렇게 말했다.

태양과 별들이 영원히 지속적으로 탈 수는 없다. 금방 또는 나중에 그

---

295 짐 홀트, 세상은 왜 존재하는가 (파주시: 21세기북스, 2013), 267.

들은 연료를 다 태우고 죽게 될 것이다. 그 한 예가 소위 열역학 제2 법칙이다. 이 법칙은 전 우주에 적용된다. 비록 아직 최후의 상태까지 이르지는 않았지만 그 법칙은 우주가 무한히 계속해서 존재할 수 없다는 것을 말해 준다.[296]

이것은 우주가 영원하지 않고 끝이 있다는 사실을 말해준다. 빅뱅이나 열역학 제2 법칙과 같은 과학적 사실이 우리에게 무엇을 알려주는가? 우주는 시작이 있었고, 또 종말이 있다는 것이다. 우주는 영원하지 않다. 이러한 과학적 사실에 근거할 때, 우주는 시작도 없고 끝도 없는 무한한 존재가 아니다. 우주는 아무 것도 없었던 무(無)로부터 탄생했고, 우주는 서서히 그 종말을 향해 달려가고 있다.

이렇게 볼 때, 도올이 신으로 여겼던 우주도 죽고, 우주의 신령한 기(氣)도 죽고, 우주 안에 있는 모든 신도 죽으며, 도올의 신, 우주도 종말을 맞이하게 된다. 결국 도올의 주장을 믿을 근거가 사라진다. 그렇다면 우리는 다음의 질문에 도달한다.

우주의 시작에 아무 것도 없었다면, 과연 이 거대한 우주는 어떻게 생겨났는가?

현대 과학은 우주 대폭발이 일어나기 전에 무슨 일이 있었는지 알지 못한다. 단지 현대 과학자들은 우주 대폭발로 인해 아무것도 없는 데서 우주가 나왔다고 주장한다. 천체 물리학자 존 배로(John Barrow)와 프랭크

---

296 Paul Davies, "The Big Bang-and Before" (paper presented at the Thomas Aquinas College Lecture Series, Thomas Aquinas Collage, Santa Paula, Calif., Mar 2002). Paul Copan & William Lane Craig, *Creation out of Nothing*, 244 재인용.

티플러~Frank J. Tipler~는 『인류학적 우주 원리』 The Anthropic Cosmological Principle 에서 다음과 같이 말한다. "바로 이 시작점에서 공간과 시간이 존재하여 나왔다. 그 시작점 이전에는 문자적으로 아무 것도 존재하지 않았다. 따라서 만약 우주가 그러한 시작점에서 기원하였다면, 우리는 진실로 무로부터 창조를 누린다."[297]

이처럼 우주가 무無로부터 나왔다는 것은 의심할 수 없는 사실이다. 그렇다면 과연 아무 것도 없는 데서 이 거대한 우주가 '뻥'하고 나왔다는 것이 믿어지는가? 이것은 롯데월드타워가 하루아침에 '뿅'하고 나타났다는 것보다 더 믿지 못할 일이다.

분명한 것은, 우주는 도올의 믿음처럼 영원하지 않으며, 우주의 시작은 반드시 있었다. 또한 갑작스러운 우주 대폭발 이전에는 아무런 물질도 존재하지 않았다. 절대적 무無로부터 이 거대한 물질체인 우주가 갑자기 태어난 것이다. 따라서 우주가 우주를 만들어낸 것이 아니다. 그렇다면 아무 것도 없는 데서 거대한 우주가 나왔다는 것이 합당한가? 무無에서는 아무 것도 나올 수 없다. 반드시 우주 탄생 이전에 뭔가가 있어야만 한다.

이 문제를 해결할 수 있는 유일한 답으로, 물질이 아니면서 시간과 공간을 만들고 물질을 만들어 낼 수 있는 초월자인 창조주가 반드시 있어야만 한다. 여기에 대해 미국 아마존이 과학 부문 최고의 책으로 선정한 『오리진』이라는 책에서 닐 타이슨~Neil deGrasse Tyson~ 과 도널드 골드스미스~Donald Goldsmith~ 는 이렇게 주장한다.

'우주가 시작되기 전에는 무엇이 있었을까?'라는 질문에 대해서 '우주는

---

[297] John Barrow and Frank Tipler, *The Anthropic Cosmological Principle* (Oxford: Claredon, 1986), 442.

항상 거기 있었다'라고 대답하는 것은 만족스런 대답이라고 할 수 없다. 그러나 '신이 존재하기 전에는 무엇이 있었을까?'라는 질문에 대해 '신은 항상 존재하였다'라는 대답은 만족스러운 대답이 될 수 있을 것이다.[298]

이 과학자들의 주장처럼, 우주를 창조하기 전에 하나님이 먼저 계셨다는 것은 매우 합리적인 생각이다. 따라서 우주 자체가 신(God)이며 우주는 시작도 끝도 없다는 도올의 주장은 과학과 논리적인 잣대에서 볼 때 매우 비합리적인 생각이라고 평가할 수 있다.

이 시대에 왜 기독교를 믿어야 하는가?

이 질문에 대한 답은 전술한 바와 같이, 기독교 신앙이 진리이기 때문이다. 왜 기독교 신앙이 진리인가? 그것은 기독교가 세상의 근본 문제에 대해서 최선의 설명을 제공하기 때문이며, 기독교 신앙이 이 세상의 이치에 가장 잘 부합하고 최고의 의미를 주기 때문이다. 인도 출신으로 비교종교학과 철학의 권위자로 인정받는 라비 재커라이어스는 도올과 같이 창조주 하나님을 인정하지 않는 무신론자의 치명적 약점을 다음과 같이 설명한다.

만약 삶이 우연한 것이라면, 최우선적으로 피할 수 없는 결론은 바로 우리의 존재에 궁극적인 의미나 목적이 있을 수 없다는 것이다. 실존적으로 이 결론은 무신론적 신념이 지닌 치명적인 약점이다. 개인적으로서나 문화적인 집단으로서, 인간인 우리는 의미를 갈망한다. 그러나 만약 삶이 우연한 것이라면, 우리는 진화의 사다리를 올라왔으나 꼭대기에 아무것

---

[298] 닐 디그래스 타이슨, 도널드 골드스미스, 오리진: 140억 년의 우주 진화, 곽영직 역(서울: 지호출판사, 2005), 43-44.

도 없음을 발견하게될 뿐이다.²⁹⁹

이처럼 무신론은 우주의 기원과 삶의 의미에 답을 주지 못한다. 다시 말해, 무신론적 세계관은 이 세상의 이치를 잘 설명해 주지 못하며, 의미 있는 삶에 대한 명확한 답을 제시할 수 없다. 따라서 어떤 세계관이나 신앙관이 진리에 가까운가를 재단하는 좋은 잣대는 그 세계관이 우주와 인생의 근본적인 문제에 대해서 얼마나 최선의 설명을 제공하고 있는가를 따져 보는 것이다. 이런 의미에서 라비 재커라이어스는 어느 세계관이 진리를 향하고 있는지를 판단할 수 있는 4개의 잣대를 보여준다. 그의 주장은 다음과 같다.

> 잘 알려진 것처럼, 모든 사람에게는 세계관이 있다. 기본적으로 세계관은 네 개의 필수적인 질문에 답을 제시한다. 기원과 의미, 도덕성, 그리고 미래에 관해 확신을 주는 소망에 관한 질문들이다. 각 질문에 대한 답은 참된 것이어야 하고, 전체적으로 일관성을 지녀야 한다.³⁰⁰

위의 글을 참조해 볼 때, 이 세상에 존재하는 종교와 사상들 중에서 어느 세계관이 1) 우주의 기원과 인간의 기원, 2) 인생의 의미, 3) 도덕성의 근거와 도덕적 삶의 의무, 그리고 4) 미래에 대한 희망을 가장 잘 설명하고 최선의 답을 제공하고 있는가에 대해서 살펴볼 필요가 있다. 과연 어느 세계관이 위의 4가지 문제에 대해서 최선의 해답을 제공하고 있는가? 최선의 답을 제공하는 세계관이 가장 의미 있는 것이며 진리에 가깝다고 말할 수 있다. 그러면 재커라이어스가 제시한 4가지 잣대로,

---

299 라비 재커라이어스, 이성의 끝에서 믿음을 찾다 (서울: 에센티아, 2016), 49.
300 위의 책, 36.

주요 세계관을 분석한 결과를 살펴보자. 다음은 필자 나름의 분석이다. 이 책을 읽는 독자도 스스로 생각해 보고 각 세계관을 비교해 보라.

세계관	우주의 기원 인간의 기원	인생의 의미	도덕성의 근거	미래에 대한 희망
기독교	하나님이 천지창조, 하나님 형상을 닮은 인간 창조	하나님과의 인격적 사귐 속의 행복, 하나님의 뜻과 사명 성취	하나님의 본성적 거룩과 하나님의 명령에 근거한다.	예수의 부활, 영원한 하나님 나라의 도래와 초대
불교	설명 불가 (우주는 영원하다고 본다)	고통에서 벗어나는 것 (자아에서 해방되는 것)	밝힐 수 없음(윤회적 세계관, 궁극적으로 선과 악이 섞여 있다)	윤회에서 벗어나 해탈을 소망함
이슬람	알라의 창조	알라의 율법을 지키는 것	알라의 심판, 알라는 본성적으로 인격적인 존재가 아님. 따라서 도덕성의 근거를 제시하지 못한다.	알라가 사람의 행위에 따라 천국에 보내 주는 것
힌두교	설명 불가 (우주는 영원하며, 우주 자체가 신이라고 본다)	허상 또는 환상 (특별한 의미 없음)	선과 악이 섞여 있으므로 궁극적으로 선악의 구분이 없음	우주와 합일
진화론	설명 불가(우주의 기원과 생명의 기원을 밝힐 수 없다)	설명 불가(자기 좋을 대로 사는 것)	설명 불가	없거나 설명 불가 혹은, 생존 그 자체
무신론	설명 불가	설명 불가	없거나 설명 불가	없거나 설명 불가
자연주의	설명 불가 (물질체인 우주는 원래부터 있었다고 본다)	설명 불가(자기가 원하는 대로 사는 것)	설명 불가(가치 있는 삶을 제시할 수 없다)	없거나 설명 불가 (죽으면 끝이다)
포스트모던	설명 불가	설명 불가(정해진 것이 없음)	설명 불가(절대 옳음이 없고, 공동체에서 규정하는 것이 선하다)	없거나 설명 불가 (허무주의로 귀결된다)
과학주의	설명 불가	설명 불가	설명 불가	설명 불가

위의 세계관 분석에서 도올의 사상은 무신론과 범신론적인 힌두교와 불교, 그리고 자연주의 사상이 섞여 있다고 볼 수 있다. 그렇다면 그 세계관이 우주의 기원과 인간의 기원, 인생의 의미와 도덕적 삶의 근거, 그리고 미래에 대한 희망으로, 어떤 긍정적인 메시지를 제공하는지 깊이 생각해 볼 필요가 있다.

도올이 신뢰하는 동양적 자연주의(우주 자체가 유기체로서 궁극적이다)는 우주를 창조한 창조주 하나님의 존재를 부정한다. 이러한 동양 사상의 가장 치명적인 약점은 무엇인가? 동양 사상에 관해 해박한 지식을 갖고 있는 길희성 교수는 다음과 같이 말한다.

> 동양 사상에서는 자연이 궁극적입니다. 그 이상의 이른바 '초자연적' 원인을 찾으려 하지 않았습니다. 창조주 하나님의 신앙이 없었기 때문이지요.[301]

위에서 보듯이, 동양 사상에서는 자연이 모든 것이다. 다시 말해서 우주가 존재하는 모든 것이 된다. 힌두교에서도 우주가 궁극적이고, 불교도 마찬가지이다. 노자의 도(道)는 인격적 특성이 없고, 중국학에서는 도(道)를 신(God)이라고 번역하지 않는다. 성리학에서도 태극(太極)을 만물의 궁극적 원인으로 설정하지만, 태극을 초자연으로 간주하지는 않는다.[302] 동양 사상도 서양의 자연주의와 마찬가지로 우주가 모든 것이 된다.

하지만 우주는 시작과 끝이 있다. 우주는 아무 것도 없는 무(nothing)로부터 태어났다. 이것은 필연적으로 지성이 있고, 인격체이며 우주를 창조할 능력이 있는 창조주 하나님을 필요로 하는 것이다.

"태초에 하나님이 천지를 창조하시니라."(창 1:1) 이 말씀이 모든 것을

---

301 길희성, 보살예수: 불교와 그리스도교의 창조적 만남 (서울: 현암사, 2004), 106.
302 위의 책.

설명해 주는 가장 중요한 단서가 된다. 기독교 신앙이 최선의 설명을 제공한다. 그러므로 기독교 신앙이 진리라고 말할 수 있다.

기쁜 소식

끝으로 필자는 하나님이 우리에게 주신 기쁜 소식을 간략히 전하고자 한다.

1. 세상을 창조하기 전에 삼위일체 하나님만이 존재하였다. 하나님은 사랑이시다.
2. 삼위일체 하나님이 누리는 영광을 인간과 함께 나누고 싶어 하나님의 형상을 따라 인간을 만드셨다.
3. 인간이 하나님의 마음을 배신하여 하나님처럼 되고자 했다. 말씀에 불순종하여 선악과를 따서 먹었다. 이 범죄로 말미암아 인간은 하나님과 분리되었으며 하나님의 생명에서 끊어졌다.
4. 하나님과 분리로 인해 영적 죽음, 육체적 죽음, 그리고 영원한 죽음을 경험하게 되었다.
5. 하나님이 인간의 죄를 용서하고 하나님께로 돌이킬 수 있는 길을 준비하셨다. 아브라함부터 이삭, 야곱, 이스라엘과 다윗, 다윗의 후손 예수 그리스도까지.
6. 때가 되어, 하나님의 아들이 인간의 몸으로 이 땅에 오셨다. 그분이 예수 그리스도다.
7. 예수께서 인류의 죄를 대신해서 십자가에 죽음으로써 대속했다. 인간의 죄로 인해 마땅히 인간이 죽어야 할 자리에서 하나님이 인간을 대신해서 죽으셨다. 이것이 사랑이다.

8. 예수께서 십자가에서 죽은 지 사흘째 되는 날에 부활하심으로써 하나님의 아들이심을 증명하셨다. 부활하신 예수님을 본 증인이 오백 명이 넘는다.

9. 그 예수의 증인들은 성령의 충만함을 받고 온 세상에 흩어져서 '하나님이 죄인을 용서하시고 죄인을 사랑하신다'는 기쁜 소식을 전하는 삶을 산다.

10. 예수 믿는 사람들의 삶 속에 하나님과 함께하는 생생하고 깊은 교제와 사귐이 계속된다.

11. 예수께서 심판의 주님으로 다시 오실 그날이 다가오고 있으며, 그 종말의 날에 하나님의 공의로운 심판이 있을 것이며, 하나님의 온전한 통치가 이루어지는 하나님의 나라가 완성된다.

12. 이 모든 것이 자신의 생명을 내어놓으신 하나님의 이타적인 사랑으로 시작되었고 그분의 사랑으로 완성된다.

13. 예수님의 십자가 죽음에 동참한 그리스도인은 이기적인 삶이 아니라 이타적인 사랑과 헌신을 통해 하나님의 사랑을 드러낸다.

14. 삶의 기쁨과 아픔 속에서 하나님과 동행하는 삶을 살아가며, 예수 제자의 사명을 감당하고 하나님 나라에 헌신하는 삶을 산다.

15. 이 모든 제자의 삶은 나 자신의 힘이 아니라, 내 안에서 진정한 힘의 근원이며 주인이 되시는 예수 그리스도께서 주시는 능력으로 감당한다.

16. 믿음의 길에 때로는 좌절과 인생의 아픔을 맛보지만 내 안에서 끊임없이 새로운 힘을 공급해 주시는 성령님의 격려로 소망 가운데 십자가의 길을 걸어간다.

17. 이 모든 여정이 끝날 때, 하나님의 영광에 참여하는 기쁨을 누릴 것을 기대하며 오늘도 그분의 사랑으로 삶을 살아낸다.

이것이 예수님을 하나님의 아들로 믿고 살아가는 보통 그리스도인의 삶이다. 독자 여러분도 하나님이 여러분을 사랑해서 찾아오셨다는 이 기쁜 소식을 온전히 받아들여서 하나님의 사랑을 누리길 간절히 소망한다.

진짜 예수님은 인간이었을 뿐만 아니라, 나를 사랑해서 이 땅에 찾아오신 하나님이시요, 하나님의 아들이시다. 그분은 진리이며 사랑이시다.

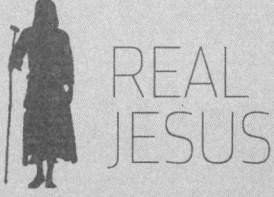